Andreas Schikora

Die Eignung des Konzeptes der "Endogenen Entwicklungspotentiale" zur Herstellung gleichwertiger Lebensbedingungen

untersucht am Beispiel der "Teilregion Zwickau"

VVF

VOLKSWIRTSCHAFTLICHE FORSCHUNG UND ENTWICKLUNG

Herausgeber:
Prof. Dr. E. von Böventer · Universität München
Prof. Dr. P. Kuhbier · Freie Universität Berlin

Band 84

Die Deutsche Bibliothek - CIP-Einheitsaufnahme

Schickora, Andreas:
Die Eignung des Konzepts der "Endogenen Entwicklungspotentiale" zur Herstellung gleichwertiger Lebensbedingungen : untersucht am Beispiel der "Teilregion Zwickau" / Andreas Schickora. - München : VVF, 1994
(Volkswirtschaftliche Forschung und Entwicklung ; Bd. 84)
Zugl.: Berlin, Freie Univ., Diss., 1994
ISBN 3-89481-106-4

NE: GT

Gesamtherstellung: Fotodruck Frank GmbH, 80333 München
Printed in Germany

Geleitwort

Es ist eine nicht zu übersehende Tatsache, daß es in der Bundesrepublik Deutschland regionale Disparitäten etwa im Wachstum oder in der Prosperität gibt. Aus diesem Grund wurde auch die Zielsetzung des räumlichen Ausgleichs in das Grundgesetz aufgenommen. Im Raumordnungsgesetz z.B. liest sich das wiederum so, daß die Struktur des Gesamtraumes der Bundesrepublik so zu entwickeln ist, daß sie "gleichwertige Lebensbedingungen der Menschen in allen Teilräumen bietet".

In der hier vorgelegten Arbeit von Andreas Schikora geht der Autor von der Beobachtung aus, daß regionale Disparitäten nicht nur nach wie vor vorhanden sind, sondern daß sich auch in der Geschichte der Regionalpolitik in der Bundesrepublik weder eine Einheitlichkeit der Leitlinien noch der regionalpolitischen Instrumente wiederfindet (das zweite Kapitel enthält einen solchen historischen Überblick seit 1949!). Er greift sich deshalb für seine Arbeit einen Teilaspekt des Gesamtproblems "Regionalpolitik" heraus, und zwar die Idee der Förderung sogenannter "Endogener Entwicklungspotentiale", wobei dieser Begriff vom Autor gefaßt wird als die Gesamtheit der Entwicklungsmöglichkeiten einer Region.

Im Zentrum der Arbeit steht damit die Frage: "Kann das Konzept der Nutzung Endogener Potentiale dazu beitragen, die regionalen Einkommens- und Beschäftigungsunterschiede abzubauen?" Als konkretes Beispiel dient ihm die Region Zwickau und er kommt zu der Erkenntnis, daß das zentrale Problem regionaler Entwicklung im Regelfall nicht in der unzureichenden Quantität und Qualität der vorhandenen Ressourcen einer Region besteht, sondern in der unzureichenden Akquisition von Investoren, da es aus einzelwirtschaftlicher Sicht ökonomisch rational sein kann, in strukturschwachen Regionen keine Investitionen vorzunehmen.

Angesichts der immer noch in Deutschland vorhandenen regionalen Disparitäten - insbesondere zwischen den Neuen und den Alten Bundesländern - stellt die Arbeit von A. Schikora einen interessanten Beitrag zur regionalpolitischen Diskussion dar.

Berlin und München, im November 1994

Die Herausgeber

INHALT:

3. Kapitel: Endogene Entwicklungspotentiale

4. Kapitel: Endogene Entwicklungspotentiale in Ostdeutschland: Region Zwickau

Verzeichnis der Abbildungen

Verzeichnis der Übersichten

Verzeichnis der Abkürzungen

ARL: .... Akademie für Raumforschung und Landesplanung
BauGB: .... Baugesetzbuch
BBauG: .... Bundesbaugesetz
BfLR: .... Bundesforschungsanstalt für Landeskunde und Raumordnung
BGBl.: .... Bundesgesetzblatt
BmBau: Bundesministerium für Raumordnung, Bauwesen und Städtebau
BmF: .... Bundesministerium für Finanzen
BmWi: .... Bundesministerium für Wirtschaft
BROP: .... Bundesraumordnungsprogramm
Bt-Drs.: .... Bundestagsdrucksache
BVerfG: .... Bundesverfassungsgericht
FNL: .... Fünf Neue Länder
GGRW: .... Gesetz über die GRW
GRW: Gemeinschaftsaufgabe "Verbesserung der regionalen Wirtschaftsstruktur"
IMARO: .... Interministerieller Ausschuß für Raumordnung
IMNOS: .... Interministerieller Ausschuß für Notstandsgebietsfragen
MKRO: .... Ministerkonferenz für Raumordnung
ROB: .... Raumordnungsbericht
ROG: .... Raumordnungsgesetz
SARO: .... Sachverständigenausschuß für Raumordnung
v.a.: .... vor allem

0. Einleitung

Bekanntlich zeichnen sich marktwirtschaftlich-kapitalistische Gesellschaften, wie die Bundesrepublik Deutschland durch regionale Disparitäten aus, die gesellschaftlich nicht erwünscht sind. Aus diesem Grunde wurde die politische Zielsetzung des räumlichen Ausgleichs im Grundgesetz aufgenommen und erscheint dort als Orientierung auf die "Einheitlichkeit der Lebensverhältnisse" im Gebiet der Bundesrepublik (vgl. Art. 72 Abs. 2 GG). Diese Vorstellung, die sich zunächst auf die Lebensbedingungen zwischen den Bundesländern bezog (vgl. Hübler u.a. 1980, S. 31f.), findet sich in den entsprechenden "raumrelevanten" Gesetzen wieder. Nach dem Raumordnungsgesetz (ROG) ist die Struktur des Gesamtraumes der Bundesrepublik so zu entwickeln, daß sie "gleichwertige Lebensbedingungen der Menschen in allen Teilräumen bietet" (vgl. § 1 Abs. 1 Nr. 4 ROG). Im Gesetz über die Gemeinschaftsaufgabe "Verbesserung der regionalen Wirtschaftsstruktur" (GGRW) wird darauf verwiesen, daß die Fördermaßnahmen mit den Grundsätzen der Raumordnung und Landesplanung übereinstimmen müssen (vgl. § 2 Abs. 1 GGRW; vgl. auch § 4 Abs. 1 ROG). Mit Hilfe entsprechender raumordnungspolitischer und regionalpolitischer Instrumente wird versucht, diesen Zielsetzungen Geltung zu verschaffen. Aufgabe der Raumordnung ist dabei die planmäßige Ordnung und Entwicklung des Raumes (vgl. Gutachten des Bundesverfassungsgerichts, in: BVerfGE 3, S. 407f.), d.h. zukunftsbezogene Handlungsentscheidungen vorbereiten, sowie Raumnutzungsmöglichkeiten definieren, z.B. durch die Festlegung von Entwicklungsschwerpunkten oder die Ausweisung von Flächen für besondere Nutzungen (vgl. Fürst/Ritter 1993, S. 1; Brösse 1982, Kapitel 4). Das regionalpolitische Instrumentarium (z.B. Investitionszuschüsse und Ausbau der Infrastruktur) zielt direkter auf das Investitionsverhalten von Unternehmen ab, und ist räumlich betrachtet vornehmlich auf struktur- und wirtschaftsschwachen Gebiete zu konzentrieren (vgl. Bundesregierung 1967; sowie § 1 Abs. 2 GGRW).

Allerdings belegen sämtliche empirischen Studien zu dem skizzierten Sachverhalt, daß die eigentliche Intention, die regionalen Differenzen einzuebnen, nur sehr begrenzt realisiert werden konnte. Diverse Indikatoren wie Einkommen und Bruttoinlandsprodukt je Erwerbstätiger, oder bestimmte Arbeitsmarktdaten verdeutlichen, daß sich die räumlichen Ungleichgewichte perpetuiert haben.

Nach wie vor stehen strukturstarken, sich dynamisch entwickelnden Agglomerationsräumen ökonomische Peripherien gegenüber (vgl. z.B. Raumordnungsbericht 1990, S. 97f.), die selbst in konjunkturellen Aufschwungphasen kaum aufholen können (vgl. Schliebe 1982, S. 35). Hinzu gekommen sind die Probleme in den altindustriellen Ballungsräumen (vgl. Hamm/Wienert 1990). Einschränkend muß an dieser Stelle darauf hingewiesen werden, daß sowohl die Indikatoren zur Messung regionaler Disparitäten, als auch die empirischen Deutungen sehr umstritten sind, bzw. vom gewählten Maßstab abhängen (vgl. Bade 1983).

Eine einheitliche Orientierung im Umgang mit regionalen Ungleichgewichten ist nicht feststellbar. Eine Analyse der Phasen der Regionalpolitik in der Bundesrepublik Deutschland verdeutlicht, daß sich unterschiedliche, teilweise widersprüchliche oder sogar entgegengesetzte Zielvorstellungen überlagern. Wachstumsziele stehen unvermittelt neben stabilitätsorientierten oder sogar versorgungsorientierten Perspektiven. Es entsteht der Eindruck, daß regionalpolitische Leitvorstellungen lediglich die Reaktion auf ökonomische Probleme darstellen, was mit dem Anspruch der zugrundeliegenden Gesetzen und Programmen konfligiert. Die Unsicherheit reflektiert im Grunde genommen, daß das zentrale Leitbild der Regionalpolitik bis dato unbestimmt ist.

Die zur Diskussion zu stellenden Leitbilder oder Zielvorstellungen räumlich/regionaler Entwicklung beziehen sich nur auf einen Teilbereich der Raumnutzung. Raumnutzung kann hierbei folgendermaßen gefasst werden: "Jede menschliche Existenz und Aktivität ist ... auf einen konkreten Raum und auf die Nutzung seiner Eigenschaften angewiesen. Als *Raumnutzung* sind daher alle Vorgänge zur materiellen Sicherung der Lebensansprüche der Menschen zu verstehen, womit zugleich alle Beanspruchungen des Raumes und seiner Eigenschaften durch den Menschen erfaßt sind; anders ausgedrückt, stellt jede materielle Beanspruchung einer Eigenschaft des Raumes einen Teil der Raumnutzung dar." (Storbeck 1982 b, S. 3)

Raumnutzung kann sinnvollerweise nur als ein "gesellschaftliches Phänomen" betrachtet werden. So bestimmen das Eigentum an Produktionsmitteln und die herrschenden Marktgesetze über die konkrete Form der Raumnutzung. Dieser Hinweis ist deswegen relevant, weil in dieser Arbeit v.a. die Nutzung bzw.

Nichtnutzung des Raumes durch Unternehmen, in Form der Standortwahl vermittelt über Investitionen behandelt wird. Damit wähle ich einen Teilbereich der Raumnutzung (vgl. Spitzer 1991, S. 211f.). Die unternehmerische Raumnutzung unterliegt dabei zwei Steuerungsgrößen: Einer gesellschaftlichen Steuerungsgröße, vermittelt über Leitbilder und deren räumlichen Implikationen, und den unternehmerischen Steuerungsgrößen selbst, die sich im Standortverhalten und damit in der konkreten Raumstruktur widerspiegeln (vgl. Storbeck 1982 b, S. 5f.). Unter Raumstruktur ist die "Verteilung von verschiedenen Aktivitäten (Produzenten und Konsumenten) auf Siedlungen unterschiedlicher Größe sowie die räumliche Lage dieser Siedlungen zueinander" zu verstehen (v. Böventer u.a. 1982, S. 79).

Die gesellschaftliche Einflußnahme im Bereich der Raumordnung und -planung auf ökonomischen Variablen (hier v.a. unternehmerisches Investitionsverhalten) wird -wie gesagt- über Leitbilder vermittelt. Ich fasse unter Leitbild den "Inbegriff einer gedachten und zugleich gewollten Ordnung gesellschaftlicher und wirtschaftlicher Zustände. Ein Leitbild ist stets zukunftsorientiert; es richtet sich auf ein vorgestelltes Seinsgefüge, erhebt dieses zur Richtschnur für das Urteil über geschichtliche und gegenwärtige Daseinsformen und zum Ziel politischer Aktivitäten." (Kloten 1967, S. 332)

Für den Abbau bzw. den Ausgleich regionaler Disparitäten bieten sich verschiedene Leitbilder an (vgl. ausführlich Kapitel 1). Ungeachtet der Zielkonflikte zwischen Ausgleichs-, Wachstums- oder Stabilitätsorientierung, dominiert die Orientierung auf das Ausgleichsziel die regionalpolitischen Vorstellungen. Ausgehend von der empirischen Tatsache, daß sich die Lebensbedingungen in den Regionen der BRD in relevantem Ausmaß voneinander unterscheiden und aus sozialpolitischen Überlegungen heraus die Angleichung der Lebensbedingungen anzustreben ist (zu den Prämissen vgl. v. Suntum, S. 36f.), muß zunächst das normative Ziel der "Gleichwertigkeit" bestimmt werden.

Eine ausführliche Umschreibung des erstmals 1970 in einem ROB verwendeten Terminus findet sich im ROB 1974: "Die Forderung nach gleichwertigen Lebensverhältnissen bedeutet für die Raumordnungspolitik, in allen Teilräumen neben gesunden Umweltbedingungen ein bestimmtes Mindestangebot an Arbeitsplätzen, Wohnungen, Versorgungs-, Bildungs-, Freizeit- und Kommunikationsmöglichkeiten zu erreichen. Dieses Ziel soll ein Beitrag sein, für alle Bürger die Chancengleichheit in der persönlichen Entfaltung zu verbessern, indem im materiellen Bereich ausreichende und vergleichbare Wahlmöglichkeiten innerhalb zumutbarer Entfernung gewährleistet werden." (Raumordnungsbericht 1974, S. 20)

Der letzte Raumordnungsbericht, der sich ausschließlich mit dem Gebiet der ehemaligen BRD befasst, bietet eine empirische Übersicht über das Ausmaß der Disparitäten:

Übersicht 1: Regionalindikatoren zur Messung der Wettbewerbsfähigkeit

Kriterium	Indikator	Mittelwert	Minimum	Maximum
Wirtschaftskraft	Bruttowertschöpfung (BWS) in DM je Einwohner 1984	24843	16527	44532
Wachstum	Veränderung der Bruttowertschöpfung (BWS) 1984 gegenüber 1980 in v. H.	*20,06*	*4,63*	*40,57*
Beschäftigungsentwicklung insgesamt	Veränderung der Zahl der sozialversicherungspflichtig Beschäftigten 1987 gegenüber 1983 in v. H	*4,50*	*– 4,04*	*11,57*
Beschäftigungsentwicklung Banken und Versicherungen	Veränderung der Zahl der sozialversicherungspflichtig Beschäftigten in den Branchen Banken und Versicherungen sowie sonstige Dienstleistungen 1987 gegenüber 1983 in v. H.	*11,90*	*3,35*	*21,84*
Forschungspersonal in der Wirtschaft	Forschungs- und Entwicklungspersonal je 1000 Beschäftigte in der Wirtschaft 1985	8,41	0,25	34,20
Exportanteil	Anteil des Auslandsumsatzes am Gesamtumsatz der Industrie 1986 in v. H.	*27,35*	*8,29*	*85,78*
Exportentwicklung	Veränderung des Auslandsumsatzes in der Industrie 1986 gegenüber 1982 in v. H.	*29,19*	*–24,72*	*112,50*
Lohn- und Gehaltsniveau in der Industrie	Lohn- und Gehaltssumme der Beschäftigten des produzierenden Gewerbes in DM je Arbeitnehmer 1987	3703	2843	4865
Betriebsgröße	Durchschnittliche Beschäftigungszahl der Betriebe des produzierenden Gewerbes 1987	155,00	78,67	336,51
Industriealter	Anteil der Erwerbspersonen, der 1982 von Industriearbeit lebt	32,49	18,00	49,00

Quelle: Laufende Raumbeobachtung der Bundesforschungsanstalt für Landeskunde und Raumordnung; Industriealter nach Peschel, K.; Bröcker, J.: Die Arbeitsmarktentwicklung in den Raumordnungsregionen der Bundesrepublik Deutschland zwischen 1970 und 1984. – Hannover 1989. = Forschungs- und Sitzungsberichte der Akademie für Raumforschung und Landesplanung

Quelle: Raumordnungsbericht 1990, S. 32.

Ohne auf die Indikatoren im einzelnen einzugehen, verdeutlicht diese Übersicht, daß erhebliche Entwicklungsunterschiede bestehen, wobei besonders die agglomerierten Räume eine ausgeprägte Entwicklungsdynamik zu verzeichnen haben (vgl. Raumordnungsbericht 1990, S. 32f.).

Auch wenn das Gebiet der ehemaligen BRD eine relativ ausgeglichene Siedlungsstruktur zu verzeichnen hat, ist gerade bei den ökonomischen Indikatoren, die über die künftige Leistungsfähigkeit Aussagen zulassen (z.B. Wirtschaftswachstum) trotz jahrelanger hoher nationaler Wachstumsraten (des BSP) das regionale Leistungsgefälle unverändert geblieben (vgl. Raumordnungsbericht 1990, S. 97).

Aus dem Set der konsensfähigen Indikatoren zur Messung regionaler Disparitäten (Fürst/Ritter 1993, S. 37), ist dem Wirtschaftswachstum aus mehreren Gründen eine besondere Bedeutung beizumessen:

"- ein hohes Wirtschaftswachstum wird nach allgemeiner Auffassung als notwendige Voraussetzung für die Sicherung und Wiederherstellung von Vollbeschäftigung angesehen;

- Wirtschaftswachstum "schafft" Einkommen und führt damit zur Wohlfahrtssteigerung der davon betroffenen Bevölkerungsgruppen;

- bei Wachstum können Disparitäten in der Wirtschaftsstruktur ausgeglichen werden, indem zurückgebliebene Regionen bzw. deren Produktivität eine besondere Förderung erfahren, um eine Angleichung der Wirtschaftskraft an einen Bundes- (oder Landes-) durchschnittswert zu erreichen. Eine Verbesserung der Wirtschaftsstruktur und -kraft führt im Regelfall auch zu einer Verbesserung der Infrastruktur und der materiellen Lebensbedingungen. Eine Verbesserung der Lebensbedingungen in strukturschwachen Gebieten wird demzufolge auch nach vorherrschender (politischer) Auffassung als der geeignete Weg angesehen, gleichwertige Lebensverhältniss zu erreichen." (Hübler u.a. 1980, S. 50)

Räumliche Entwicklungsunterschiede, die die oben beschriebene Persistenz aufweisen, deuten auf ökonomische Prozesse zur Herausbildung regionaler Disparitäten mit entsprechender Raumstruktur hin. Von allen relevanten Standortfaktoren, die für betriebliche Entwicklung von Bedeutung sind, (vgl. Tengler 1989 und die dortige Übersicht über empirische Standortuntersuchungen), verfügen strukturstarke Räume aufgrund entsprechender "Agglomerationsvorteile" über Konkurrenzvorsprünge gegenüber strukturschwachen Regionen.

Vor dem Hintergrund eines hier nur kurz skizzierten Verständnisses räumlicher Entwicklungsprozesse (vgl. Ausführlicher Kapitel 1.2.), kann für die Formulierung einer Zielstellung für Regionalpolitik (Leitbild) folgendes festgehalten werden: Regionalpolitische Maßnahmen und Konzepte, die dazu beitragen sollen, den gesetzlichen Auftrag zur Schaffung gleichwertiger Lebensverhältnisse zu erfüllen, müssen die Agglomerationsvorteile der Zentren letztendlich überkompensieren, um ein "auseinanderdriften" der Regionen zu verhindern.

Um die Geeignetheit der entsprechenden regionalpolitischen Konzepte (v.a. des Konzeptes der Endogenen Entwicklungspotentiale) diskutieren zu können, reichen qualitative Erhebungen aus (vgl. Kapitel 4). Letzendlich geht es in dieser Arbeit um die ökonomische Bewertung des Konzeptes zur Entwicklung Endogener Potentiale und nicht um die Diskussion von Konzepten der Raum- und Stadtentwicklungsplanung. Das Hauptziel liegt also darin, die Grenzen eines regionalpolitischen Konzeptes aufzuzeigen, wobei es dem Verfasser notwendig erscheint, auf theoretische Erkenntnisse zurückzugreifen (vgl. hierzu auch: Kirchgässer 1993, S. 216). Eine Regionalpolitik, die es unterläßt, entsprechende Kenntnisse zu berücksichtigen, muß scheitern:

Ein konsensstiftendes Moment der Anschauungen, die ohne theoretische Fundierung Politik betreiben, besteht in dem Dogma, daß wirtschaftspolitische Ziele, wenn sie nur richtig formuliert sind, auch realisierbar seien. Die Auseinandersetzung findet lediglich auf der empirischen Ebene statt, ist aber fruchtlos, weil beliebig (wer vermag die adäquate Regionsgröße zu benennen, die unabhängig vom jeweils verfolgten Zweck angemessen ist). Problematisch wird es, wenn die Zielerreichung der Wirtschaftspolitik (und damit auch der Regionalpolitik) von Aspekten determiniert wird, die sich dem Zugriff der Politik entziehen. Die Vorstellung, daß in Abhängigkeit von der jeweiligen Problemlage aus dem "Instrumentenkasten" der Wirtschaftspolitik gewählt werden kann, geht auf die traditionelle Sicht der Theorie der Wirtschaftspolitik zurück (vgl. z.B. Tinbergen 1968; Giersch 1961). Nach der dort vertretenen Sicht kann prinzipiell davon ausgegangen werden, daß die Ziele, die sich die Wirtschaftspolitik setzt, auch durch adäquaten Mitteleinsatz erreicht werden können. Demnach muß der Hauptaugenmerk auch auf die Verfeinerung des Instrumentariums gerichtet werden.

Nach Meinung des Autors spiegelt sich diese Sicht auch in der Formulierung Endogener Entwicklungsstrategien wieder und wird Gegenstand der Kritik sein. Dabei geht es nicht so sehr darum, ausgehend von einer "fertigen Welt" (vgl. Storbeck 1982 b, S. 205) politische Konzepte zu krititisieren, wie von Vertretern eines inkrementalen oder problemorientierten Vorgehen in der "Leitbilddiskussion" der 70er Jahre oft unterstellt wurde (vgl. auch Brösse 1982, S. 29f.). Vielmehr erlauben die theoretischen Überlegungen den Umkehrschluß, wonach die wesentlichen Determinaten wirtschaftlicher Prozesse insoweit bekannt sind, daß eine Kritik am Konzept der Endogenen Potentiale möglich ist.

Eine wesentliche Ursache für den heterogenen Umgang mit räumlichen Problemen liegt darin begründet, daß es nach wie vor keine befriedigende regionale Wachstums- und Entwicklungstheorie gibt. Wirtschaftswissenschaftliche Theorien haben hierbei den Anspruch, wirtschaftliche Zusammenhänge zu erklären, und Handlungsempfehlungen zu geben (vgl. Eichhorn 1972), wie spiegelbildlich die Wirtschaftspolitik das Selbstverständnis vorgibt, die notwendigen theoretischen Bezüge zu berücksichtigen (vgl. Teichmann 1993; Schätzl 1986, S. 30). Aus der Vielzahl der theoretischen Erklärungsversuche ragen zwei Modelltypen heraus, die es lohnen, näher betrachtet zu werden. Der neoklassisch orientierte Denkansatz unterstellt eine marktendogene Tendenz zur Etablierung regional gleicher Faktorentgelte. Eine konträre Auffassung wird von den polarisationstheoretisch motivierten Wachstumstheorien vertreten. Hier bewirkt der Marktmechanismus eher die Herausbildung regionaler Ungleichgewichte. Die Behandlung der Theorierichtungen in dieser Arbeit wird damit begründet, daß ordnungspolitisch betrachtet die neoklassische Orientierung nach wie vor die Wirtschaftspolitik dominiert (selbst die immensen Finanztransfers in die FNL werden als notwendige Maßnahmen zum Abbau der Entwicklungshemmnisse interpretiert. So z.B. Siebert 1993, S. 13). Aufgrund der theoretischen Unzulänglichkeiten des neoklassischen Paradigmas erscheint es angemessen, ihm solche theoretischen Vorstellungen gegenüberzustellen, die Externe Effekte, wie z.B. Agglomerationsvorteile zur Erklärung räumlicher Ungleichgewichte berücksichtigen.

Die unerwünschte Entwicklung der Persistenz regionaler Ungleichgewichte betrifft durchaus nicht nur die Arbeits- und Lebensbedingungen der Bevölkerung in den benachteiligten Regionen: Erhebliche Fehlentwicklungen müssen auch in Bezug auf die natürlichen Potentiale konstatiert werden (vgl. Hesse/Lucas 1991). Auch in diesem Bereich konnte die staatliche Politik im allgemeinen und die Regionalpolitik im besonderen, weder die Übernutzungen der einen Ressourcen (z.B. Schadstoffbelastung der Umweltmedien, Landschaftsverbrauch) noch die Unterauslastungen anderer verhindern (z.B. Ausbaumöglichkeiten im Öffentlichen Personennahverkehr, Nutzung regenerativer Energiequellen).

Die mangelhafte Effizienz der regionalpolitischen Förderkonzepte und neue ökonomische Entwicklungen (abnehmendes Ansiedlungspotential, verengte öffentliche Finanzierungsspielräume) haben zu einer lebhaften Kritik sowohl an der konkreten Ausgestaltung der Instrumente, als auch an den jeweiligen Leitbildern selbst geführt (vgl. Bade 1979; Stöhr 1984). In diesem Kontext konnten die konzeptionellen Vorstellungen einer Förderung sogenannter "Endogener Entwicklungspotentiale" an Attraktivität gewinnen. Der bis heute nicht hinreichend definierte Begriff (vgl. Göb 1992, S. 35) wird von mir gefasst als die Gesamtheit der Entwicklungsmöglichkeiten einer Region. Entwicklungsmöglichkeiten ergeben sich a) durch das Zurückdrängen von Nutzungen (Passivierungsstrategie), b) durch eine andere Art der Nutzung (Konvertierungsstrategie) und c) durch eine neue Art der Nutzung der vorhandenen Ressourcen (Aktivierungsstrategie). Im Ergebnis wurde das Konzept der Förderung endogener Potentiale seit einer Empfehlung des Beirates für Raumordnung Anfang der 80er Jahre zu einem Bestandteil der offiziellen Regionalpolitik (vgl. Beirat für Raumordnung 1984; Raumordnungsbericht 1982, 14. Rahmenplan der GRW). "Konzepte" lassen sich in diesem Zusammenhang von theoretischen Entwürfen wie folgt abgrenzen: "Konzepte sind Strategieentwürfe, die unter Hervorhebung bestimmter Aspekte und im Hinblick auf konkrete Probleme entwickelt und diskutiert werden; sie sind - wenn auch mitunter theoriegeleitet - praxisorientiert und als Verbesserungsvorschläge gegenüber der politischen und administrativen Wirklichkeit gedacht." (Storbeck 1982 b, S. 227) In dieser Arbeit stelle ich an das Konzept zur Nutzung Endogener Potentiale die gleichen Anforderungen, wie sie an Theorien zu stellen sind: Inwieweit sind sie geeignet, ursächliche Zusammenhänge zu erklären, und entsprechende Lösungsvorschläge zu unterbreiten. Konkret: Kann das Konzept der Nutzung Endogener Potentiale dazu beitragen, die regionalen Einkommens- und Beschäftigungsunterschiede abzubauen?

Bei einer kritische Würdigung der konzeptionellen Vorstellung der Förderung der endogenen Entwicklungspotentiale schälen sich eine Reihe von Schwächen heraus. Das Hauptproblem liegt in der Tatsache, daß der Ansatz in sich nicht konsistent ist. Da sich Vertreter verschiedener wirtschaftstheoretischer Paradigmen und Disziplinen auf ihn beziehen, ist die Gefahr groß, daß sie sich jeweils die Theoriebestandteile heraussuchen, die in Einklang stehen mit der von ihnen verfolgten Fragestellung. Dieses erschwert zum einen die vorurteilsfreie Auseinandersetzung und zum anderen ergibt sich aus der Heterogenität dieses "Leitbildes" das Problem, ein stimmiges Politikkonzept abzuleiten. Eine weitere Erscheinungsform der mangelnden theoretischen Fundierung des Ansatzes der endogenen Entwicklung spiegelt sich in der Tatsache wider, daß sich eine weite theoretische Bandbreite entfaltet, die von radikalen Wachstumsgegnern bis hin zu neoklassisch orientierten Regionalökonomen reicht, die endogenen Potentiale für Wachstumsstrategien nutzen wollen (vgl. Hahne 1985).

Mit der Vereinigung der beiden deutschen Staaten entstand eine völlig neue Situation. Die Ost-West-Disparitäten bilden ein -historisch betrachtet- einmaliges Leistungsgefälle innerhalb der Bundesrepublik ab. Diese Feststellung gilt sowohl für die verschiedenen Indikatoren der ökonomischen Leistungsfähigkeit, als auch für künftige Entwicklungsbedingungen. Problematisch ist aus regionalökonomischer Sicht vor allem die Tatsache, daß die Fünf Neuen Länder im Zuge der Transformation die Zerstörung historisch gewachsener Verflechtungsstrukturen hinnehmen mußten. Gleichzeitig wurde das bestehende Instrumentarium der Raumordnungs- und Regionalpolitik, das sich allmählich in jahrzehntelangen Auseinandersetzungen herausgebildet hat, schlagartig, und ohne wesentliche Modifikationen vorzunehmen, auf die neuen Länder übertragen.

Mit der Übertragung des Instrumentariums auf FNL wurden hohe Erwartungen an den ökonomischen Gesundungsprozeß geknüpft. Nachdem im Verlauf der Transformationskrise ein großer Teil des produktiven und humanen Kapitals der Neuen Länder entwertet wurde (Abwanderungen von Arbeitskräften, Vorruhestand und Kapitalvernichtung), scheint nach allgemeiner Auffassung eine schnelle Angleichung der Lebensverhältnisse unrealistisch zu sein (vgl. Budde u.a. 1991, S. 52; Ziegler 1993, S. 214). In dieser Situation gewinnt -ähnlich wie

Anfang der 80er Jahre in westdeutschen strukturschwachen Regionen- die Vorstellung an Bedeutung, über eine Nutzung der endogenen Potentiale, ökonomische Gesundungsprozesse einzuleiten (so z.B. Scharff 1993 und Bundesministerium für Raumordnung, Bauwesen und Städtebau 1993).

Aus der dargelegten Problemskizze leiten sich folgende Ziele für diese Arbeit ab: Auf Basis der unterschiedlichen Erklärungsversuche zur Nutzung der endogenen Entwicklungspotentiale, soll der Ansatz so weit präzisiert werden, daß er auf eine konkrete Region anwendbar ist. Gegenstand der Untersuchungen ist dabei nicht eine Verbesserung der Planungsverfahren -hier kann auf ausdifferenzierte Entscheidungshilfen aus der Regional- und Stadtplanung verwiesen werden (vgl. Kapitel 3.7.)- sondern die konzeptionelle Diskussion der Inhalte des Planungs- und Entscheidungsprozesses selbst. Anhand der "Automobilregion Zwickau" soll die Reichweite der regionalpolitischen Strategien, die sich aus der Anwendung des Konzeptes zur Nutzung endogener Potentiale ergeben, diskutiert werden. Dabei wird deutlich werden, daß ein wesentliches Manko der bisherigen Fassung des Potentialbegriffs darin besteht, daß die ökonomischen Ursachen, die für eine ausbleibende Nutzung der Ressourcen einer Region verantwortlich sind, nicht benannt werden. Das zentrale Problem regionaler Entwicklung besteht im Regelfall nämlich nicht in der unzureichenden Quantität und Qualität der vorhandenen Ressourcen einer Region, sondern in der unzureichenden Akquisition von Investoren. Strukturschwache Räume sehen sich mit der Tatsache konfrontiert, daß es aus einzelwirtschaftlicher Sicht offensichtlich ökonomisch rational ist, keine Investitionen vorzunehmen. Der Ansatz der Nutzung endogener Potentiale offenbart somit eine unzureichende Sicht ökonomischer Prozesse. Abschließend sollen die Notwendigkeit und Grenzen staatlichen Handelns diskutiert, sowie die Zweckdienlichkeit des Ansatzes der endogenen Potentiale gewürdigt werden.

Aus dieser Zielbestimmung leitet sich die Vorgehensweise wie folgt ab: Nach der notwendigen Festlegung und Abgrenzung der zentralen Begrifflichkeiten (1. Kapitel), werden im 2. Kapitel die Phasen der bundesdeutschen Regionalpolitik dargestellt. Dies dient zum einen dem besseren Verständnis der Genese des zu behandelnden Bereichs "Regionalpolitik", zum anderen wird das Verhältnis von Theorie und Politik beleuchtet und kritisch hinterfragt. Das 3. Kapitel widmet sich ausführlicher dem Ansatz der Förderung der endogenen Entwicklungspotentiale. Nach der Darstellung der theoretischen Bezüge, möglicher politischer Implikationen werden die zentralen Schwächen erörtert. Das hierbei entwickelte Analyseschema zur Erhebung der endogenen Entwicklungspotentiale einer Region wird anschließend (im 4. Kapitel) auf die ostdeutsche Region Zwickau übertragen. Diese Region bietet sich aus zwei Gründen für eine Betrachtung an. Zum einen verfügt sie als traditioneller Industriestandort (Automobilproduktion) über nennenswerte Ressourcen, an die die jeweiligen regionalpolitischen Strategien des Ansatzes der Nutzung endogener Potentiale anknüpfen können. Zum anderen kann hier exemplarisch die Reichweite des Ansatzes in Bezug auf die Entwicklungsperspektiven Ostdeutschland diskutiert werden. Im abschließenden 5. Kapitel werden die Ergebnisse der Potentialerhebung einer kritischen Prüfung unterzogen. Dabei wird deutlich werden, daß der Lösungsansatz "Nutzung endogener Entwicklungspotentiale" vom methodischen Ausgangspunkt her nicht geeignet ist, positive Entwicklungsscenarien einzuleiten. Eine Konzentration auf physische Kategorien, wie Quantität und Qualität ungenutzter Ressourcen, vernachlässigt die Betrachtung des ökonomischen Grundproblems der Fünf Neuen Länder (sowie allgemein der peripheren Regionen): die "Beschäftigung" der Ressourcen vermittelt über Investitionstätigkeit. Nach einer Betrachtung stärkeren öffentlichen Engagements, das aus mehreren Gründen scheitern muß, kann die Zweckdienlichkeit des Konzeptes der Förderung der Endogenen Potentiale dargelegt werden.

1. Kapitel: Regionalpolitik

Die regionale Wirtschaftspolitik und die Raumordnungspolitik, wie sie sich in der Bundesrepublik aktuell darstellt, ist Ergebnis eines durchaus widersprüchlich verlaufenden Entwicklungsprozesses. Diese zunächst banal anmutende Aussage soll auf die Tatsache verweisen, kaum ein anderer Politikbereich in der Bundesrepublik annähernd so stark im Mittelpunkt theoretischer Kontroversen um eine Fundierung der Politik steht, wie die Regionalpolitik; besonders nach der Vereinigung der beiden deutschen Staaten. Um solche Entwicklungen nachzuvollziehen, und auf aktuelle Anforderungen an diese Politikbereiche eingehen zu können, muß zuallererst Klarheit über die zentralen Begrifflichkeiten hergestellt werden. Ziel der Ausführungen ist es hierbei, zunächst die Fachausdrücke zu erläutern, um dann eine einheitliche Terminologie für den weiteren Verlauf der Arbeit zu erstellen.

1.1. Inhalte und Ziele

Es existiert keine hinreichende und widerspruchsfreie Definition des Begriffs Regionalpolitik. Kloten rät, sich "aus dem Dschungel der Begriffe und der zugehörigen Definitionen " herauszuhalten (Kloten 1968, S. 19). Andere Autoren verwenden etwa die Begriffe "regionale Wirtschaftspolitik", "Regionalpolitik" oder "regionale Strukturpolitik" synonym (z.B. Buttler u.a. 1977, S. 114; Brösse 1982, S. 22). In einer ersten Annäherung kann formuliert werden, daß die Regionalpolitik die gleichen Ziele verfolgt, wie die Wirtschaftspolitik im allgemeinen. Diese können folgendermaßen klassifiziert werden:

a) Wachstumsziel: Ziel dieser Orientierung ist die Mobilisierung von Wachstumsreserven in den Teilräumen, vor allem strukturschwachen Gebieten: "Ziel der regionalen Wirtschaftspolitik ist es, eine optimale regionale Wirtschaftsstruktur zu schaffen, und in allen Gebieten dafür zu sorgen, daß ungenutzte bzw. schlecht genutzte Produktionsfaktoren für das allgemeine Wirtschaftswachstum mobilisiert werden. Durch die regionale Wirtschaftspolitik, die sich in die Zielsetzungen der allgemeinen Wirtschaftspolitik einfügt, wird die Wirtschaftskraft in den zu begünstigenden Räumen gesteigert. Es werden bessere Arbeits- und Einkommensmöglichkeiten geschaffen und dadurch auch soziale

Härten dauerhaft beseitigt, die nicht nur in den wirtschaftsschwachen Räumen sondern auch in den Verdichtungsräumen auftreten können." (Bundesregierung 1967, Ziffer 4)

b: Stabilitätsziel: Ziel dieser Orientierung ist die Beseitigung oder Verminderung von strukturellen und konjunkturellen Anfälligkeiten. Regionen sind besonders dann strukturell gefährdet, wenn in ihnen Branchen dominieren, die im Zuge des Strukturwandels degenerieren. Auch allgemeine konjunkturelle Einbrüche wirken sich in peripheren Regionen stärker aus, da dort besonders häufig Zweig- und Nebenbetriebe vertreten sind, die eine geringe Verflechtung mit der regionalen Wirtschaftsstruktur aufweisen. "Die ... Fördermaßnahmen werden in Gebieten durchgeführt, ... in denen Wirtschaftszweige vorherrschen, die vom Strukturwandel in einer Weise betroffen oder bedroht sind, daß negative Rückwirkungen auf das Gebiet in erheblichen Umfang eingetreten oder absehbar sind." (GGRW, § 1 Abs. 2, Nr. 2)

c: Versorgungs- oder Ausgleichsziel: Ziel dieser Orientierung ist eine möglichst gleichwertige Versorgung mit privater oder öffentlicher Infrastruktur. Extreme interregionale Differenzen z.B. im durchschnittlichem Pro-Kopf-Einkommen sollen mittels nivellierender öffentlicher Maßnahmen vermieden werden. Entsprechende Formulierungen lassen sich aus dem ROG und dem GGRW ableiten: "Die Struktur des Gesamtraumes der Bundesrepublik Deutschland ist ... so zu entwickeln, daß sie ... gleichwertige Lebensbedingungen der Menschen in allen Teilräumen bietet oder dazu führt." (ROG, § 1 Abs. 1, Nr. 4) "Die ... Fördermaßnahmen werden in Gebieten durchgeführt, ... deren Wirtschaftskraft erheblich unter dem Bundesdurchschnitt liegt, oder erheblich darunter abzusinken droht." (GGRW, § 1 Abs. 2, Nr. 1)

d: Umweltziel: Intention dieser 1989 bei der Novellierung des ROG aufgenommenen Orientierung[1] ist der Schutz, die Pflege und die Entwicklung der natürlichen Lebensgrundlagen (vgl. ROG, § 1 Abs. 1, Nr. 2). "Für den Schutz, die Pflege und Entwicklung von Natur und Landschaft, insbesondere des Naturhaushalts, des Klimas, der Tier- und Pflanzenwelt sowie des Waldes, für den Schutz des Bodens und des Wassers, für die Reinhaltung der Luft sowie für die

[1] Zu der Diskussion vgl. Hoppe/Appold 1987.

Sicherung der Wasserversorgung, für die Vermeidung und Entsorgung von Abwasser und Abfällen und für den Schutz der Allgemeinheit vor Lärm ist zu sorgen. Für die sparsame und schonende Inanspruchnahme der Naturgüter, insbesondere von Wasser, Grund und Boden, ist zu sorgen." (ROG, § 2 Abs. 1, Nr. 8)

Es ist leicht ersichtlich, daß zwischen diesen grob umrissenen Zielen keine harmonischen Beziehungen, sondern vielmehr Zielkonflikte bestehen. Neben dem evidenten Zielkonflikt zwischen Wachstums- und Umweltziel (durch quantitative Zunahme des Ressourcenverbrauchs bei unveränderten Produktionsprozessen, vgl. Siebert 1992 b, S. 334f.), spielen in der regionalpolitischen Diskussion v.a. die Konflikte Wachstums-/Ausgleichsziel und Wachstums-/Stabilitätsziel eine wichtige Rolle. Der Kern dieser antinomischen Verhältnisse besteht in der Bestimmung des maximalen Produktivitätsbeitrages für eine Volkswirtschaft. Umstritten ist hierbei die Frage, ob eine Konzentration der Fördermittel auf wenige Schwerpunkte effektiver ist, als eine Flächenförderung. Eine Begründung für die Schwerpunktorientierung speist sich aus der Hoffnung auf spillover-Effekte der Wachstumszentren für periphere Regionen. Gegen diese Hypothese spricht die Ansicht, daß eine kleinflächige Förderung im Sinne der Mobilisierung ungenutzter Produktionsfaktoren stärker zum gesamtwirtschaftlichen Wachstum beiträgt, und zudem die übermäßigen Verdichtungserscheinungen in agglomerierten Räumen abmildert (vgl. Brösse 1982, Kapitel I 6 und I 9; Ewringmann u.a. 1986, S. 20f.).

Nachdem die Ziele der Regionalpolitik beschrieben wurden, soll nun der Terminus Regionalpolitik genauer gefasst werden, dazu ist zunächst auf Überschneidungen hinzuweisen:

a) Wirtschaftspolitik: Unter diesem Begriff läßt sich die Gesamtheit der ökonomischen Entscheidungen der Ordnungs- und Ablaufpolitik subsumieren. In die entsprechenden Entscheidungsprozesse bringen sich eine Vielzahl von Wirtschaftssubjekten ein (Gebietskörperschaften, Deutsche Bundesbank, Tarifvertragsparteien, Regierung, Ausland etc.). Inhaltlich läßt sich die Wirtschaftspolitik in diverse Teilbereiche aufteilen, wie z.B. Konjunkturpolitik, Geldpolitik, Arbeitsmarktpolitik etc. (vgl. Teichmann 1993).

b) Globalsteuerung: Die Globalsteuerung orientiert auf eine andere Maßstabsebene als die Regionalpolitik. Sie konzentriert die staatlichen Aktivitäten auf die Realisierung eines gesamtwirtschaftlichen Gleichgewichts. Dieses geschieht in der Regel ohne explizite Rücksichtnahme auf regionale Wirkungen. Das stabilitätspolitische Instrumentarium[2] selbst (z.B. antizyklische Haushaltspolitik, Geldpolitik der Deutschen Bundesbank) ist daher allein auf die Beeinflussung makroökonomischer Rahmendaten ausgelegt (vgl. Teichmann 1982).

c) sektorale Wirtschaftsförderung: Die raumbezogene regionale Wirtschaftsförderung läßt sich scheinbar leicht von der sektoralen Wirtschaftsförderung abgrenzen, deren Ansatzpunkte Wirtschaftszweige bzw. -sektoren bilden. Trotz der scheinbar disparaten Zielstellungen dieser beiden Politikbereiche sind sie auf der Ebene der konkreten Förderungsmaßnahmen nur schwerlich voneinander zu trennen. Im wichtigsten Fall der Gewährung sektoraler Hilfen, in Form begleitender Anpassung von Branchen an marktbedingte Strukturwandlungen[3], wird augenscheinlich, daß der ökonomische Niedergang bestimmter Wirtschaftszweige ohne regionalen Bezug schwerlich denkbar ist. Als Belege können hier die Schiffbauindustrie für Bremen oder die Stahlindustrie für die Stahlstandorte im Ruhrgebiet dienen. Aufgrund des hohen Beschäftigtenanteils in den Problembranchen und geringer Diversifikation der Sparten, lösen strukturbedingte Beschäftigungseinbrüche und andere Rückwirkungen, wie Wegfall von Zulieferer- und Abnehmerbeziehungen, negative Multiplikatoreffekte in der Region aus (vgl. Spannowsky 1987, S. 20).

Als regionalpolitische Hilfen mit sektoraler Ausstrahlung für die genannten Beispiel-Regionen wurde für Bremen das Werftensonderprogramm und für Gelsenkirchen das Stahlstandorteprogramm aufgelegt.[4] Damit zeigt sich, daß regionale und sektorale Wirtschaftsförderung zwar von der verfolgten Zielstellung her, nicht aber nach der konkreten Auswirkung auf bestimmte Regionen voneinander abgegrenzt werden können.

---

2 Geregelt v.a. durch das Stabilitätsgesetz (vgl. Gesetz zur Förderung der Stabilität und des Wachstums der Wirtschaft).

3 Daneben existieren: Abfederung sozialer Härten und/oder unerwünschter volkswirtschaftlicher Konsequenzen sowie strukturgestaltende Maßnahmen (vgl. Hamm 1977, S. 479 f.).

4 Zu diesen und weiteren regionalen Aktionsprogrammen vgl. Kapitel 2.1.3.

d) Strukturpolitik: Grob gesehen faßt man unter Strukturpolitik alle Maßnahmen zusammen, die die Gestaltung oder Festlegung der Wirtschaftsstruktur zum Ziel haben (vgl. z.B. Neumann 1976). Aufgrund des permanenten ökonomischen Strukturwandels infolge des gesamtwirtschaftlichen Wachstumsprozesses treten u.U. unerwünschte Effekte auf, die Strukturpolitik als Rahmensteuerung oder als Steuerung des Marktprozesses vermeiden soll. Wichtigste Ansatzpunkte bilden hierbei Wirtschaftszweige, Regionen oder Unternehmensgrößen (vgl. Görgens 1987, S. 1790), womit deutlich wird, daß je nach Ansatzpunkt, die Abgrenzung zu regionaler oder sektoraler Wirtschaftsförderung nur schwer vorzunehmen ist.

Nachdem der Versuch unternommen wurde, aus den mannigfaltigen Begriffen mit regionalem Bezug den Ausdruck Regionalpolitik abzugrenzen, wobei auf Überschneidungen hingewiesen wurde, kann als Resümee festgehalten werden: Regionalpolitik wird in dieser Arbeit begriffen als ein Teilbereich der Wirtschaftspolitik mit regionalem Bezug. Dabei soll auf die räumliche Ausprägung des gesamtwirtschaftlichen Zielsystems so eingewirkt werden, daß es zu einem Abbau der Unterschiede zwischen den einzelnen Regionen einer Volkswirtschaft kommt. Im Rahmen der gegebenen Eigentumsordnung geschieht dies vermittelt über die Beeinflussung des Standortverhaltens von Unternehmen. Regionalpolitik ist also der Teil der Wirtschaftpolitik, der durch direkte (z.B. Ansiedlungsge- oder -verbote, finanzielle Anreiz- oder Abschreckmittel) oder indirekte Maßnahmen (z.B. Infrastrukturausbau) dazu beiträgt, in peripheren Regionen Unternehmen (und damit Beschäftigungsmöglichkeiten, Einkommen, Steuereinnahmen etc.) zur Investitionstätigkeit zu animieren.

In der Regionalpolitik interessieren nicht alle Regionen gleichermaßen, sondern in erster Linie diejenigen, die Entwicklungsrückstände zu verzeichnen haben. Die Maßnahmen der Regionalpolitik sind nach § 2 Abs. 1 der Gemeinschaftsaufgabe "Verbesserung der regionalen Wirtschaftsstruktur" (GRW) mit denen der Raumordnung und Landesplanung in Einklang zu bringen, was nichts anderes bedeutet, als beispielsweise bei einer Unternehmensansiedlung oder beim Ausbau der Infrastruktur auf die Anforderungen des Flächennutzungsplanes Rücksicht zu nehmen. Ob und inwieweit der Abbau der regionalen Disparitäten auf der Basis von theoretischen Erklärungsmustern beruht, die u.U. ähnlicher Provenienz sind, wie die der Raumordnungsdiskussion, soll hier nicht erörtert werden.

Die Forderung nach dem Ausgleich regionaler Disparitäten durch regionalpolitische Maßnahmen kann letztlich nur normativ begründet werden. Dabei gehe ich von der Feststellung aus, daß der marktwirtschaftlich-kapitalistische Koordinationsmechanismus aufgrund von Mobilitätshemmnissen und externen Effekten nicht zu einer optimalen räumlichen Allokation der Ressourcen führt. Dies hat disparate Regional- und Standortstrukturen zur Folge. Jede empirische Übersicht zeigt deutliche Struktur- und Entwicklungsunterschiede zwischen den einzelnen Teilräumen eines Landes als typische Erscheinungsform der industriellen Produktionsweise (vgl. Salin 1929; Hall 1974; Schliebe 1982; Barro/Sala-I-Martin 1991). Die in dieser Arbeit vorgenommene Betrachtung bestreitet die Prämissen eines vollkommenen Marktes, indem postuliert wird, daß die Produktionsfaktoren nicht unendlich mobil sind, sondern mobilitätshemmende Beharrungsmuster aufweisen. Dadurch wird ein interregionaler Ausgleich behindert, mit der Folge interregionaler Ungleichgewichte infolge der sozioökonomischen Entwicklung.

Eine weitere Begründung für Regionalpolitik speist sich aus der Existenz externer Effekte. Als Folge des räumlichen Konzentrationsprozesses ergeben sich sowohl Agglomerationsvor- als auch Nachteile (vgl. Böventer 1962, S. 13 f.; Heine 1989), die eine Gleichverteilung ökonomischer Aktivitäten innerhalb eines Raumsystems verhindern. "In den Ballungsgebieten ergeben sich einerseits monetarisierbare Agglomerationsvorteile (Infrastrukturversorgung, verfügbare Arbeitskräfte, große Absatzmärkte, geringe Transportkosten, hohe Informationsdichte und umfangreiche Kontaktmöglichkeiten ("Fühlungsvorteile")) während die damit verbundenen Nachteile (ökologische Belastungen, Lebensweltzerstörungen) hauptsächlich im nichtmonetären Bereich auftreten (sowohl innerhalb als auch außerhalb der Ballungsgebiete)." (Beckenbach 1988, S.9)

1.2. Theoretische Erklärungsversuche

Räumliche Entwicklungsunterschiede als Folge wirtschaftlicher Aktivitäten, die in abgestufter Form in allen marktwirtschaftlich-kapitalistischen Volkswirtschaften auftreten, lassen die Vermutung zu, daß diese disparate Verteilung von Produktivkräften auf ökonomische Gesetzmäßigkeiten einer Agglomerationsbildung beruht. An dieser Stelle soll ein Überblick über die für die weiteren Untersuchungen relevanten theoretischen Erklärungsversuche vermittelt werden.[5] Die theoretischen Erklärungsversuche lassen sich wie folgt systematisieren (vgl. Richardson 1973; Buttler u.a. 1977; Eckey 1978; Schätzl 1988):

Übersicht 2: Theoretische Erklärungsversuche für räumliches Wirtschaftswachstum

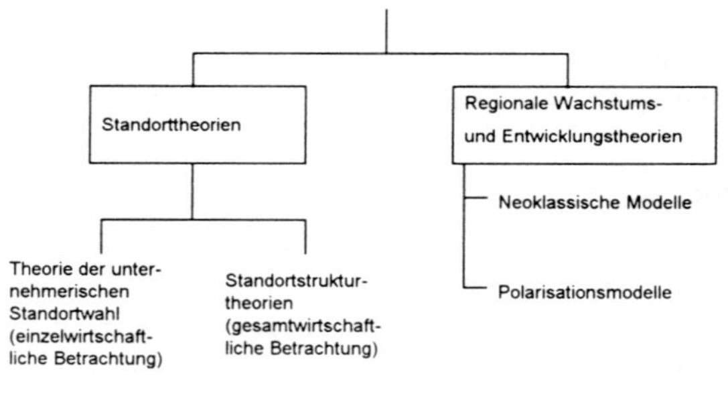

Die einzelwirtschaftlichen Standorttheorien haben als Erklärungsziel den optimalen Standort eines Unternehmens oder Betriebs aus einzelwirtschaftlicher Sicht.[6] Ausgehend von den Nebenbedingungen der Gewinnmaximierung als Unternehmensziel (dem sich andere Ziele wie Umsatzmaximierung, Marktanteilsvergrößerung etc. unterordnen lassen), und der Wahl des Standortes nach objektiven, rationalen Kriterien, lassen sich diverse Bestimmungsgrößen der

[5] Damit entfallen Theorien, die eher gesamtwirtschaftlich ausgerichtet sind, wie die postkeynesianische Wachstumstheorie und die Wirtschaftsstufentheorie.

[6] A. Weber gelang die erste systematische Darstellung einer Industriestandorttheorie, nachdem vor ihm diverse andere Autoren (vgl. Roscher 1865; Schäffle 1867) lediglich Teil-Aspekte betrachtet hatten (vgl. Weber 1909).

Standortwahl identifizieren: Infrastruktur, Verteilung und Kosten der Produktionsfaktoren, Lage zum Absatzmarkt, Fühlungsvorteile, Agglomerationsfaktoren etc. Welchem dieser standortbildenden Faktoren die größere Relevanz zukommt, hängt v.a. von branchenspezifischen und betrieblichen Gesichtspunkten ab.

Die gesamtwirtschafttlich orientierten Standorttheorien haben die optimale räumliche Struktur der Verteilung ökonomischer Aktivitäten als Erklärungsinhalt. Neben Thünen (vgl. Thünen 1826) und Lösch (vgl. Lösch 1940) ist als herausragender Vertreter dieses Ansatzes Christaller zu nennen. Christaller versuchte die hierarchische Struktur der räumlichen Ordnung der Wirtschaft sowie die Hierachie der Siedlungen zu erklären. Unter Berücksichtigung einer Reihe von Prämissen[7] ergibt sich ein bestimmtes Muster räumlicher Differenzierungsprozesse: Im Ergebnis nehmen urbane Zentren überörtliche Funktionen, insbesondere Versorgungsfunktionen, nicht nur für die Stadt selbst, sondern auch für ihr Hinterland wahr. Eine örtliche Arbeitsteilung ergibt sich notwendigerweise mit der Realisierung interner Ersparnisse. Örtliche Arbeitsteilung bedeutet nichts anderes, als daß ein Ort Versorgungsfunktionen für andere Orte übernimmt, indem er Güter anbietet, über die diese nicht verfügen. Zentrale Bedeutung erlangen hierbei "Reichweite" und "Mindestnachfrage" eines Produktes. Die Realisierbarkeit interner Ersparnisse hängt von der Marktgröße (Nachfragemenge) ab, die aufgrund unterschiedlicher Produktionsfunktionen der einzelnen Versorgungsangebote unterschiedlich große Märkte voraussetzen. Einmal unterstellt, daß Marktgröße und Stadtgröße miteinander korrelieren und daß Kommunikationskosten der Erreichbarkeit der Versorgungsleistungen existieren, so ergibt es sich, daß kleine Zentren die Versorgungsfunktionen übernehmen werden, die nur kleine Märkte erfordern und größere Zentren -über die Funktionen kleinerer Zentren hinaus- die Funktionen übernehmen, für die der Einzugsbereich der jeweils kleineren Zentren zu gering ist.

---

[7] Homogener und unbegrenzter Raum, keine räumlichen Unterschiede in Produktions- und Nachfragebedingungen, gleicher Besatz mit Verkehrsinfrastruktur, keine Unterschiede bei Einkommen, Kaufkraft und Bedürfnissen der Bewohner, sowie rationales Verhalten aller Individuen, Situation der vollständigen Konkurrenz (vgl. Christaller 1933, S. 20f.).

Die Erklärungskraft der Standorttheorien für die Bestimmung von Raumnutzungsstrukturen wird in der Literatur nicht einheitlich beurteilt. Hauptkritikpunkt bilden hierbei die restriktiven Annahmen, die mangelnde Berücksichtigung des historischen Entwicklungzustandes einer Volkswirtschaft sowie die Vernachlässigung der politischen Bestimmungsgründe räumlicher Verteilung. Trotz dieser Mangelpunkte, die sich in erster Linie auf die Anwendbarkeit der Theorien in der Praxis beziehen, können <u>Standortfaktoren</u> und deren Wirkung auf das Investitionsverhalten von Unternehmen bei der Evaluierung regionalpolitischer Strategien nicht vernachlässigt werden. Folgende Faktoren spielen bis in die aktuelle Diskussion eine besondere Rolle:

Die Bedeutung von <u>Infrastruktur</u> als Standortfaktor verdeutlichen u.a. die Überlegungen von Jochimsen/Gustafson. Sie definieren Infrastruktur als die "Gesamtheit der materiellen, institutionellen und personellen Einrichtungen und Gegebenheiten die einer arbeitsteiligen Wirtschaft zur Verfügung stehen und dazu beitragen, daß gleiche Faktorentgelte für gleiche Faktorleistungen ... bei zweckmäßiger Allokation der Ressourcen ... gezahlt werden" (Jochimson/Gustafsson 1970, Sp. 1318; vgl. auch Jochimsen 1966). Auch wenn die definitorischen und empirischen Probleme der Fassung der Infrastruktur bis heute die Raumordnungsdiskussion begleiten (siehe Diskussion um die Neuformulierung der Kategorien zur Fördergebietsabgrenzung Anfang 1991; vgl. Gatzweiler, u.a. 1991) spiegelt folgende Übersicht die grundsätzliche Bedeutung von Infrastruktur wider:

<u>Übersicht 3:</u> Ökonomische Fassung der Infrastruktur

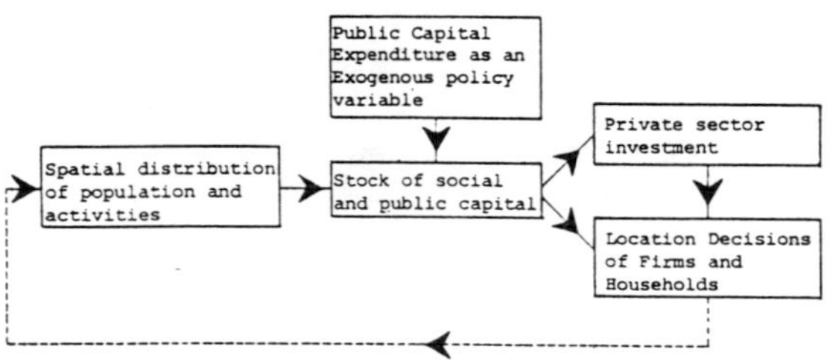

<u>Quelle:</u> Richardson 1973, S. 156.

Richardson kommentiert: "Once growth in such a system gets under way it is easy for the process to become self-sustained and cumulative. However if the initial population and level of activity are small and their spatial distribution costly and inefficient a region may remain in a low-level equilibrium trap" (Richardson 1973, S 156). Damit reflektiert sich das Erstaustattungsdenken der Neoklassik, die den öffentlichen Infrastrukturausbau in bottleneck-Situationen unterstützt, damit regionale Wachstumsprozesse nicht mehr behindert werden. Auch wenn unumstritten ist, daß ein Infrastrukturausbau eine notwendige Voraussetzung regionaler Entwicklung ist, greift die neoklassische Sicht zu kurz, da die Beseitigung aller Entwicklungshemmnisse noch kein regionales Wachstum garantiert, also keine hinreichende Voraussetzung darstellt (vgl. Scheele 1993, sowie Kapitel 5.3.).

Neben dem Infrastrukturausbau sind unter den Standortfaktoren die Agglomerationsvorteile hervorzuheben:

Böventer zählt zu den wichtigsten Agglomerationsvorteilen:

"1) die Vorteile eines gemeinsamen großen *Absatzmarktes*, die aus der räumlichen Konzentration der Einkommen oder der Nachfrage resultieren,
2) die Vorteile eines großen *Arbeitsmarktes* mit ausgebildeten Facharbeiterstämmen für viele verschiedene Spezialisierungsrichtungen, mit vielseitigen Ausbildungsmöglichkeiten für die Beschäftigten,
3) die Vorteile gemeinsamer *Zulieferbetriebe* wie auch gemeinsamer Reparaturwerkstätten,
4) das Vorhandensein von Forschungseinrichtungen und Beraterfirmen,
und dazu kommen die Agglomerationseffekte, die sich daraus ergeben, daß
5) die Anlage der *Verkehrswege*,
6) das Angebot der *öffentlichen Versorgungsbetriebe* sowie
7) die Organisations- und *Verwaltungseinrichtungen* einer Stadt zumindest innerhalb bestimmter Bereiche Vorteile für die betroffenen Unternehmungen bringen" (Böventer 1979, S. 12).

Diese Agglomerationsvorteile führen oft dazu, daß die räumlichen Verdichtungen typischerweise anhaftenden höheren Kosten bei Produktionsfaktoren, überkompensiert werden.

Regionale Wachstums- und Entwicklungstheorien beschäftigen sich mit Determinanten, Verlaufsprozessen und Ergebnissen regionaler Wachstumsprozesse. Die neoklassische Sicht räumlicher Entwicklungsprozesse (vgl. Borts/Stein 1964; Siebert 1970) geht von folgender Grundhypothese aus: Regionale Entwicklungsunterschiede werden aufgrund eines konstruierten Zusammenhangs zwischen Grenzproduktivität der Einsatzfaktoren Kapital und Arbeit sowie ihrer Entlohnung und der daraus abgeleiteten Rentabilität, durch Faktorwanderungen ausgeglichen. Diese Ableitung ist allerdings nur denkbar, bei einer Reihe restriktiver Annahmen[8], wobei die Leugnung der oben vorgestellten externen Effekte sich am gravierendsten auswirkt, weil damit das regionalpolitische Problem wegdefiniert wird.

Das neoklassische Grundmodell der regionalen Wachstumstheorie für eine Region i kann wie folgt dargelegt werden:[9]

$$y_i = a_i k_i + (1-a_i) l_i + t_i$$

Wie zu erkennen ist, ist die Wachstumsgleichung eine aus der Cobb-Douglas-Produktionsfunktion abgeleitete Wachstumsfunktion. Diese ist durch konstante Skalenerträge, sowie durch abnehmende partielle Faktorgrenzerträge gekennzeichnet (vgl. Felderer/Homburg 1991, Kapitel IV). Die Wachstumsraten des Kapitals und der Arbeit sind eindeutig bestimmt (das Wachstum des technischen Wissens kann für diese Betrachtung außer Acht gelassen werden): Das Kapitalwachstum wird bei gegebenen Kapitalkoeffizienten determiniert von der intraregionalen Sparquote, sowie dem interregionalen Nettokapitalzustrom. Das Arbeitskräftewachstum setzt sich aus der natürlichen Wachstumsrate der Bevölkerung sowie dem Nettomigrationsstrom zusammen. Für die hier vorge-

8 Annahmen: Vollbeschäftigung und freie Mobilität der Produktionafaktoren, vollkommene Konkurrez, keine interregionalen Transportkosten.

9 Hier bedeuten y, k, l und t die Wachstumsraten der Produktion, des Kapitalstocks, der Arbeitskraft und des technischen Wissens.

nommene Betrachtung sind die Verhaltensgleichungen, die die Faktorwanderungen erklären, von entscheidender Bedeutung. Unter den in der neoklassischen Theorie üblichen Bedingungen der vollkommenen Konkurenz, sowie unter der Annahme, daß die Produktionsfaktoren in Abhängigkeit von ihren Wertgrenzprodukten entlohnt werden, lassen sich die Faktorwanderungen allein durch Faktorentgeltdifferenzen erklären[10].

Damit ist die Prognose bezüglich zu erwartender Kapitalströme in periphere Regionen abhängig von der Annahme eines bestimmten Verlaufs der Produktionsfunktion und setzt zum anderen die Vollbeschäftigung des jeweils anderen Produktionsfaktors voraus. Daß diese Annahmen lediglich einen Spezialfall der Einkommenstheorie abbilden, bildet dabei nicht einmal das Hauptproblem. Wenn man einmal die Validität der neoklassischen Annahmen (und damit einen Sonderfall) annimmt, stellt die daraus abgeleitete Diskussion von Faktoreinsatzverhältnissen trotzdem allenfalls ein produktionstheoretisches und nicht ein investitionstheoretisches Problem dar.

Hierbei wird ein weiterer Schwachpunkt der hier kritisierten theoretischen Ableitung, die nur unzureichend die Logik kapitalistischer Marktsysteme wiedergibt, deutlich. Die postulierte Entlohnung der Produktionsfaktoren entsprechend ihrer Grenzproduktivitäten ist aus zwei Gründen problematisch. Zum einen hat die Cambridge/Cambridge-Kontroverse in den 60er und 70er Jahren die "Grenzproduktivitätstheorie der Verteilung", die den Zusammenhang zwischen Faktorpreisen und Grenzproduktivitäten konstruiert, gründlich in Frage gestellt. Eine makroökonomische Betrachtung neoklassischer Lesart erfordert bei der Aggregation mikroökonomischer Produktionsfunktionen, gleiche Kapitalintensitäten in allen Branchen. Im Regelfall liegen aber unterschiedliche Kapitalintensitäten vor, so daß die vorgestellte eindeutige Beziehung zwischen Grenzproduktivität-Lohn/Zins-Technikwahl (switch points) aufgegeben werden mußte (vgl. Jaeger 1980; Feess-Dörr 1991, S. 418f.).

Zum anderen ist die Betrachtung der Rentabilität als eine physische Kategorie unzureichend. So bestimmen nicht Bevölkerungszahlen, Kapitalstock oder der technische Fortschritt in ihrer physischen Größe über das Wachstum der Pro-

[10] Kapital: $k_{ji} = f\ (R_i - R_j)$; Arbeit: $m_{ji} = f\ (W_i - W_j)$; wobei m der Nettomigrationsstrom, R der Kapitalzins und W der Lohnsatz ist.

duktion. Investitionstätigkeit als eine Wertkategorie betrachtet, findet ihren Ausdruck in der Nachfrage nach Produktionsfaktoren, wobei diese von positiven Renditeerwartungen determiniert wird.

Im Gegensatz zu neoklassischen Wachstumsansätzen rekurrieren Modelle kumulativer zirkulärer Prozesse (Polarisationsmodelle) auf regionale Ungleichgewichte infolge der Marktprozesse. Beachtung finden hierbei Aspekte, wie:

- interregional unterschiedliche interne Wachstumsdeterminanten (z.B. Unternehmensbesatz, Ausstattung mit Produktionsfaktoten etc.),
- interregionale Abhängigkeit regionaler Wachstumsprozesse (Zentrum-Peripherie-Strukturen),
- partielle Immobilität der Produktionsfaktoren,
- oligopolistische und monopolistische Marktstrukturen,
- Agglomertionsvor- und Nachteile.

Die Grundaussage der verschiedenen Modelle dieser regionalen Entwicklungstheorie lautet in ihrem Kern, daß unter marktwirtschaftlich-kapitalistischen Bedingungen die intra- und interregionalen ökonomischen Aktivitäten durch zirkulär verursachte kumulative Wachstums- und Schrumpfungsprozesse gekennzeichnet sind. Für den Verlauf der kumulativen Entwicklung werden sektorale (z.B. Dominanz von Wachstumsbranchen) und/oder regionale Ursachen (Zu- oder Abwanderung von Unternehmen) verantwortlich gemacht. Als Konsequenz ergeben sich Raumstrukturen, in denen sich Agglomerationen herausbilden, mit entsprechenden Lokalisations- und Urbanisationsvorteilen gegenüber strukturschwachen Regionen (siehe oben), die auch als Zentrum-Peripherie-Raumstrukturen bezeichnet werden (vgl. Myrdal 1959; Hirschmann 1967; Richardson 1973).

Eine Manko dieser Fassung räumlicher Entwicklungsprozesse besteht sicherlich darin, daß die Genese kumulativer Prozesse mit externen Ursachen erklärt wird. So ist es bei Myrdal als Vertreter der regionalen Polarisation das Abbrennen einer Fabrik, das als exogenes Zufallsereignis eine Kette von kumulativen Schrumpfungsprozessen induziert (vgl. Myrdal 1959, S. 35f.). In der sektoralen Variante der Polarisationsmodelle sind es v.a. technische Innovationen, die als

Initialzündung vermittelt über Investitionen, technisch-organisatorische Neuerungen zur Bildung neuer führender Branchen beitragen (vgl. Schilling-Kaletsch 1976). Die Berücksichtigung von Agglomerationseffekten in den Wachstumspolansätzen behebt m.E. aber diese Lücke. Agglomerationsvorteile stellen aus Sicht privater Unternehmen monetäre Argumente für eine Standortwahl dar, und sind somit eine endogene Erklärung für die anhaltende Dominanz stark verflochtener Räume gegenüber peripheren Regionen.

Die dargestellten unterschiedlichen theoretischen Fassungen räumlicher Entwicklung führen zu entsprechenden differierenden regionalpolitischen Interpretationen der Entwicklungsprozesse selbst:

Die Realität regionaler Disparitäten wird nur von wenigen Autoren bestritten, bzw. in das Reich des Nebulösen oder ständigen ökonomischen Wandels verwiesen, wie etwa von Rueter: "Die Regionalpolitik geht zu Unrecht davon aus, daß grundsätzliche Benachteiligungen einzelner Regionen vorliegen: Regionale Eigenschaften sind ... einer ständigen ökonomischen Umbewertung ausgesetzt, so daß eine Feststellung sog. Benachteiligungen immer auf willkürlichen Werturteilen beruhen muß. Vielmehr ist der interregionale Wettbewerb durch komparative Vor- und Nachteile geprägt, deren Bedeutung einem ständigen Wandel durch technischen Fortschritt, Nachfrageverschiebungen, Substitutionsvorgänge, kurzum wettbewerbliche Marktprozesse unterworfen ist." (Rueter 1987, S. 113)

Neben dieser Ignoranz lassen sich in der regionalpolitischen Diskussion Positionen ausmachen, die eine ungleichmäßige räumliche Entwicklung zwar nicht bestreiten, aber durchaus unterschiedliche Schlußfolgerungen ziehen (vgl. Richardson 1977, S. 47 f.; Schätzl 1986, S. 22 f.): Die eine knüpft an Positionen der Neoklassik an. Demnach werden negative externe Effekte aufgrund des marktwirtschaftlichen Steuerungsmechanismus zwar akzeptiert, es besteht aber die Überzeugung, daß diese durch ökonomische Effizienzgewinne kompensiert werden. Eine zweite Richtung präferiert eine Verschärfung der ordnungspolitischen Rahmenbedingungen und/oder die Verbesserung der Instrumentarien der Globalsteuerung, um Mängel in der räumlichen Allokation der Produktionsressourcen zu beheben, bspsw. durch die Internalisierung externer

Effekte. Eine dritte Richtung, die der Notwendigkeit staatlicher Eingriffe durchaus positiv gegenüber steht, ist durch eine ausgeprägte Skepsis bezüglich der Erfolgsaussichten dieser Eingriffe geprägt. Diese wird zum einen mit den bestehenden Forschungsdefiziten bezüglich Ursache und Verlauf disparitärer Entwicklung begründet, zum anderen sprechen die Autoren den politischen Handlungsträgern die notwendige Kontinuität und Beharrlichkeit ab, eine langfristige Politik zur Umkehrung der Prozesse in die Wege zu leiten.

Die in dieser Arbeit vertretene Position knüpft hier an: Ich gehe davon aus, daß mit Hilfe von Anreizsystemen und Infrastrukturausbau im weiteren Sinne die externen Effekte der Agglomerationen überhaupt nicht, und wenn, dann nur um den Preis einer kaum hinnehmbaren finanziellen Belastung öfentlicher Haushalte überkompensiert werden können.

1.3. Zur Umsetzbarkeit theoretischer Erkenntnisse

Dieser Abschnitt behandelt die Problematik der Umsetzung theoretischer Erkenntnisse in die praktische Regionalpolitik, sowie Einflüsse auf regionalpolitisches Handeln, die nur schwerlich vorhersehbar, oder steuerbar sind.

Zunächst muß darauf hingewiesen werden, daß regionale Wachstumsprozesse in hohem Maße von der gesamtwirtschaftlichen Entwicklung abhängig sind. Empirische Untersuchungen belegen deutlich, daß in allen kapitalistisch-marktwirtschaftlichen Ländern Problemregionen sowohl von konjunkturellen Schwankungen als auch von nachlassendem längerfristigen Wachstum überproportional betroffen sind (vgl. Bade 1979; Schliebe 1982). Die Erhebungen belegen auch, daß in Dekaden starken Wachstums die Mobilitätsbereitschaft der Betriebe stärker ausgeprägt war, als in wachstumsschwächeren Perioden. Damit ist eine Regionalpolitik, die regionale Disparitäten qua Ansiedlungspolitik ausgleichen will, in hohem Maße abhängig von konjunkturellen, sowie gesamtwirtschaftlichen Entwicklungen.

Eine Beschränkung bei der Umsetzung theoretischer Erkenntnisse besteht in der Fassung der "Region". Bestimmung und Abgrenzung räumlicher Einheiten sind die Grundvoraussetzung für die empirische Erhebung regionaler Disparitäten, die Diagnose entsprechender Entwicklungsprobleme, die Anwendung der regionalpolitischen Instrumente sowie die Messung ihrer Erfolge. Regionen als Teilräume der Volkswirtschaft sind Ergebnis definitorischer Funktionszuweisungen. Regionen können nach bestimmten Merkmalen, wie z.B. Arbeitslosenquote pro Kopf der Bevölkerung (homogene Region), nach politisch-administrativen Gebietseinheiten (Planungsregion) oder nach ihren intraegionalen Interdependenzen oder Verflechtungsstrukturen (funktionale Region) abgegrenzt werden (vgl. Lange 1970). Bei der "Anwendung" theoretischer Erkenntnisse bildet der Raumbezug ein wesentliches Problem. Denn es ist ein Unterschied, ob allgemein interne und externe Wachstumsdeterminanten benannt, oder konkret die Möglichkeiten und Defizite der "Region X" bestimmt werden sollen.

Eng verflochten mit dieser Problematik ist die Wahl der Indikatoren zur Messung regionaler Ungleichverteilung (vgl. Böhret u.a. 1982; Schätzl 1981). Auch hier bietet sich ein Set von möglichen Kriterien an: Bruttoinlandsprodukt (BIP), BIP pro Kopf der Bevölkerung, Arbeitslosenquote, Infrastrukturausstattung, Einkommen pro Kopf etc.; daneben existieren sogenannte "gesellschaftliche Indukatoren", wie Bildungsmöglichkeiten, gesundheitliche Versorgung, Lebenserwartung etc. Eine vollständige Erfassung regionaler Ausstattung und Verteilung ist als unmöglich anzusehen (vgl. Klaus 1985), bzw. auch hier ist das erzielte Erhebungsergebnis maßgeblich von der Wahl der geeigneten Indikatoren abhängig.

Diese kursorischen Bemerkungen veranschaulichen wesentliche Probleme bei der Übertragung theoretischer Erkenntnisse in die Sphäre der Politikberatung. Sie verdeutlichen auch, daß es keine allgemein gültigen Erkenntnisse geben kann, die auf alle Regionen gleichermaßen anzuwenden sind. Die konkreten Probleme, wie sie sich in den Teilräumen darstellen, sind von daher auch nicht abstrakt, sondern regional zu fassen.

Daneben existierte in den 70er Jahren eine rege Diskussion über die Grenzen der gegebenen Wirtschaftsordnung, die u.U. einen Erfolg regionalpolitischer Maßnahmen grundsätzlich verhindern, bzw. in Frage stellen (vgl. z.B. Buttler u.a. 1977, S. 164f.; Scharpf 1976; Väth 1980, S. 45f.; Tjaden 1979). Im Kern ging es dabei ebenfalls um das Verhältnis von Theorie und Politik, wobei die

Frage im Mittelpunkt stand, ob es ausreicht, die räumlichen Bedingungen der Unternehmenstätigkeit einerseits und die räumlichen Zielsetzungen der Wirtschaftspolitik andererseits isoliert zu thematisieren. "Die wissenschaftliche Erforschung der räumlichen Erscheinungen gesamtwirtschaftlicher Entwicklungen ... müßte die räumlichen Voraussetzungen, Verlaufsweisen und Ausprägungen der Wirtschaftstätigkeit insgesamt erforschen, welche sich im Rahmen einer gegebenen Wirtschaftsordnung vollzieht." (Tjaden 1979, S. 110)

Damit war das ökonomische Geamtsystem -die Wirtschaftsordnung- Gegenstand der Auseinandersetzung. Bei der Frage der Erfolgsaussichten regionalpolitischer Maßnamen wurden folgende konkrete Restriktionen ausgemacht: Zum einen gelänge es dem politischen System nicht, in ausreichender Qualität Parameter der Steuerung betrieblicher Standortwahl zu erfassen, zum anderen "könnten diese Determinanten über Steuerungsparameter dennoch nicht beeinflußt werden, weil dann Grundprinzipien der Wirtschaftsordnung - wie die Autonomie der Unternehmen und die Marktkonformität der staatlichen Maßnahmen - in Frage zu stellen wären" (Buttler u.a. 1977, S. 165).

Falls es im Verlauf dieser Arbeit darum gehen sollte, aufgrund unbefriedigender empirisch nachweisbarer Verläufe in der regionalen Entwicklung, das Instrumentarium der Steuerung privater und öffentlicher Standortentscheidungen in Frage zu stellen und/oder zu erweitern (vgl. Scharpf 1976, S. 22), könnte die Tjadensche These forschungsleitend sein, die aussagt, daß das grundsätzliche Verhältnis von kapitalistisch-marktwirtschaftlicher Produktionsweise und entsprechender Territorialstruktur noch nicht hinreichend diskutiert sei (vgl. Tjaden 1979, S. 110f.).

Neben der unterschiedlichen paradigmatischen Herkunft der Vertreter besteht eine wesentliche Ursache der Strategie-Kontroversen in der Unsicherheit über Wirkung und Effizienz regionalpolitischer Fördermaßnahmen. Das regionalpolitische Zielsystem einmal zugrunde gelegt, wird der Erfolg politischer Bemühungen letztendlich an den Beschäftigungswirkungen bzw. an den induzierten Investitionen gemessen. Ob mit Hilfe einer Anreizpolitik das Standortverhalten potentieller Investoren maßgeblich beeinflußt werden kann, ist umstritten (vgl.

Ahlers/Baumhöfer 1980, S. 573f.; Glaubitz/Priewe 1976) und bildet den Gegenstand der Effizienzanalyse.
Bei der Beantwortung der Frage der Effizienz regionalpolitischer Maßnahmen wird häufig die These vertreten, daß ohne entsprechende Förderung, maßgebliche Anteile am Gesamtinvestitionsvolumen nicht getätigt worden wären (vgl. z.B. Asmacher u.a. 1986, S. 727). Wenn man realistischerweise davon ausgeht, daß Unternehmen unter marktwirtschaftlich-kapitalistischen Bedingungen zu rationalen Standort- und Investitionsentscheidungen gezwungen werden, dann zeugt die Begründung von Investitionen allein mit regionalpolitischen Hilfen von einer einfachen Sicht kapitalistischer Ökonomie.

Verkürzt gesehen führen diese Hilfen zwar zu einer Verbilligung der Produktionsfaktoren und damit zu einer Verbesserung der betrieblichen Kosten- bzw. Gewinnsituation, bleiben in ihrer Wirkung letztendlich aber abhängig von der gesamtwirtschaftlichen Nachfrage und der Existenz alternativer Kapitalanlagemöglichkeiten (und damit vor allem dem Zinsniveau). Weichen die einzelwirtschaftlichen Zielvorstellungen von der realen Entwicklung dieser Parameter ab, unterbleiben die Investitionen. So haben Asmacher u.a. in einer umfangreichen Datenanalyse der bundesdeutschen Regionalpolitik im Zeitraum 1977-1982 herausgearbeitet, daß das Ansteigen des allgemeinen Zinsniveaus um nur einen Prozentpunkt schon ca. 50% der Wirkung der Regionalförderung konterkarieren würde (vgl. Asmacher u.a. 1986, S. 731). Dabei ist die Vermutung sicherlich korrekt, daß unabhängig von der jeweiligen Konjunkturphase eine Investitionsförderung zu einer absoluten Erhöhung der Investitionstätigkeit führt. Da es aber bis heute nicht gelungen ist, geeignete Instrumente und Methoden zu entwickeln, um die Validität der Annahme einer investitions<u>induzierenden</u> Förderung zu belegen, soll an dieser Stelle lediglich vor der Überschätzung der Wirkung der Regionalförderung gewarnt, und auf die makroökonomischen Restriktionen hingewiesen werden.

Die beschriebenen Probleme, die komplexen Vorgänge in Regionen adäquat zu fassen, spiegeln sich auch in der Diskussion um die Leitbilder räumlich regionaler Entwicklung wieder.

1.4. Leitbilder räumlich-regionaler Entwicklung

Die Existenz regionaler bzw. räumlicher Disparitäten als Kehrseite der suboptimalen Allokation der Produktionsfaktoren allein gibt keine hinreichende Auskunft darüber, mit welchen Instrumenten und Mitteln diese Entwicklungen zu beeinflussen sind. Neben der theoretischen Debatte existiert eine darauf aufbauende Leitbilddiskussion (zum Leitbildbegriff vgl. Einleitung) um die adäquaten Strategien zur Gestaltung räumlicher Prozesse. Die Diskussion um Ziele und Leitvorstellungen, die sich aus einem theoretischen Verständnis räumlicher Entwicklungsprozesse herauskristallisieren, hat in der Raumordnungs- und Regionalpolitik der Bundesrepublik Deutschland seit den 60er Jahren eine große Rolle gespielt. Dabei besteht v.a. die Notwendigkeit der Koordination der jeweiligen Erfordernisse der beiden Politikbereiche. Die Raumordnungspolitik, die die raumbedeutsamen Planungen und Maßnahmen ressortübergreifend bündelt, ist dabei stark angewiesen auf die spezifische regionale wirtschaftliche Entwicklung, was bedeutet, daß die Grundsätze der allgemeinen Wirtschaftspolitik (siehe oben) mit den Zielen und Erfordernissen der Raumordnung und Landesplanung in Einklang gebracht werden müssen.

Die Raumordnungspolitik kann in dem Versuch, ihre Politikziele in ein an Verfassungsnormen anknüpfendes Leitbild zu transformieren, auf eine längere Diskussion verweisen, wobei mehrere Etappen voneinander abgegrenzt werden können. Die sprichwörtliche "Leitbilddiskussion" der 50er Jahre geht vor allem auf das Gutachten des Sachverständigenrates für Raumordnung ("SARO-Gutachten") zurück und mündete im Raumordnungsgesetz (ROG) von 1965 (vgl. Sachverständigenrat für Raumordnung 1961; Dittrich 1962).

Das Ergebnis hatte allerdings den Charakter einer Leerformel (vgl. Storbeck 1970, S. 104) und ist mit fast jeder Ordnung des Raumes zu vereinbaren: "Das Bundesgebiet ist in seiner allgemeinen räumlichen Struktur einer Entwicklung zuzuführen, die der freien Entfaltung der Persönlichkeit in der Gemeinschaft am besten dient. Dabei sind die natürlichen Gegebenheiten sowie die wirtschaftlichen, sozialen und kulturellen Erfordernisse zu beachten." (§ 1 ROG) Die "Grundsätze der Raumordnung" des § 2 konkretisieren diese Zielvorstellung nicht wesentlich: Im einzelnen soll die räumliche Struktur gesichert und weiterentwickelt; Strukturverbesserungsmaßnahmen ergriffen; Verdichtungen angestrebt; wirtschaftliche Verhältnisse verbessert aber auch negativen Verdichtungen entgegengewirkt werden (um nur einige Grundsätze zu erwähnen; vgl. § 2 ROG).

In der zweiten Etappe der Leitbilddiskussion oder "Zieldiskussion" der Raumordnungspolitik, die sich unmittelbar anschloß, stand das Bemühen um Operationalisierung der Raumordnungsziele im Mittelpunkt (vgl. Brösse 1982, S. 25 f.). Einen Abschluß dieser Etappe stellen das Bundesraumordnungsprogramm (BROP) von 1975 und die Empfehlungen des Beirates für Raumordnung von 1976 zu den "Gesellschaftliche(n) Indikatoren für die Raumordnung" dar (vgl. Beirat für Raumordnung 1976). Nach allgemeiner Auffassung ist es allerdings nicht gelungen, über das Niveau allgemeiner Zielaussagen hinauszukommen (vgl. Brösse 1982, S. 33; Buttler u.a. 1977, S. 123 f.), die darüber hinaus in sich nicht konsistent sind (vgl. Hübler 1991, S. 40).

Die dritte Etappe der Ziel- oder Leitbilddiskussion, die durch die wirtschaftliche Rezession Mitte der 70er eingeleitet wurde, hält im Grunde genommen bis heute an, wobei eine gewisse Ernüchterung ab Anfang der 80er Jahre festzustellen ist. Die Unverbindlichkeit in der Zieldiskussion und bei der Betonung einzelner Ziele der Wirtschaftspolitik, wird offenkundig, wenn man sich die politischen Handlungsempfehlungen ansieht, die auf diesen Leerformeln gedeihen können. Hier wird die Abhängigkeit von der realökonomischen Entwicklung besonders deutlich (vgl. Häußermann 1989, S. 681 f. und Hellstern/Wollmann 1976).

Die dominierende regionalpolitische Orientierung stellt sich in den jeweiligen Etappen der Leitbilddiskussion wie folgt dar:

1. Etappe (60er Jahre). Offene Zielformulierung: Neben "Aktiver Sanierung", Finanzausgleich auch die Einebnung des wirtschaftlichen und sozialen Gefälles durch "Passive Sanierung": Empfehlung raumpolitischer Maßnahmen durch "passive Sanierung im Sinne der Anpassung der Volkszahl an die örtlich gegebenen Erwerbsmöglichkeiten" (Sachverständigenrat für Raumordnung 1961, S. 69).

2. Etappe (Beginn der 70er Jahre): Betonung der "Gleichwertigkeit" der Lebensverhältnisse: "Gemeinsames Ziel der regionalen Wirtschaftspolitik und der Raumordnung ist es, die Wirtschaftsstruktur zu verbessern und dafür zu sorgen, daß in allen Teilräumen ungenutzte ... Produktionsfaktoren für das allgemeine Wirtschaftswachstum mobilisiert werden. Damit sollen das Wohlstands- und Einkommensniveau in den wirtschafts- und strukturschwachen Gebieten angehoben werden." (Raumordnungsbericht 1970, S. 28)

3. Etappe (Mitte 70er bis Anfang 80er Jahre): Stärkere Gewichtung der Wachstumsorientierung in ausgewählten Entwicklungszentren ("Vorranggebiete" und "Zentrale Orte"): "Gleichwertige Lebensverhältnisse in allen Teilräumen des Bundesgebietes werden sich ... nicht verwirklichen lassen, ohne daß aus den derzeit ausgewiesenen zentralen Orten eine Auswahl getroffen wird." Die notwendige Neuinterpretation des Terminus "Gleichwertigkeit", wird nachgeliefert: "Die Raumstruktur des Bundesgebietes soll so entwickelt werden, daß alle Teilräume eine in gesellschaftlicher, ökonomischer und ökologischer Sicht arbeitsteilige räumliche Leistungsgemeinschaft bilden, in der jeder Teilraum seine spezifischen Funktionen erfüllen kann." (Raumordnungsbericht 1974; S. 80 f.) Diese Neuformulierung von "Gleichwertigkeit" auf nunmehr nationaler und nicht mehr auf regionaler Ebene erfordert die Bestimmung von Mindeststandards für die Nicht-Vorranggebiete: "Zur Lebensqualität gehören ein ausreichendes Angebot an Wohnungen, Erwerbsmöglichkeiten und öffentliche Infrastruktureinrichtungen in zumutbarer Entfernung."(BROP 1975, S. 42)

Aktuelle Diskussion: Sie ist geprägt durch eine Ernüchterung bezüglich der Beeinflußbarkeit räumlicher Entwicklungsprozesse durch räumliche Zuweisung von Funktionen. Schwerpunkt der Bemühungen ist daher die Erhaltung und Nutzung bereits vorhandener Einrichtungen (Bestandspflege) und eine intensivere Unterstützung der Regionen bei der Suche und der Entwicklung von "Entwicklungspotentialen" (vgl. Raumordnungsbericht 1982; Beirat für Raumordnung 1984).

In einer kritischen Bewertung dieser Entwicklung stellt Häußermann zu recht fest, daß damit die Politik wieder an ihrem Ausgangspunkt angelangt ist, nämlich bei der "Unterschiedlichkeit in der 'Entwicklung', deren Standards immer von den industrialisierten und verdichteten Gebieten bestimmt worden waren" (Häußermann 1989, S. 682). Selbst in Veröffentlichungen der Akademie für Raumforschung und Landesplanung wird selbstkritisch festgestellt, daß aktuell mehr Fragen als Antworten im Bereich der deutschen Raumentwicklungspolitik bestehen und sich am Stand der Diskussion seit 1984 wenig geändert hat (vgl. Göb 1992). Eine kritische Bewertung des aktuellen Raumordnungsberichtes (von 1991) die durch die Bundesforschungsanstalt für Landeskunde und Raumordnung initiiert wurde, bestätigt einerseits die kritische Einschätzung der offiziellen Politik, verdeutlicht andererseits aber auch die disparaten theoretischen Erklärungsversuche (vgl. z.B. Kistenmacher 1991 und Eckey 1991 c).

1.5 . Instrumente zur Gestaltung regionaler Entwicklungsprozesse

Zum Abbau von regionalen Entwicklungsunterschieden bieten sich den politischen Handlungsträgern eine Reihe von Mitteln der Raumgestaltung an. Die Wahl der räumlichen Gestaltungsmittel muß im Idealfall auf der Basis bestimmter Voraussetzungen erfolgen: Zum einen die empirische Erfassung der raumstrukturellen Ausgangslage, zum zweiten ein Set von möglichst operationalisierbaren raumwirtschaftspolitischen Zielen. Als weiteres wichtiges Element sind Kenntnisse von Ursache-Wirkungszusammenhängen einschließlich ihrer Nebenwirkungen bedeutsam.

Das allgemeine Ziel der Schaffung gleichwertiger Lebensbedingungen und -verhältnisse in der Bundesrepublik Deutschland bedeutet in der oben vorgenommenen Interpretation nichts anderes, als der Aufbau von Beschäftigungsmöglichkeiten in den peripheren Regionen durch öffentliche und private Investitionen. Dabei kommt der öffentlichen Investition ordnungspolitisch gesehen die Funktion einer Anschubfinanzierung bzw. der Schaffung allgemeiner Produktionsvoraussetzungen (vgl. Läpple 1973) zu. Zielgröße des staatlichen Instrumenteneinsatzes bilden die privatwirtschaftlichen Investitionen.

Der Raumordnungspolitik kommt hierbei die Aufgabe zu, den Teilräumen Funktionen und Nutzungsmöglichkeiten zuzuweisen. Dabei sind die Ziele und Grundsätze der Raumordnung (ROG §§ 1 und 2) bei den "raumbedeutsamen Planungen und Maßnahmen" zu berücksichtigen (ROG § 3 Abs. 1). Folgende

Organisationsmittel stehen ihr grundsätzlich zur Verfügung[11] (vgl. Brösse 1982, S. 66 f.):

1. Regionsbildung: Der Hintergrund der Abgrenzung von Teilräumen und der Bildung von Regionen hat organisatorischen Charakter im Sinne der Politikberatung. Regionalisierung schafft die Voraussetzung für Bestimmung von Geltungs- und Zuständigkeitsbereichen, sowie für Analysen und Erfolgskontrollen. Je nach Forschungsziel können hierzu homogene oder funktionale Regionen unterschieden werden, wobei als Maßstab oft Verwaltungsregionen dienen (vgl. Lange 1970 und die obigen Ausführungen). Bei Planungsregionen steht der gestalterische Aspekt im Vordergrund.

2. Funktionale Raumgliederung durch Vorranggebiete und Definition von Flächen und Standorten für besondere Einrichtungen und Nutzungen: Der Grundgedanke dieser Instrumente besteht in der Prioritätensetzung für eine Region. Dabei wird einer Region aus dem Set möglicher raumrelevanter Nutzungsmöglichkeiten (v.a. Wohnen, Gewerbe, Industrie und Dienstleistungen, Verkehr, Erholung, Naturschutz) eine dominante Funktion in Raumordnungsplänen und -programmen zugewiesen (vgl. Akademie für Raumforschung und Landesplanung 1975 und 1981).

3. Ausweisung von Zentralen Orten, Verdichtungs- und Entwicklungsschwerpunkten, von Verbindungs-, Siedlungs- und Verdichtungsachsen: Die Raumstruktur soll so gestaltet werden, daß ein flächendeckendes hierarchisches System von Orten entsteht, das spezifische Versorgungsfunktionen gewährleistet. Die zentralen Orte dieses Raumsystems sollen darüber hinaus mit Entwicklungs- oder Verdichtungsachsen verbunden werden. Dahinter steckt die Vorstellung, daß durch eine räumliche Konzentration zum einen positive Agglomerationseffekte ausgenutzt werden, bzw. überhaupt erst entstehen. Zum anderen soll durch die Verbindung dieser Entwicklungsschwerpunkte eine Zersiedelung des Raumes verhindert werden.

[11] Zur aktuellen Organisation von Raumordnungs- und Regionalpolitik, siehe Kapitel 2.2.

Im Unterschied zur Raumordnungspolitik setzt die Regionalpolitik direkter am Investitions- und Standortverhalten von Unternehmen an. In Abhängigkeit von vermuteter Eingriffsintensität unterscheidet man üblicherweise Informations- und Kommunikationsmittel, Anreiz- und Abschreckungsmittel sowie Zwangsmittel (vgl. Brösse 1982, S. 66; Schätzl 1986, S. 50). Eine gewisse Sonderstellung nehmen Maßnahmen zum Auf- und Ausbau von Infrastruktur ein. Zum einen werden durch öffentliche Infrastrukturinvestitionen die Standortparameter von Regionen verbessert, was ein typisches Indiz für Anreizmittel ist, zum anderen fallen Gewerbe- und Industrieparks oder die Verkehrsplanung unter den Bereich der räumlichen Organisationsmittel.

4. Infrastrukturleistungen: Der Begriff der Infrastruktur wird durchaus unterschiedlich verwendet. Neben der Unterscheidung von materieller (Gesamtheit aller Anlagen, Ausrüstungen und Betriebsmittel einer Region, auch als "Social Overhead Capital" bezeichnet), personeller (Anzahl, Qualifikation und Ausbildungsniveau der Mitglieder einer Volkswirtschaft, auch als "Human Capital" bezeichnet) und institutioneller (ordnungspolitische Grundnormen, organisatorische Einrichtungen und Traditionen) Infrastruktur (vgl. Tennagels 1980, S. 62 f.) ist für die regionalpolitische Fragestellung die Diskussion von inter- und intraregionaler, sowie haushalts- und unternehmensorientierter Infrastruktur vonnöten (vgl. Schätzl 1986, S. 54 f.). Ausbaumaßnahmen zur Verbesserung der interregionalen Infrastruktur (z.B. Verkehrsverbindungen, Energiesysteme) erhöhen die Faktor- und Gütermobilität zwischen den Regionen, ein intraregionaler Ausbau erhöht die Wettbewerbsfähigkeit der Förderregion selbst. Ein haushaltsorientierter Infrastrukturausbau (z.B. Wohnungsbau, Bildungs- und Freizeiteinrichtungen) steigert das Wohlfahrts- und Attraktivitätsniveau der Haushalte, der unternehmensorientierte Ansatz führt über Kostensenkungen und/oder Produktivitätssteigerungen zu Wachstumseffekten bei den betroffenen Unternehmen.

Auch wenn der konkrete Wirkungszusammenhang zwischen öffentlichen Infrastrukturinvestitionen und induzierter privater Investitionstätigkeit umstritten ist (vgl. Brösse 1982, S. 107), bleibt festzuhalten, daß Infrastrukturleistungen durchaus Produktivitäts-, Versorgungs- und Anreizeffekte ausüben, und somit wesentliche Standortparameter für Unternehmen bilden.

5. Informations- und Kommunikationsinstrumente: Die Mittel dieses Bereiches weisen die geringste staatliche Eingriffsintensität auf. Je nach Art und Form der Information, bzw. der Übermittlung (z.B. Kontaktbörsen, Standortmarketing oder Messen) ist das Ziel dieser Maßnahmen, die Markttransparenz und die Attraktiviät von Standorten zu erhöhen, oder Marktnischen zu eruieren.

6. Finanzielle Anreiz- und Abschreckungsmittel: Durch Einsatz dieses Instrumentariums wird mittelbar versucht, das Standortverhalten von Unternehmen zu beeinflussen. Incentives und disincentives finden unmittelbaren Eingang in die innerbetriebliche Kostenrechnung. Die Vielzahl der Einzelmaßnahmen läßt sich analytisch untergliedern in die räumliche Differenzierung von kapital- und kreditpolitischen Interventionen (z.B. Investitionshilfen, Zinszuschüsse und Bürgschaften), Steuern (z.B. Steuerermäßigungem und Sonderabschreibungen), Tarifen (z.B. in der Verkehrs- oder Energieversorgung) und Outputpreisen (z.B. durch Mindestpreise).

7. Zwangsmittel: Der Einsatz von Zwangsmaßnahmen führt im Gegensatz zu den bisher aufgeführten Instrumenten zu einem unmittelbaren Einfluß auf das ökonomische Verhalten von Unternehmen. Diese Wirkung, die regional- oder raumordnungspolitisch durchaus wünschenswert ist, ruft im Rahmen des jetzigen Wirtschaftssystems der Bundesrepublik Deutschland die ordnungspolitische Frage auf die Tagesordnung (vgl. Brösse 1982, S. 120 f.). Als administrative/imperative Maßnahmen stehen grundsätzlich Genehmigungen, Ge- und Verbote und Auflagen zur Verfügung.

Folgende Übersicht systematisiert das Instrumentarium der Raumordnungs- und Regionalpolitik[12]:

12 Nicht explizit aufgeführt ist der Länderfinanzausgleich, weil er lediglich eine finanzielle Umverteilung darstellt und die Förderung aus den Regionalfonds der EG, die sich analytisch in das bekannte Instrumentarium einfügen.

Übersicht 4: Instrumente der Raumordnungs- und Regionalpolitik

Ansatzpunkt RAUM		Ansatzpunkt UNTERNEHMEN
↓ ↘	↙	↓
↓	↘ ↙	↓
Organisationsmittel: 1. Regionsbildung 2. Raumgliederung 3. Zentren- und Achsenbildung	4. Infrastruktur 5. Informations- und Kommunikationsmittel	6. Finanzielle Anreiz- und Abschreckmittel 7. Zwangsmittel

Quelle: eigene Darstellung

Abschließend ist noch anzumerken, daß in der Realität, also in der konkreten Förderpraxis, die Anwendung des Förderinstrumentariums nicht konkurrierend geschieht, sondern ein "Instrumentenmix" erfolgt. Eine Kombination kann über regionale Ansiedlungsprogramme (z.B. das Berlin-Förderungsgesetz), lokale Programme (z.B. Industrie- und Gewerbeparks) oder Aktions- und Förderprogramme (z.B. GRW) erfolgen. Ein negativer Effekt des parallelen Einsatzes der Instrumente auf unterschiedlichen Gebietskörperschaftlichen Ebenen ist allerdings in der Unübersichtlichkeit aus der Betroffenensicht zu konstatieren. Diese "Programmities" (vgl. Heine/Schikora 1992, S. 80) kann neben der Erhöhung der Informationskosten auch zu einer Abschwächung der Wirkung der einzelnen Maßnahmen beitragen, wenn etwa Wachstumsziele und Ausgleichsziele gleichzeitig verfolgt werden sollen (siehe Kapitel 2.2.).

Es ist deutlich geworden, daß ohne theoretische Begründung bzw. Fundierung der Politik, die Existenz und das Ausmaß räumlicher Entwicklungsunterschiede, sowie Ziele und Leitvorstellungen regional- und raumordnungspolitischer Maßnahmen einem weiten Interpretationsspielraum unterworfen sind. Die neoklassische Variante regionaler Wachstumstheorien kann bei der Analyse kapitalistischer Marktprozesse aus mehreren Gründen nicht überzeugen. Die Berücksichtigung externer Effekte, v.a. in Form von Agglomerationsvorteilen, bietet eine genauere Folie für die Fassung einzelwirtschaftlicher Investitionsentscheidungen. Die Regionalpolitik hat in diesem Zusammenhang die Aufgabe, Unternehmen zu Investitionstätigkeit in peripheren Regionen zu animieren. Die damit geschaffenen Beschäftigungsmöglichkeiten generieren Einkommen und Steuereinnahmen. Wie das folgende Kapitel zeigen wird, verlief die konkrete Herausbildung des hierbei zur Verfügung stehenden regionalpolitischen Instrumentariums äußerst uneinheitlich.

Kapitel 2: Bundesdeutsche Regionalpolitik seit 1949

2.1. Phasen bundesdeutscher Regionalpolitik

In der bundesdeutschen Regionalpolitik seit dem 2. Weltkrieg lassen sich verschiedene Phasen voneinander abgrenzen. Die in der Fachliteratur vorgenomme Einteilung erhält ihre Evidenz durch die historisch aufgetretenen Problemkreise und entsprechende politisch-administrative Reaktionen auf diese Erscheinungen. Hierzu können folgende zeitliche Etappen gebildet werden:

- Aufbauphase (1949 - ca. 1958)
- Ausbauphase (1959 - ca. 1965)
- Konzentrationsphase (ca. 1966 - ca. 1974)
- Phase der problemorientierten Regionalpolitik (ca. 1974 - ca. 1984)
- Beginn der Phase der Formulierung Endogener Entwicklungsstrategien bzw. Koexistenz von Politikkonzepten (ab ca. 1983).

Bei dieser Abgrenzung steht nicht die zeitliche Phasenbildung selbst im Vordergrund, sondern das Bemühen, Einschnitte in der Entwicklung der bundesdeutschen Regionalpolitik zu klassifizieren. In der Diskussion der Phasen der bundesdeutschen Regionalpolitik seit 1949, werden sowohl die politischen Instrumente als auch die Ziele selbst auf theoretische Fundamente bezogen. Der bei diesem Vorgehen notwendige Wechsel zwischen den Ebenen "Politik" und "Theorie" dient der Überprüfung folgender These: Ich gehe davon aus, daß die bundesdeutsche Regionalpolitik regionaltheoretisch unzureichend fundiert ist. In Abhängigkeit von den jeweiligen ökonomischen Problemen (Struktur- oder Wachstumsschwäche oder Arbeitsmarktengpässe etc.), dominiert dasjenige Ziel und entsprechende Leitbild, das am besten geeignet erscheint, die jeweilige Politik zu rechtfertigen. Es verwundert nicht, daß es hierbei zu Überschneidungen und Widersprüchen kommt, die im folgenden dargestellt werden.

2.1.1. 1949 - 1958: Aufbauphase:

Der Begriff "Aufbauphase" umschreibt nicht nur den Wiederaufbau eines kriegszerstörten Landes, sondern auch die Anfänge einer bewussten Regionalförderung in der Bundesrepublik (vgl. Giel 1964). Sie war ein Reflex auf das vorgefundene Problempotential: "Es war notwendig, den Wiederaufbau der zerstörten Kapazitäten in Angriff zu nehmen und voranzutreiben, die große Zahl der Vertriebenen und Flüchtlinge einzugliedern. Diese Probleme häuften sich zum Teil in den traditionell wirtschaftlich benachteiligten ländlichen Gebieten, in die aufgrund des weitgehend erhalten gebliebenen Wohnraumbestands zusätzlich Vertriebene und Flüchtlinge strömten" (Böhret, u.a. 1982, S. 68). Die Migrations-Zielgebiete konnten aber aufgrund der traditionell schwachen Wirtschaftsstruktur nicht die erforderlichen Beschäftigungskapazitäten bieten, so daß die Gefahr bestand, daß sich "Inseln einer anhaltenden Arbeitslosigkeit" (vgl. Albert 1971), die sogenannten "Notstandsgebiete", bildeten. Auch wenn es schon vereinzelte regionale Hilfsprogramme gab (vgl. Giel 1954), kann die "eigentliche Geburtsstunde" der modernen Wirtschaftsförderung auf 1951 datiert werden, als vom Bundeskabinett am 3.7.1951 ein komplettes Sanierungsprogramm beschlossen wurde (vgl. Eberstein 1972).

In der Aufbauphase war das Ziel der regionalen Wirtschaftspolitik die Bekämpfung dieser Notstände sowie der sich herausbildenden Massenarbeitslosigkeit. "Zur Einleitung und beschleunigten Durchführung von Maßnahmen für die Notstands- und Sanierungsgebiete ... wurde 1950 ein Interministerieller Ausschuß für Notstandsgebietsfragen (IMNOS) auf Bundesebene gegründet, zu dessen Aufgaben auch die Gebietsabgrenzung gehörte" (Buttler, u. a. 1977, S. 116). Anhand bestimmter Abgrenzungsmerkmale wurden vom IMNOS die ersten Fördergebiete, die sog. "Notstands- bzw. Sanierungsgebiete" definiert und im 1951 aufgelegten "Programm für Notstandsgebiete" zu Zielgebieten wirtschaftspolitischer Maßnahmen erklärt. Die egalitäre Förderung der Notstandsgebiete, die keine räumliche Schwerpunktkonzeption, sondern eine Flächenförderung darstellte, wurde folgendermaßen praktiziert. "Industrieansiedlung wurde in den Notstandsgebieten überall dort gefördert, wo überhaupt jemand ((Investoren, A. S.)) bereit war, sich anzusiedeln ... Die Förderung wurde in erster Linie in der Form von zinsverbilligten Krediten, Frachthilfen und steuerlichen Vergünstigungen gewährt, z. T. wurde auch die Erstellung bestimmter Infrastruktureinrichtungen subventioniert" (Böhret, u.a. 1982, S. 71; vgl. auch Giel/Wegge 1970, Sp. 2638f.).

Auch wenn sich in der Aufbauphase schon das bis heute aktuelle regionalpolitische Instrumentarium herausbildet, darf nicht übersehen werden, daß sich nach dem zweiten Weltkrieg eine intensive und kontroverse Diskussion über raumplanerische und regionalpolitische Kompetenzverteilung entwickelte. An dieser Stelle interessieren vor allem zwei zusammenhängende Konfliktfelder. Erstens existierte eine beträchtliche Planungsfeindlichkeit, die trotz des großen objektiven Planungsbedarfs eine ideologische Blockade darstellte (vgl. z.B. Eucken 1952; Müller-Armack 1966). Zweitens mußten die Politikbereiche "Raumordnung" bzw. die eher pragmatisch orientierte "Regionalpolitik" erst ihren Platz im neuen föderalen System finden (vgl. Fürst/Ritter 1993, S. 12f.). Die Auseinandersetzung um die Kompetenzverteilung zwischen Bund und Ländern wurde schließlich vor dem Bundesverfassungsgericht ausgetragen. In einem Gutachten zur Zulässigkeit eines Baugesetzbuches von 1954 hat das BVerfG dem Bund zwar eine Vollkompetenz zugesprochen, unklar blieb jedoch, ob dies mehr als eine Rahmenkompetenz beinhaltet (vgl. Fürst/Hesse 1981, S. 45.). "Wegen der grundsätzlichen Nichteinigung wurde der Weg der Entscheidungsvertagung gewählt: 1955 wurde die Sachverständigenkommission für Raumordnung eingesetzt (SARO-Kommission), der ein interministerieller Ausschuß für Raumordnung auf Bundesebene (IMARO) zugeordnet wurde" (Fürst/Hesse 1981, S. 12). Auch wenn es vordergründig um die Kompetenz ging, spielte das Problem der Planungsfeindlichkeit hier wohl auch eine Rolle.

Die <u>Beurteilung des Förderinstrumentariums</u> dieser Phase ist nicht frei von Widersprüchen. Zum einen wird sicherlich zu Recht darauf verwiesen, daß eine Beschränkung auf einige wenige "regionalpolitische ad hoc-Maßnahmen" (Böhmer, u.a. 1975, S. 25) den Bezug zum ordoliberalen Paradigma der marktimmanenten Tendenz zum Gleichgewicht erkennen läßt. Zum anderen zeigt sich hier schon im Kern die künftige Regionalpolitik, die ja bekanntlich als Industrieansiedlungspolitik vor allem diejenigen Betriebe fördert, die "im Sinne der Exportbasis-Theorie regionsexterne Einkommen für die regionale Entwicklung mobilisieren" sollen (Buttler, u.a. 1977, S. 129); wenngleich die Exportbasis-Theorie erst später durch die "Gemeinschaftsaufgabe Verbesserung der regionalen Wirtschaftsstruktur" (vgl. Kapitel 2.1.5.2.) eine offizielle Huldigung erfährt.

Diese erste Phase der bundesdeutschen Regionalpolitik ist also einerseits durch eine pragmatisch orientierte "Sozialpolitik, bzw. soziale Befriedungspolitik" (Böhret, u.a. 1982, S. 71), und andererseits durch eine eher theoretische Diskussion um die Ausgestaltung der Regionalpolitik selbst geprägt.

2.1.2. 1959 - ca. 1965: Ausbauphase

Das Erreichen der Vollbeschäftigung (1959) markiert den Beginn einer neuen Phase der bundesdeutschen Regionalpolitik. Da der Wiederaufbau der Produktionskapazitäten im wesentlichen abgeschlossen war, standen zwei neuartige Problembereiche plötzlich im Mittelpunkt. Zum einen signalisierten die niedrigsten Zuwachsraten des Bruttosozialprodukts seit dem Ende des zweiten Weltkrieges konjunkturelle Probleme[13]. Zum anderen verknappte sich das Angebot an Arbeitskräften aufgrund der Vollbeschäftigung vor allem in den Ballungsräumen. Da die Rekrutierung von ausländischen Arbeitskräften noch so gut wie unbekannt war, erwartete man eine "spontane Dezentralisierungsbereitschaft der Industrie" in Richtung ländlichen Raum aufgrund der dort vorhandenen offenen und latenten Reserven (vgl. Albert 1971, S.1).

Ziel der Regionalpolitik in der Ausbauphase war daher die Initiierung von gesamtwirtschaftlichem Wachstum durch Förderung von Betriebsansiedlungen ("Industrie aufs Land"), vor allem von Zweigwerken, in ländlichen Gebieten mit Arbeitskräfte-Überschüssen. Zur Bündelung wirtschaftlichen Wachstums und zur Stützung einer zentralörtlichen Raumstruktur, wurde als politische Maßnahme 1959 das "Entwicklungsprogramm für zentrale Orte in ländlichen, schwachstrukturierten Gebieten" (Zentrale-Orte-Programm) aufgelegt. Die "zentralen Orte" wurden 1964 in "Bundesbauorte" umbenannt (IMNOS-Beschluß), als der auf Christaller zurückzuführende Begriff "Zentraler Ort" zunehmend im Zusammenhang mit siedlungsstrukturellen Kategorien verwendet wurde (vgl. Albert 1966). Lag die Zahl der "Zentralen Orte" zu Beginn bei 16 (vgl. Stahl 1985, S. 4), stieg sie im weiteren Verlauf des Programms kontinuierlich an. "Insgesamt wurden 81 zentrale Orte (Gemeinden) ... in das Förderungsprogramm aufgenommen ((bis 1968, A.S.)). Beabsichtigt war, die Fördermittel auf mögliche Zentren eines sich selbst tragenden regionalen Industrialisierungsprozesses zu konzentrieren" (Buttler, u.a. 1977, S. 116f.).

13 BSP-Zuwachs 1961: 4,3%, 1962: 4,6%, 1963: 2,8%.

Das mit dem Übergang von Förderungsbedürftigkeit zu Förderungswürdigkeit einhergehende Schwerpunktprinzip kann spätestens seit 1964, mit der Definition von Bundesbauorten, als "Rückzug aus der Flächenförderung" gekennzeichnet werden (vgl. Stahl 1985, S. 5 und Albert 1964). In den Zentralen Orten wurden neben der gezielten Förderung von ansiedlungsbereiten Unternehmen (vgl. Böhret, u.a. 1982, S. 72) vor allem das regionalpolitische Instrument der Infrastrukturpolitik verwendet.

Der Einschätzung, daß mit der wachstumsorientierten Regionalpolitik zu Beginn der 60er Jahre ein Zielkonflikt zum Ziel der "ausgeglichenen Lebensräume" besteht, oder gar das Konzept einer "passiven Sanierung" zum tragen kommt, (vgl. Bömer, u.a. 1975, S. 27), ist nur eingeschränkt zuzustimmen. Ziel regionalpolitischer Bemühungen waren gerade Klein- und Mittelstädte in ländlichen, schwach strukturierten Gebieten. Überhaupt darf das finanzielle Ausmaß regionalpolitischer Aktivitäten im Rahmen des Zentrale-Orte-Programms nicht überschätzt werden: In den Teil-Programmen wurden anfangs zwischen 10 und 20 Millionen DM auf einer Fläche verausgabt, auf der ca. 2% der bundesdeutschen Bevölkerung lebte (vgl. Stahl 1985, S.4; Buttler, u.a. 1977, S. 117).

Die in der Aufbauphase begonnene theoretische Selbstfindung ergab 1961 ein erstes Zwischenergebnis in Form des von der SARO-Kommission vorgelegten Gutachtens "Die Raumordnung in der Bundesrepublik Deutschland" (vgl. Sachverständigenausschuss für Raumordnung 1961). Die sechsjährige Kommissionsarbeit resultierte in einer eher konservativen Sichtweise. Es wurde zwar einerseits für eine "Begrenzung des Ballungsprozesses" (vgl. Sachverständigenausschuss für Raumordnung 1961, S. 139f.) und für "räumliche Dezentralisierung" (vgl. Sachverständigenausschuss für Raumordnung 1961, S. 76f.) plädiert, andererseits im Bereich der raumordnungspolitischen Empfehlungen eine "staatliche Zurückhaltung" und Beibehaltung der bescheidenen Bundesraumordnungskompetenz empfohlen (vgl. Sachverständigenausschuss für Raumordnung 1961, S. 85f.).

Diese Position, die den ökonomischen Problemen (Konjunkturdämpfung und Arbeitskräftemangel) nicht gerecht wurde, hatte katalysatorische Wirkung. Das SARO-Gutachten "setzte eine Diskussion zur Raumordnungskonzeption frei, die bisher in der Bundesrepublik weder in der Wissenschaft, noch in der Praxis in dem Umfang je geführt worden war ("Leitbilddiskussion")" (Fürst/Ritter 1993, S.14). Die agglomerierten Räume bzw. deren Förderung einerseits und die Stärkung der Bundeskompetenz andererseits rückten dabei durch mehrere Entwürfe immer mehr in den Vordergrund. In den 1962 vom Interministeriellen Ausschuß für Raumordnung (IMARO)[14] vorgelegten "Grundsätze(n) für die raumbedeutsamen Maßnahmen des Bundes und ihre Koordination" und dem ersten Bundesraumordnungsbericht von 1963 (vgl. Bundesministerium für Wohnungswesen, Städtebau und Raumordnung 1962 und Raumordnungsbericht 1963) wurde die Notwendigkeit einer bundesweiten Raumordnungskompetenz erneut begründet. Die Stärkung der Verdichtungsräume spielte vor allem in der Diskussion um den 1964 vorgelegten Entwurf zum Raumordnungsgesetz (ROG) eine Rolle. Mit der Verabschiedung des ROG im Jahre 1965 existierten zum ersten Mal gesetzlich fixierte (wenn auch sehr allgemeine) Zielaussagen der Raumordnungspolitik in der Bundesrepublik Deutschland. Der in diesem Abschnitt vorgenommene Versuch der paradigmatischen Zuordnung der politischen Maßnahmen kann nur thesenhaft sein, da angesichst der Vermischung neoklassischer und keynesianischer Bezüge die Frage nach der theoretischen Fundierung des Instrumentariums nicht eindeutig beantwortet werden kann.

2.1.3. ca. 1966 - ca. 1974: Konzentrationsphase

Mit der ersten kräftigen Rezession in der Bundesrepublik Deutschland in den Jahren 1966/67 trat schlagartig eine verschärfte regionale Arbeitslosigkeit auf. Es offenbarten sich die Konjunkturanfälligkeit strukturschwacher Regionen im allgemeinen und die Umstellungsschwierigkeiten der Regionen, die eine montanwirtschaftliche Struktur aufwiesen oder durch die Textilindustrie geprägt waren, im besonderen (vgl. Albert 1968). Die stürmischen Wachstumsraten der Nachkriegsperioden hatten bis dato die sektoralen Probleme überdeckt. Die regionalpolitische Konsequenz der veränderten Problemlage war die Umorientierung der regionalen Wirtschaftsförderung auf eine regionalisierte Wachstumspolitik. Die Stimulierung allgemeinen Wirtschaftswachstums sollte über die

[14] Zur Bedeutung vgl. Organigramm in Kapitel 2.2.

bessere Nutzung bisher suboptimal genutzter Produktionspotentiale erreicht werden, sowie durch die explizite Berücksichtigung regionaler Strukturprobleme. Als Oberziel wurde 1967 von der Bundesregierung beschlossen: "Allgemeines Ziel der regionalen Wirtschaftspolitik ist es, eine optimale regionale Wirtschaftsstruktur zu schaffen, und in allen Gebieten dafür zu sorgen, daß ungenutzte, bzw. schlecht genutzte Produktionsfaktoren für das allgemeine Wirtschaftswachstum mobilisiert werden. Durch die regionale Wirtschaftspolitik, die sich in die Zielsetzung der allgemeinen Wirtschaftspolitik einfügt, wird die Wirtschaftskraft in den zu begünstigenden Räumen gesteigert. Es werden bessere Arbeits- und Einkommensmöglichkeiten geschaffen und dadurch auch soziale Härtendauerhaft beseitigt, die nicht nur in den wirtschaftsschwachen Räumen sondern auch in Verdichtungsgebieten auftreten können." (Bundesregierung 1967, Ziffer 4)

Diese Orientierungen führten auf der politischen Ebene zu einer Vielzahl von neuen Gesetzen und Programmen. Neben dem Stabilitätsgesetz von 1967 (vgl. Gesetz zur Förderung der Stabilität und des Wachstums der Wirtschaft), das dem Instrumentarium der Globalsteuerung zuzuorden ist, sind aus regionalpolitischer Sicht vor allem interessant: a) Konjunkturprogramme mit regionalen Bezügen, b) regionale Aktionsprogramme und c) die Gemeinschaftsaufgabe "Verbesserung der regionalen Wirtschaftsstruktur" (GRW).

Die sektoralen Probleme, die z.B. im Steinkohlebergbau zu erheblichen Stillegungsmaßnahmen führten, sollten durch großzügige Berücksichtigung in den beiden Konjunkturprogrammen von 1967, dem "Gemeinsamen Strukturprogramm für Infrastrukturinvestitionen" und dem "Kohlegesundungsgesetz" gemildert werden (vgl. Stahl 1985, S. 6).

Die wesentliche Innovation ging zu dieser Zeit aber von den "Regionalen Aktionsprogrammen" aus. Nachdem bereits Anfang 1968 mit den Vorarbeiten zu diesem neuen Planungsinstrument begonnen wurde, konnte am 10.2.1969 das erste Programm, das "Eifel-Hunsrück-Programm", durch einen IMNOS-Beschluß in Kraft gesetzt werden. Im weiteren Verlauf der Maßnahme wurden gemeinsam von Bund und Ländern die Mittel für zunächst 12 (später dann 20) Regionale Aktionsprogramme verteilt (vgl. Buttler, u.a. 1977, S. 120). Nach den Vorstellungen des BMWi sind diese Programme durch drei wesentliche Merkmale gekennzeichnet:

1) Eine passive Sanierung größerer Räume wird nicht zugelassen. Die verstärkte Beachtung des Schwerpunktprinzips bei der Förderung kann aber dazu führen, daß eine passive Sanierung im kleinen erfolgt.

2) In den Regionalen Aktionsprogrammen werden die Förderungsmaßnahmen von Bund und Ländern zusammengefaßt, aus dem Nebeneinander der Förderung soll ein Miteinander werden, um eine effektivere Förderung zu erreichen.

3) Es erfolgt weiterhin eine Abstimmung der Förderung mit der mehrjährigen Finanzplanung von Bund und Ländern, um die Kontinuität der regionalen Wirtschaftspolitik zu gewährleisten (vgl. Bundesminister für Wirtschaft 1968).

Im koordinierten Vorgehen von Bund und Länder im Rahmen der Aktionsprogramme offenbart sich der Kerngedanke der "Gemeinschaftsaufgaben". Die Änderung des Grundgesetzes (Art. 91a) ergab 1969 das Institut der Gemeinschaftsaufgaben, nach denen der Bund bei der Erfüllung von Aufgaben der Länder mitwirkt. Das Gesetz über die Gemeinschaftsaufgabe "Verbesserung der regionalen Wirtschaftsstruktur" (GGRW) brachte die juristische Verankerung der bis dato praktizierten Regionalpolitik des Bundes, und regelt Einzelheiten bezüglich der gemeinsamen regionalen Wirtschaftspolitik. Hervorzuheben sind a) der gemeinsame Planungsauschuß (Konstituierung 6.5.1970), b) die regelmäßige Aufstellung von Rahmenplänen (erster Rahmenplan: 1.1.1972), c) der föderalistische Gedanke: Finanziert wird die GRW je zur Hälfte von den beteiligten Parteien, wobei die Länder die einzelnen Maßnahmen durchführen, und der Bund nur über den Planungsausschuß (Beschlüsse werden mit Dreiviertel-Mehrheit gefasst) und über das Investitionszulagengesetz (Investitionszulagengesetz vom 18.8.69, BGBl. I, S. 1211 ff.) einwirken kann (indem beantragte Investitionshilfen von der Bundesregierung nicht bewilligt werden).[15]

Die Rezession brachte also deutliche Änderungen in der bundesdeutschen Förderkulisse, die noch einmal zusammengefasst werden:

- eine Konzentration aller Mittel auf Schwerpunkte
- eine spürbare Erhöhung der Mittel (Anfang der 70er Jahre ca. 1,5 Mrd. DM jährlich, vgl. Stahl 1985, S. 10)

[15] Ausführlicher zur GRW, siehe Kapitel 2.2.

- verfassungsmäßige Verankerung und konkretere gesetzliche Fixierung.[16]
Albert, der maßgeblich an der konzeptionellen Entwicklung der Regionalpolitik mitgewirkt hat, resümiert: "Das regionale Förderungsprogramm der Bundesregierung hat sich also im Laufe von zwei Jahrzehnten von einem Notstandsprogramm weiterentwickelt zur Keimzelle einer umfassenden regionalen Investitionslenkung." (Albert 1970, S. 240)

Die Konzentrationsphase ergab auf der wirtschaftspolitischen Ebene eine stärkere Vereinheitlichung und Zielorientierung. Die regionaltheoretische Einstufung ist v.a. deswegen problematisch, weil ein scheinbar unüberbrückbarer Widerspruch zwischen Wachstums- und Ausgleichsorientierung deutlich wird. Im Rahmen einer Wachstumsorientierung wird die räumliche Plazierung z.B. von Infrastruktureinrichtungen dort vorgenommen, wo der höchste Produktivitäts-Beitrag zu erwarten ist. Denn "das entscheidende Problem einer wachstumsorientierten Regionalpolitik liegt m.E. darin, zu erkennen, wie die regionale Standortpolitik durch produktivitätsorientierte Infrastrukturinvestitionen so verbessert werden kann, daß jeder Wirtschaftsraum ständig in der Lage ist, seine Standortfaktoren bestmöglich zu nutzen" (Marx 1966, S. 21). Für Räume ohne langfristige Wachstumschancen ging der Sachverständigenrat zur Begutachtung der gesamtwirtschaftlichen Lage sogar noch weiter: hier empfahl er eine "passive Sanierung" (vgl. Sachverständigenrat zur Begutachtung der gesamtwirtschaftlichen Entwicklung 1965, S. 134 und 159).

Die dem polarisationstheoretischen Denkansatz entnommene Überlegung, über die Förderung von Wachstumspolen auch den Peripherien Entwicklungsimpulse zu geben, steht im diametralen Widerspruch zu den regionalen Aktionsprogrammen, die insbesondere strukturschwache Regionen (bzw. die dort investierenden Unternehmen) förderten. Die hier hervortretende Ausgleichsorientierung wird besonders deutlich, wenn man sich die Streuung der Mittel vor Augen führt: Förderungen betrafen im Jahre 1970 ca. 58% der Fläche und ca. 31% der Bevölkerung (vgl. Buttler, u.a. 1977, S. 120).

16 Daneben gab es auf der Instrumenten-Ebene folgende Neuerung: Die bis 1968 übliche Kreditförderung wurde auf eine Zuschußförderung umgestellt (15% zur Investitionssumme). Mit dem Investitionszulagengesetz von 1969 wurde darüber hinaus eine steuerfreie 10% ige Investitionszulage eingeführt (vgl. Stahl 1985, S. 9f.).

Der scheinbar nicht aufzulösende Widerspruch zwischen aktiver und passiver Sanierung wurde in dieser Phase elegant mit dem Konstrukt der "dezentralen Konzentration" umschrieben. Unter dezentraler Konzentration ist eine Schwerpunktbildung bei der Förderung von Beschäftigungsmöglichkeiten und Wirtschaftsentwicklung in "zumutbarer Entfernung zu den Wohnplätzen der Bevölkerung" zu verstehen (vgl. Akademie für Raumforschung und Landesplanung 1982, S. 228). Die Vorstellungen, die mit dem Konzept verbunden sind, klingen bei einigen Autoren allerdings sehr optimistisch: Das Prinzip der Schwerpunktbildung kann "die Selbststeuerung der räumlichen Entwicklung in zwei Richtungen beeinflussen, nämlich
- als *interregionalen Entwicklungs- und Strukturausgleich* zur Schaffung von Verdichtungszentren auch in entwicklungsschwachen Regionen,
- als *intraregionale Verdichtung*, die auch in den weniger dicht besetzten Regionen aus deren Bestand die erforderlichen Zentren schafft" (Akademie für Raumforschung und Landesplanung 1982, S. 228).

Problematisch ist in dieser optimistischen Sicht zum einen, daß die Fragen nach dem Entstehen von Wachstumspolen und nach der konkreten Lokalisation von Zentren ausblendet werden. Es wird vor dem Hintergrund des hier vertretenen Verständnis räumlicher Entwicklungsprozesses bestritten, daß das Konzept der dezentralen Konzentration unter den Bedingungen, unter denen sich in der Bunderepublik regionale Wirtschaftspolitik vollzieht (fehlende Abstimmung zwischen öffentlicher Hand und privaten Investoren), durchsetzbar ist.[17]

Trotz dieser Kritik wird die "Konzentrationsphase" der bundesdeutschen Regionalpolitik vielfach als die erfolgreichste in der Geschichte der Bundesrepublik[18] angesehen (vgl. Stahl 1985, S. 9). In der Tat erbrachte diese Phase eine Reihe von institutionellen Reformen: GRW, Investitionszulagengesetz, Ministerkonferenz für Raumordnung (MKRO, Schaffung 1968). Wurden vorher regionale Hilfen oft nur als "Schmieröl" gesehen, setzte sich mit der Rezession zunehmend die Ansicht durch, regionale Entwicklungen aktiver fördern zu müssen.

[17] Die aktuelle Auseinandersetzung um das raumordnerische Entwicklungsmodell der Dezentralen Konzentration zwischen den Ländern Berlin und Brandenburg mag als aktueller Hinweis dienen (vgl. Einem 1993).

[18] Dieser "Erfolg" wurde allerdings begünstigt durch starke BSP-Wachstumsraten nach der Rezession 1967.

2.1.4. ca. 1974 - ca. 1984: Phase der "Problemorientierten Regionalpolitik"

Die Notwendigkeit der Gestaltung regionaler Entwicklungsprozesse war eine wichtige Erkenntnis der "Rezessions-Erfahrungen" in der Konzentrationsphase. Diese Sicht wurde in der folgenden Zeit gestützt durch regionalpolitische Erfolge auf Basis von relativ hohen Wachstumsraten Anfang der 70er Jahre. Die für diese Periode kennzeichnende "Planungseuphorie" schlug mit Abflachen der Konjunktur Mitte der 70er Jahre jäh um in eine Planungslethargie (vgl. Hübler 1991, S. 32f.). Es breitete sich zunehmend eine Skepsis bezüglich der Beeinflußbarkeit regionaler Strukturen aus. Entwicklungspotentiale, verstanden im Sinne von raumwirksamen Ansatzpunkten regionalpolitischer Maßnahmen, wurden zunehmend spärlicher. Die Verknappung folgender raumwirksamer Faktoren führte zu einer neuen Problemsicht:

"- Rückgang der privaten Investitionstätigkeit, daher vermindertes mobiles Kapital,
- Rückgang der Arbeitsplätze, vor allem im sekundären Bereich bei gleichzeitiger Erhöhung der Erwerbstätigenzahlen,
- Rückgang der Bevölkerungszahlen, daher Schwierigkeiten der Infrastrukturversorgung im dünn besiedelten ländlichen Raum,
- Rückgang der dem Staat zur Verfügung stehenden finanziellen Mittel" (Böhret, u. a. 1982, S. 74).

Die sich mit der Änderung der ökonomischen Indikatoren einstellende Ernüchterung wird deutlich an der in dieser Phase oft gestellten Frage: "Ist regionale Entwicklung überhaupt beeinflußbar?". Die Versorgung mit Infrastruktureinrichtungen hatte dazu geführt, daß wichtige Standortfaktoren fast ubiquitär vorhanden waren, oder zumindestens keinen Engpaß mehr für regionale Entwicklungen darstellten.

Vor diesem Hintergrund fielen die politischen Zielsetzungen naturgemäß bescheidener aus. Das Schlagwort der " Sicherung des Niveaus" machte die Runde. Die Mittel sollen zu diesem Zweck konzentriert eingesetzt werden, mit dem Ziel, die nicht zu verhindernden Disparitäten wenigstens in geordnete Bahnen zu lenken. Die neue Bescheidenheit wird deutlich an folgender Zielaussage des Raumordnungsberichtes von 1974: Ziel ist es "mit beschränkten

Mitteln ein möglichst großes Maß an Wirkungen zu erreichen" (ROB 1974, S. 10). Auf der politisch-administrativen Ebene wurde konkret auf zweierlei Art vorgegangen: Zum einen wurden die regionalen Probleme durch statistische Manipulationen entschärft, indem durch "Maßstabsvergrößerung" eine neue Bezugsebene hergestellt wurde (2.1.4.1.). Zum anderen kam dort, wo sich regionale Probleme konkret materialisierten, eine Politik der Sonderprogramme zum tragen (2.1.4.2.).

2.1.4.1. Neuabgrenzung der Förderregionen

Mit dem 4. Rahmenplan der GRW (20.3.1975) wurde eine neue Gebietsabgrenzung vorgenommen. Zu diesem Zweck wurden vorher verschiedene Forschungsvorhaben vergeben. Schließlich beschloß der Planungsausschuß als Grundlage die Abgrenzungsvorschläge von Klemmer zugrunde zu legen ("Klemmer-Regionen", vgl. Klemmer/Kraemer 1975). Durch empirische Untersuchung der Pendlerbewegungen wurden 179 gemeindescharf abgegrenzte Arbeitsmärkte ermittelt. Eine Reihung der Regionen (ranking list) erfolgte anhand der dreier Kriterien: a) Arbeitsreservequotient (Verhältnis zwischen Saldo und Zahl der Erwerbspersonen), b) Einkommen (ungünstigste Situation bei BIP je Kopf der Bevölkerung oder BIP je Kopf der Erwerbspersonen oder Arbeitnehmereinkommen pro Kopf), und c) Infrastrukturausstattung (Länge von Straßen-, Eisenbahn- und Stromnetzen, Gasversorgungspotential, Schul-, Studier-, Krankenhausplätze, Wohnungsqualität pro Kopf). Die Gewichtung der Kriterien erfolgte 1 (Arbeitsreservequotient) zu 1 (Einkommen) zu 0,5 (Infrastruktur)(vgl. Struff 1975, S. 107).

Bei der Verausgabung der regionalpolitischen Mittel wurden die geschaffenen Planungsregionen entsprechend der ranking-list solange bedient, bis die Mittel erschöpft waren, bzw. bis ein politisch erwünschter Prozentsatz erreicht wurde (Anfang der 70er lag er bei knapp 34% der Bundesbevölkerung).

Auf der theoretischen Ebene schlug sich der Ernüchterung bezüglich der Erfolge regionalpolitischen Wirkens in einem neuen Modell-Ansatz nieder: "Konzept der ausgeglichenen Funktionsräume" (vgl. Marx 1975). Dieses Konzept verfolgt die Absicht, den ländlichen Raum und die Verdichtungsgebiete zu integrieren ("Regionalpolitik des mittleren Weges"), so daß es zu einer gegenseitigen Alimentierung dieser beiden Raumkategorien und zu einer Verbesserung der Einkommens- und Versorgungsstandards in den ländlichen Räumen kommt (vgl. Marx 1975, S. 4).

Die dabei vorgenommene Maßstabsvergrößerung wird deutlich, wenn die Abgrenzungskriterien und die Ergebnisse betrachtet werden. In einem Arbeitskreis der Akademie für Raumforschung und Landesplanung (ARL) wurden folgende Kriterien zur Abgrenzung der Regionen aufgestellt:

- Entfernung innerhalb des ausgeglichenen Funktionsraumes höchstens 90 Pkw-Zeitminuten
- Minimale Bevölkerung ca 500.000
- Untergrenze der Arbeitsplatzkonzentration ca 100.000 bis 200.000, unter Berücksichtigung von Vielseitigkeit und Branchenzugehörigkeit der Beschäftigungsmöglichkeiten
- Befriedigende Ausstattung der Bevölkerung mit Naherholungsmöglichkeiten
- Die ermittelten Funktionsräume sollen flächendeckend sein (vgl. Bartels 1975).

Bei Anwendung dieser Kriterien kam Bartels auf 83 Regionen (vgl. Bartels 1975, S. 93ff.), womit deutlich wird, daß die Maßstabsvergrößerung impliziert, daß die Ausgleichsorientierung als Ziel der Regionalpolitik zurückgenommen wird, indem eine kleinräumige "passive Sanierung" in Kauf genommen wird (90 Pkw-Zeitminuten).

2.1.4.2. Politik der Sonderprogramme

An der "Politik der Sonderprogramme" (ab 1975) wird zum einen die Hilflosigkeit der Regionalpolitik deutlich. Zum anderen soll gezeigt werden, warum diese Periode als Phase der Problemorientierten Regionalpolitik bezeichnet werden kann. Das Gesetz über die GRW verpflichtet die politischen Handlungsträger, auch Gebiete zu fördern, "in denen Wirtschaftszweige vorherrschen, die vom Strukturwandel in einer Weise betroffen oder bedroht sind, daß negative Rückwirkungen auf das Gebiet in erheblichen Umfang eingetreten oder absehbar sind" (§ 1 Abs. 2 Nr. 2, GGRW). Dieser Passus war die Grundlage für eine Reihe von Sonderprogrammen:

- Sonderprogramm Volkswagen AG von 1975-1977 im Rahmen der GRW (210 Mio. später auf 140 Mio DM gekürzt, aufgebracht durch Bund, Baden-Württemberg, Niedersachsen und Hessen);
- Sonderprogramm Stahlindustrie von 1978-1981 (200 Mio. DM aufgebracht durch Bund, Saarland und Rheinland-Pfalz);
- Stahlstandorteprogramm von 1982-1985;
- Werftenprogramm (1984-1987).

In der Bewertung dieser Phase muß festgestellt werden, daß es eine deutliche Akzentverschiebung gab, obwohl das Instrumentarium der Regionalpolitik kaum verändert wurde. Diese Position soll anhand der Abgrenzung der Konzepte "Ausgeglichene Funktionsräume" und "räumlich-funktionale Arbeitsteilung" verdeutlicht werden, wobei angemerkt werden muß, daß diese Abgrenzung zwar Gegenstand intensiver wissenschaftlicher Auseinandersetzungen war, in Planungspraxis und -politik nur eine untergeordnete Politik gespielt hat (vgl. Hübler, u.a. 1980, S. 59).

Es wurde schon angedeutet, daß das Erreichen von "gleichwertigen Lebensverhältnissen" nicht nur einer möglichst aktiven Regionalpolitik geschuldet ist, sondern auch durch Änderung der empirischen Planungsgrundlagen ("Maßstabsvergrößerung") manipulativ herbeigeführt werden kann. Wenn die Ausgeglichenheit von Lebensbedingungen in hinreichend großen wohldefinierten Regionen auf Kosten intraregionaler Faktorwanderungen hergestellt wird, dann immunisiert sich eine solche Politik a priori gegen Kritik.

Im BROP wird noch ein Schritt weiter gegangen. Hier wird die Notwendigkeit der "räumlichen Aufgabenteilung" betont, indem den Regionen entsprechend geeignete "Vorrangfuktionen" zugeordnet werden (vgl. BROP, S. 4f.). In der Konzeption der "großräumigen Vorranggebiete" kommt eine Gegenstrategie zu den "ausgeglichenen Funktionsräumen" zum tragen, indem von räumlichen Gleichheitsvorstellungen abstrahiert wird, und bewußt räumliche Unterschiede als Ziele regionaler Entwicklung postuliert werden. Räumliche Vorranggebiete können dabei definiert werden "als Gebiete, in denen aufgrund von Standort-

und Lagevorteilen eine bestimmte Nutzung (Funktion) vorherrscht, ohne daß andere (nachrangige) Nutzungen ausgeschlossen werden. Diese Vorrangfunktion kann den Bedarf für andere Teilräume oder den Teilraum selbst erfüllen" (Hübler, u.a. 1980, S. 61). Diskutierte Funktionen sind z.B. "Freiraumfunktion" (Erholungs- und ökologische Funktion), "Wirtschafts- und Siedlungsfunktion" (vgl. Brösse 1977, S. 97f.).

Es liegt nahe, daß allein in Abhängigkeit von der Größe des "Teil- oder Funktionsraums" (definiert als Region mit Aufgaben für andere Regionen oder für ein größeres Gebiet), der Konflikt entschieden ist, ob eine "Gleichwertigkeit" vorliegt oder nicht. Kleinräumige Vorranggebiete sind mühelos in das Konzept der ausgeglichenen Funktionsräume zu integrieren, womit die Gleichwertigkeit dann nur noch eine Frage der Festlegung der Regionen ist. Bei großräumigen Vorranggebieten wird wird die Idee des Ausgleichs dann ad absurdum geführt, wenn eine Schwäche der Region (z.B. unzureichende Infrastruktur und mangelhafter Industriebesatz) in eine Stärke umdefiniert wird, indem der Region z.B. eine Erholungsfunktion zugeschrieben wird.

Festzuhalten bleibt, daß in der Phase der problemorientierten Regionalpolitik eine gewisse Hilflosigkeit im Umgang mit der Perpetuierung regionaler Disparitäten zu zwei Entwicklungen geführt hat: erstens eine eher pragmatische Vorgehensweise (Planungsregionen, Sonderprogramme), worin sich eine Trennung von theoretischer Raumordnungsdiskussion und praktischer Regional- oder Raumordnungspolitik zeigt. Zum anderen bildete sich eine stärkere Betonung von großräumigen siedlungsstrukturellen Entwicklungskonzeptionen heraus, mit denen eine Gleichwertigkeit der Lebensverhältnisse erreicht werden soll. Dieser Übergang kann wohl als eine stärkere Gewichtung der Wachstumsorientierung auf Kosten der Ausgleichsorientierung interpretiert werden. Die Zuweisung "vorrangiger" Funktionen an großräumige Gebiete und die Bestimmung von "Entwicklungsachsen" als Verbindungen von Verdichtungsräumen sind bewusst aus dem Instrumentarium der "Wachstumspolkonzepte" entnommen (vgl. BROP; Deutscher Bundestag 1974).

2. 1. 5. Aktuelle Phase der bundesdeutschen Regionalpolitik (ab ca. 1983)

Hinsichtlich der regionalpolitischen Erfolge bei der Gestaltung räumlicher Entwicklungsprozesse wurde bereits auf eine gewisse Ernüchterung hingewiesen. Die Analyse der aktuellen Phase der Raumordnungs- und Regionalpolitik (beginnend ab ca. 1983) ergibt zwei wesentliche Ergebnisse. Zum einen kristallisiert sich ein "neues" Leitbild heraus (Formulierung "endogener" Entwicklungsstrategien), zum anderen setzt sich die in der Phase der Problemorientierten Regionalpolitik begonnene pragmatischere Umgehensweise fort, indem das raumordnungs- und regionalpolitische Instrumentarium nur selektiv zum Einsatz kommt. Eine neue Situation entstand mit der Vereinigung der beiden deutschen Staaten, als der bestehende Instrumentenmix im wesentlichen auf das Gebiet der Fünf Neuen Länder (FNL) übertragen wurde.

2. 1. 5. 1. Endogene Entwicklungsstrategien

In Folge der konjunkturellen Entwicklung zu Beginn der 80er Jahre verdoppelte sich die Zahl der offiziell Arbeitslosen und stieg auf weit über 2 Mio. Menschen an. Zum Zweck der besseren Operationalisierung definiert die regionale Wirtschaftsförderung ihre Zieldimensionen (Ausgleich, Stabilität und Wachstum) häufig über das "Arbeitsplatzzwischenziel" (vgl. Böhret u.a. 1982, S. 75). Die Ernüchterung die ab Mitte der 70er Jahre zu konstatieren war, und mit "Planungslethargie" umschrieben wurde, wandte sich nun vollends gegen die Regionalpolitik, ihr wurde eine allgemeine Erfolglosigkeit beschieden. Neben den Arbeitsmarktengpässen traten folgende Probleme auf:

- verengte Finanzierungsspielräume aller Gebietskörperschaften (vgl. Beirat für Raumordnung 1984, S. 187),
- Auftreten neuer Problemgebiete in Form strukturschwacher alter Industrieregionen (vgl. Stöhr 1984, S. 8),
- Gleichzeitig einsetzender "Widerstand" gegen hohe Subventionsvolumina für eben diese strukturschwachen Gebiete (vgl. Beirat für Raumordnung 1984, S. 190),
- "Abnehmendes Vertrauen in die Wirksamkeit rein staatlicher Regionalpolitik "von oben" und Ausweitung von Regionapolitik in ein breiteres gesellschaftli-

ches Anliegen auch von regionalen Organisationen und Initiativen "von unten" (Stöhr 1984, S.8),
- Zunehmende Zurkenntnisnahme ökologischer Probleme in der öffentlichen Diskussion(z.B. Flächenverbrauch, wachsende Belastung der Umweltmedien)(vgl. Akademie für Raumforschung und Landesplanung 1986, S. 58)[19].

Unter diesen veränderten Rahmenbedingungen konnte es nicht mehr opportun sein, einfach die traditionellen Instrumente zu intensivieren (einmal von der Verknappung öffentlicher Mittel abgesehen). Daher wurde der Beirat für Raumordnung vom Bundesministerium für Raumordnung, Bauwesen und Städtebau beauftragt, Empfehlungen für die raumordnungspolitische Diskusssion zu erarbeiten. Am 18.3.1983 legte der Beirat diese unter dem Titel "Selbstverantwortete regionale Entwicklung im Rahmen der Raumordnung" vor (vgl. Beirat für Raumordnung 1984). Die Empfehlung propagiert im Kern eine stärkere Nutzung bzw. Entwicklung sog. "Endogener Entwicklungspotentiale" einer Region. Der Beirat versteht unter "Region" die (damals 75) Raumordnungsregionen, die in Zusammenarbeit von Bund und Ländern abgegrenzt worden sind.

Grundsätzlich wird bei der Formulierung endogener oder regionaler Entwicklungsstrategien davon ausgegegangen, daß in einer Region nicht oder nur unzureichend genutzte Potentiale vorhanden sind. Demzufolge hat eine Strategie der Nutzung dieser Potentiale folgenden Inhalt:
1) Umfassende Analyse der Stärken und Schwächen einer Region und Ermittlung (und Abbau) der Engpässe der regionalen Entwicklung,
2) Formulierung von Entwicklungs-Strategien, die auf die regionalen Stärken aufbauen.

Als begleitende Maßnahmen werden diskutiert:
- koordinierter und differenzierter Mitteleinsatz,
- Stärkung der politischen und administrativen Verantwortung der kommunalen Gebietskörperschaften,
- stärkere Beteiligung der Öffentlichkeit.

---

[19] Wenngleich bereits die MKRO 1972 die Berücksichtigung der Erhaltung der natürlichen Ressourcen eingefordert hat (vgl. MKRO 1972).

Bevor es zur Analyse und Weiterentwicklung des Ansatzes der Endogenen Entwicklungspotentiale, dem das Hauptaugenmerk dieser Arbeit gilt, kommt, soll ein Überblick über die aktuelle Situation (2.1.5.2.) und die Organisation der Regional- und Raumordnungspolitik (2.2.) vermittelt werden.

2.1.5.2. Die aktuelle Raumordnungs- und Regionalpolitik: Übertragung des Instrumentariums auf das Gebiet der FNL

Angesichts der selbstgesteckten Ziele muß sich die bundesdeutsche Regionalpolitik die Frage gefallen lassen, ob allgemeine Ergebnisvorgaben mehr sein können, als Leerformeln. Eine solche Anfrage wurde verstärkt im Zuge der Übertragung des raumordnungs- und regionalpolitischen Instrumentariums auf die Fünf Neuen Länder formuliert. Die durch die Vereinigung "entstandenen" Ost-West-Disparitäten bilden ein -historisch betrachtet- einmaliges Leistungsgefälle innerhalb der Bundesrepublik ab. Diese Feststellung gilt sowohl für die verschiedensten Indikatoren der ökonomischen Leistungsfähigkeit, als auch für die Entwicklungsbedingungen (vgl. hierzu ausführlich Kapitel 4). Angesichts dieser Herausforderung bleibt zunächst offen, ob das bestehende Instrumentarium den Anforderungen genügt.

Die zentralen Quellen hierfür sind Raumordnungsberichte und Veröffentlichungen des BmBau für den Bereich der Raumordnungspolitik, und die Rahmenpläne der GRW für die Regionalpolitik. Hingewiesen werden muß auf die unterschiedlichen Zeithorizonte der Politikbereiche. Die Raumordnungspolitik verfolgt mit dem Erstellen bestimmter gewünschter Raumnutzungsstrukturen eine eher langfristige Orientierung, wohingegen die Regionalpolitik eher kurz- bis mittelfristig operiert.

a) Raumordnungspolitik

Unmittelbar nach der Vereinigung wurde an einer Positionsbestimmung für die weitere räumliche Entwicklung in der Bundesrepublik gearbeitet. Wesentliche Ergebnisse dieser Aktivitäten waren einerseits das "Raumordnerische Konzept für den Aufbau in den neuen Ländern", und zum anderen der

"Raumordnungspolitische Orientierungsrahmen" (vgl. Bundesministerium für Raumordnung, Bauwesen und Städtebau 1991 und 1993).

In der Raumplanung spielt die Schwerpunktbildung nach wie vor eine zentrale Rolle. Sie verwirklicht ihre Ziele (interregionaler Ausgleich, Erhalt und Sicherung der Entwicklungs- und Lebensgrundlagen) und Aufgaben (querschnittsbezogene, d.h. fachübergreifende Koordinierung, Ordungs- und Entwicklungsplanung) im wesentlichen mit dem Instrumentarium der zentralen Orte, der Achsen und der Vorranggebiete (vgl. z.B. Kistenmacher 1982). Die Abbildung auf S. 58 verdeutlicht die Zentrale-Orte-Struktur (neue Länder: Entwicklungsregionen) und das Achsennetz in der Bundesrepublik:

Durch Ausweisung von Entwicklungsschwerpunkten wie "Zentrale Orte" in Westdeutschland und "Entwicklungsregionen" in Ostdeutschland wird ein eindeutiges Schwergewicht auf die Wachstumsorientierung gelegt. "Versorgungsschwerpunkte mit einer gewissen Zentralität für das Umland, ergänzt durch Wachstums- bzw. Entwicklungsfunktionen; zentrale Orte werden als 'Versorgungskerne' verstanden" (Bergmann 1991, S. 75). Ausgestattet mit bestimmten sozialen, kulturellen und wirtschaftlichen Einrichtungen sollen sie überregionale Versorgungsfunktionen wahrnehmen (vgl. Raumordnungsbericht 1968, Anhang, und aktuell: Raumordnungsbericht 1991, S. 33).

"Zur besseren Zusammenarbeit und Einbeziehung der einzelnen Entwicklungsregionen in den interregionalen Leistungsaustausch müssen großräumig bedeutsame Verkehrsachsen sowie Linieninfrastrukturen ... ausgebaut werden. Vorrang kommt dabei den Verbindungslinien von den westdeutschen Wirtschaftszentren zu ostdeutschen Entwicklungsregionen zu" (Bundesministerium für Raumordnung, Bauwesen und Städtebau 1991, S. 2). Damit ist ein zweites zentrales Politik-Instument der Raumordnung angesprochen, das Achsenkonzept.

Mit der Festlegung von "großräumig bedeutsamen Achsen" in den Fünf Neuen Ländern (vgl. Bundesministerium für Raumordnung, Bauwesen und Städtebau 1991) erfuhr das Achsen-Modell, das erstmals 1964 in Nordrhein-Westfalen im dortigen Landesentwicklungsprogramm eingeführt wurde, und mit dem BROP auf dem Gebiet der gesamten BRD Anwendung fand, eine aktuelle Bestäti

Abbildung 1: Zentren- und Achsenstruktur der Bundesrepublik Deutschland

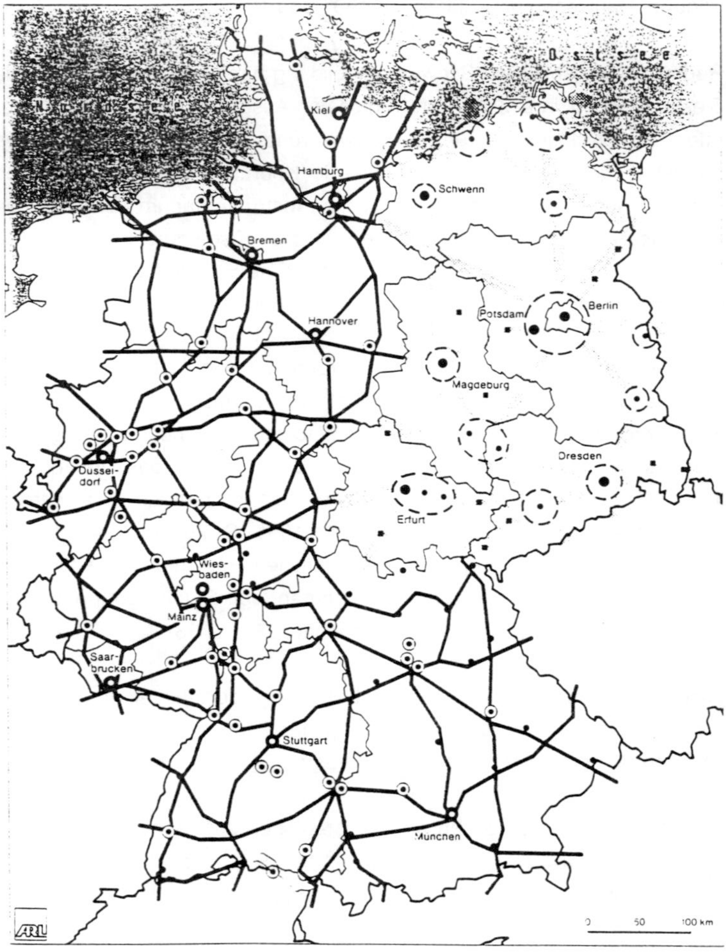

Alte Bundesländer

- Oberzentrum und Landeshauptstadt
- Oberzentrum
- mögliches Oberzentrum
- großräumig bedeutsame Achse

Neue Bundesländer

- Entwicklungsregion
- Landeshauptstadt
- größerer Ort innerhalb einer Entwicklungsregion
- größerer Ort außerhalb einer Entwicklungsregion
- großräumig bedeutsame Entwicklungsachse

Quelle: v.d. Heide u.a. 1992, S. 91.

gung. Hinter diesem Modell steht die Zielvorstellung, die Verdichtungsräume miteinander zu verbinden, und die peripheren Räume "auf" diesen Achsen in den großräumigen Leistungsaustausch einzubinden.

Das dritte wesentliche aktuell praktizierte Instrument stellt die "Sicherung der Freiräume" mittels Ausweisung von Vorranggebieten dar. Das BROP von 1975 unterschied folgende Freiraumfunktionen:

- land- und forstwirtschaftliche Produktion,
- Freizeit und Erholung,
- langfristige Sicherstellung der Wasserversorgung,
- besondere ökologische Ausgleichsfunktionen,
- Gewinnung von Rohstoffen und Mineralvorkommen

(vgl. BROP, S. 4).

Neben diesen Funktionen, die u.a. auch im Raumordnerischen Konzept für die FNL des BmBau bekräftigt wurden, stellt sich für die Region Ostdeutschland die aktuelle Herausforderung, eine "Zersiedelung", wie sie vielfach um die westdeutschen Verdichtungsräume auftritt, zu vermeiden (vgl. Wolff/Roesler 1991).

Die Wiedergabe der wesentlichen praktizierten Instrumente der Raumordungspolitik ergibt als Fazit die stärkere Orientierung auf das Wachstumspolkonzept. Insofern ist die Frage zu formulieren, ob damit raumordnungspolitisch-konzeptionelle Defizite zum Vorschein treten (so Kistenmacher in einer Kritik am ROB 1991, vgl. Kistenmacher 1991), oder ob nicht vielmehr der Zielkonflikt zwischen ausgleichsorientierter und wachstumsorientierter Raumordnungspolitik zugunsten der letzteren entschieden wurde.

Neben der v.a. ökologisch orientierten Freiraumsicherung und verbalen Bekenntnissen zu ausgleichspolitischen Zielstellungen, erhoffen sich die Vertreter des Wachstumspol-Gedankens eine "Initialzündung" für regionale Entwicklungsprozesse (vgl. aktuell: Eckey 1991 c, S. 710).

b) Regionalpolitik

In der Analyse der theoretischen Bezüge der aktuellen Regionalpolitik kann auf eine lange Tradition verwiesen werden. Bereits im 1. Rahmenplan der Gemeinschaftsaufgabe "Verbesserung der regionalen Wirtschaftsstruktur" (GRW) von 1971 wurden folgende Zielvorstellungen der regionalen Wirtschaftsförderung formuliert:
- Schaffung einer optimalen regionalen Wirtschaftsstruktur,
- Mobilisierung ungenutzter bzw. schlecht genutzter Produktionsfaktoren zur Erhöhung des gesamtwirtschaftlichen Wachstums (vgl. 1. Rahmenplan der GRW, S. 8).

Folgende Belege sollen die daran anschließende Kontinuität verdeutlichen: Im 3. Rahmenplan der GRW wurde zum ersten Mal der Begriff des "Primäreffektes" verwendet: Dieser tritt dann auf, "... wenn in der zu fördernden Betriebsstätte überwiegend Güter hergestellt oder Leistungen erbracht werden, die ihrer Art nach regelmäßig überregional abgesetzt werden" (3. Rahmenplan der GRW, S. 10). Mit dieser Formulierung wird ein direkter Bezug zur Exportbasis-Theorie hergestellt. Im Zentrum der Exportbasis-Theorie stehen dabei Branchen bzw. ökonomische Aktivitäten, die einen regionsexternen Absatz ermöglichen (basic-activities). Über die exportinduzierten Einkommensströme werden dann intraregionale Multiplikatorprozesse in Gang gesetzt (vgl. Schätzl 1988, S. 114f.).

In dem Gesetz über die GRW ist das Schwerpunktprinzip auch politisch fixiert worden. Dort heißt es in § 2, Abs. 1, Satz 3: "Die Förderung soll sich auf räumliche und sachliche Schwerpunkte konzentrieren." (GGRW) Mit dem "Einigungsvertrag" wurde dieses Instrumentarium auf das Gebiet der ehemaligen DDR übertragen (vgl. Einigungsvertragsgesetz), und abermals die zentralen Orientierungen der Wirtschaftspolitik bekräftigt. Im 20. Rahmenplan der GRW wird ausgeführt, daß die "Exportbasistheorie ihre Bedeutung für die Regionalförderung nicht verloren hat" (20. Rahmenplan der GRW, S. 6).

Es ist hier nicht der Ort, zu prüfen, ob angesichts eines Mindest-Absatz-Radius von 50km ab Betriebsstätte (vgl. 21. Rahmenplan der GRW, S. 23) ernsthaft von "überregionalem Absatz" im Sinne von "Export" gesprochen werden kann. In jedem Fall sind mit diesen Belegen die zentralen Säulen der regionalen Wirtschaftspolitik benannt:

- Schwerpunktprinzip
- Export-Basis-Konzept.

Die Wachstumsorientierung gewinnt aber nicht nur verbal, sondern auch instrumentell durch die Ausweisung zentraler Orte und dem Aufbau der Verkehrsinfrastruktur nach dem Achsenmodell (vgl. z.B. neueste Raumordnungsberichte) gegenüber der Ausgleichs- und der Stabilitätsorientierung die Oberhand. Gegen diesen Sachverhalt wäre an sich nichts einzuwenden, wenn die Prognose von Selke damit in Erfüllung ginge. Für ihn ist die strikte wachstumsorientierte Entwicklungspolitik der einzige Weg, in Ostdeutschland doppelt so hohe Wachstumsraten, wie in Westdeutschland über einen Zeitraum von 20 Jahren (sic) zu erreichen (vgl. Selke 1991, S. 748). Dies scheint eine sehr optimistische Prognose zu sein. Es ist vielmehr anzunehmen, daß das bestehende Instrumentarium, das für gänzlich andere ökonomische Situationen entwickelt wurde, durch den zu hohen Problemdruck überfordert ist.

Da ohnehin große Teile der neuen Länder über wenig wettbewerbsfähige Standortparameter verfügen (vgl. Irmen/Sinz 1991), ist unklar, inwieweit ein regional "selbsttragender Aufschwung" eine realistischere Orientierung als eine passive Sanierung darstellt. Wenn das zweite Scenario eintreten würde, wäre eine Ausgleichsorientierung (etwa über eine ausgeprägte Förderung strukturschwacher Räume) das adäquatere Leitbild. Das Gebiet der FNL ist Ziel einer Reihe von regionalpolitischen Hilfen, wobei die Angaben über die Höhe der öffentlichen Transfer-Leistungen weit auseinandergehen: so reicht z.B. die Spannweite der Angaben für das Jahr 1993 von 117 Mrd. DM (Karl-Bräuer-Institut) bis zur Angabe des Sachverständigenrats von 247,5 Mrd. DM (vgl. Fuest/Kroker 1994, S.4). Neben den für die wirtschaftliche Entwicklung relevanten Finanztransfers (vgl. Übersicht 5) interessieren als weitere Hilfen mit direktem regionalpolitischen Bezug zum einen die Fördermaßnahmen im Rahmen der Gemeinschaftsaufgabe "Verbesserung der regionalen Wirtschaftsstruktur"(GRW), sowie der EG-Regionalpolitik.

Übersicht 5: Finanztransfers nach Ostdeutschland (in Mrd. DM)

	1991	1992	1993[1]	1994[1]
Finanztransfers an Gebietskörperschaften[2]	108,3	118,2	125,9	130,0
- Fonds Deutsche Einheit	35,0	36,1	35,2	34,6
- Einigungsbedingte Ausgaben des Bundes (Saldenausgleich)	59,2	65,1	72,2	76,0
- Umsatzsteuerausgleich der Länder	10,8	11,5	12,0	12,5
- Transfers der Länder	2,0	2,5	3,0	3,0
- Einigungsbedingte Mindereinnahmen in Westdeutschland[3]	1,3	3,0	3,5	3,9
Finanztransfers an Sozialversicherungen	20,9	32,1	37,0	35,5
- Zuschuß an die Arbeitslosenversicherung	20,9	30,6	32,1	28,5
- Zuschuß an die Rentenversicherung	-	1,5	4,9	7,0
Finanztransfers insgesamt	129,9	150,3	162,9	165,5
nachrichtlich:				
Kreditaufnahme der Treuhandanstalt	19,9	29,6	37,0	44,0

1) Vorausschätzungen der beteiligten Institute

2) Ohne Zinssubventionen für ERP-Kredite

3) Mindereinnahmen durch die Investitionsförderung in den neuen Bundesländern

Quelle: DIW-Wochenbericht, Nr. 43/1992, S. 625.

Mit der Übertragung des Instrumentariums der GRW haben sich die Verteilungsverhältnisse zwischen dem West- und dem Ostteil der Bundesrepublik neu positioniert. Die folgende Abbildung veranschaulicht die räumliche Dimension (vgl. Abbildung 2).

Abbildung 2: Fördergebiete im Rahmen der GRW.

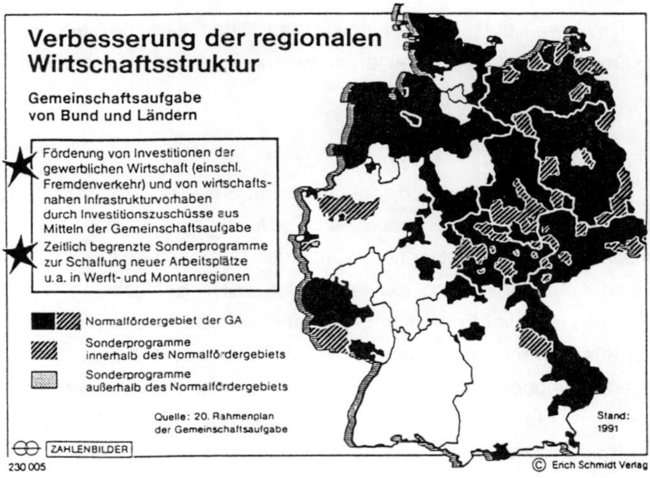

Quelle: Schmidt-Zahlenbilder, Nr. 230005.

Es ist nicht verwunderlich, daß die finanzielle Verteilung diesem räumlichen Muster entspricht. In der Finanzplanung im Rahmen der GRW werden von 1992 bis einschließlich 1996 jährlich ca. 4,4 Mrd. DM eingeplant[20], wobei die alten Länder (ausschließlich Berlin-West) nur ca. ein Viertel bekommen; so 1992 z.B. 980 Mio. DM (vgl. 21. Rahmenplan der GRW, S. 9).

Die Reform der EG-Regionalpolitik im Jahr 1988 im Zuge der Umsetzung der Einheitlichen Europäischen Akte, ist mit einer beträchtlichen Zunahme der Fördermittel und mit einer beachtlichen Erweiterung des regionalpolitischen Handlungsspielraums verbunden. Die Verpflichtungsermächtigungen der Mitgliedstaaten sehen für den Zeitraum 1994 bis 1999 eine Mittelaufstockung der Fonds auf ca. 290 Mrd. DM vor (zu der Aufteilung auf die einzelnen Fonds und Ziel-Maßnahmen vgl. Waniek 1994). Bekamen die Neuen Länder und Berlin-Ost aus den EG-Fonds für 1991-1993 pauschal ca. 6 Mrd. DM, so können sie

20 Förderung der gewerblichen Wirtschaft: ca. 11,5 Mrd. DM, Förderung der wirtschaftsnahen Infrastruktur: ca. 8,4 Mrd. DM sowie Sonderprogrammittel von ca. 2,1 Mrd. DM (vgl. 21. Rahmenplan der GRW, S. 155).

für den Zeitraum 1994 bis 1999 (vorbehaltlich der Zustimmung der anderen Mitgliedstaaten) mit ca. 27, 4 Mrd. DM[21] rechnen (vgl. Deutscher Bundestag 1993, S. 38). Inwieweit diese regionalpolitischen Hilfen dazu beitragen, regionale Entwicklungsprozesse zu stimulieren, wird im 5. Kapitel untersucht werden.

In jedem Fall ist deutlich geworden, daß die konkrete Ausgestaltung bundesrepublikanischer Regionalolitik erhebliches zu wünschen übrig läßt. Als Reflex auf ökonomische Problemkonstellation wurde der Maßnahmenkatalog laufend erweitert. Diese Abhängigkeit von der jeweiligen realen Entwicklung wirkt sich besonders prekär auf die Entwicklungsperspektiven peripherer Räume aus. Außer in den 60er Jahren, als dynamische Wachstumsraten die Unternehmen dazu bewegten, Zweigbetriebe in ländliche Räumen auszugliedern, konnten die regionalpolitischen Maßnahmen nicht dazu beitragen, den Entwicklungsabstand der strukturschwachen zu den agglomerierten Räumen abzubauen.

Die wesentliche Ursache liegt m.E. in der uneinheitlichen Ausrichtung der bundesdeutschen Regionalpolitik. Im Grunde genommen ist bis heute sogar das zentrale Leitbild unbestimmt geblieben. Wachstumsziele stehen unvermittelt neben stabilitätsorientierten oder sogar versorgungsorientierten Perspektiven. In der Koexistenz der Orientierungen "Ausgeglichene Funktionsräume" und "räumlich-funktionale-Arbeitsteilung" wird dies deutlich. Die erste Ausrichtung regionalpolitischer Maßnahmen orientiert über eine kleinflächige Förderung zentraler Orte, die zweite Orientierung versucht dagegen eher die jeweiligen Vorteile unterschiedlich strukturierter Regionen für Wachstumsprozesse zu nutzen. Damit ist diese Zielsetzung durchaus kompatibel mit der Sicherung und Erhöhung der Leistungsfähigkeit der Agglomerationsräume und steht somit tendenziell im Widerspruch zu einer ausgeglichenen Raumstruktur.

Auch die aktuelle Ergänzung des Instrumentariums um den Aspekt der Nutzung endogener Potentiale ist zwiespältig zu beurteilen. Solange nicht die öko-

---

21 Auf die einzelnen Fonds entfallen folgende Größen:
EG-Regionalfonds: 13-14 Mrd. DM
EG-Sozialfonds: 9-8 Mrd. DM
EG Agrarfonds (Ausrichtung): 6-5 Mrd. DM (Deutscher Bundestag 1993, S. 38).

nomischen Triebkräfte der Herausbildung und Persistenz räumlicher Agglomerationen in Form von Agglomerationsvorteilen adäquate Berücksichtigung erfahren, ist die Perspektive für diejenigen Räume, die nicht über die entsprechenden Standortparameter verfügen, als pessimistisch einzuschätzen.

2.2. Die Organisation der Regionalpolitik/Raumplanung

Abschließend kann nun die aktuelle Organisation der Raumplanung und Regionalpolitik in der Bundesrepublik Deutschland dargestellt werden. Dieser Überblick, der in der folgenden Abbildung visualisiert wird, konzentriert sich dabei auf diejenigen Instrumente und Kompetenzen, die durch das ROG, das BROP auf der raumplanerischen Seite, sowie der GRW auf der regionalpolitischen Seite geregelt sind. Nicht berücksichtigt werden damit Maßnahmen, die zwar ebenfalls auf räumliche Entwicklungsprozesse einwirken, aber nicht explizit regionalpolitischer oder raumplanerischer Natur sind, wie z.B. staatliche Transferleistungen im Rahmen des Finanzausgleichs oder parafiskalische Leistungen, wie sie z.B. die Bundesanstalt für Arbeit erbringt; obwohl ihnen aus Sicht der Regionen eine wachsende Bedeutung zukommt, was die finanziellen Dimensionen betrifft.

Regionalpolitik ist im Kern Industrieansiedlungspolitik, das bedeutet, daß im Zentrum der Aktivitäten die Beeinflussung der regionalen Investitionstätigkeit steht, um auf diese Weise Beschäftigungs- und Einkommenszuwächse zu erzielen. Die konkrete Organisation von Raumplanung und Regionalpolitik hat zwei Dimensionen. Auf der einen Seite geht es darum, bestimmte Grundsätze und Ziele für die räumliche Entwicklung zu erarbeiten: hier bilden sich die räumlichen Vorstellungen der Gebietskörperschaften auf Basis bestimmter empirischer Erhebungen ab. Die zweite Dimension besteht in der konkreten Bemühung, Unternehmen anzusiedeln: hier werden Bedingungen, Konditionen und Schwerpunkte der finanziellen Zuwendungen formuliert. Einen Überblick vermittelt folgende Abbildung:

Abbildung 3: Organisation der Raumplanung und Regionalpolitik in der Bundesrepublik Deutschland (siehe S. 66, Legende: S. 67).

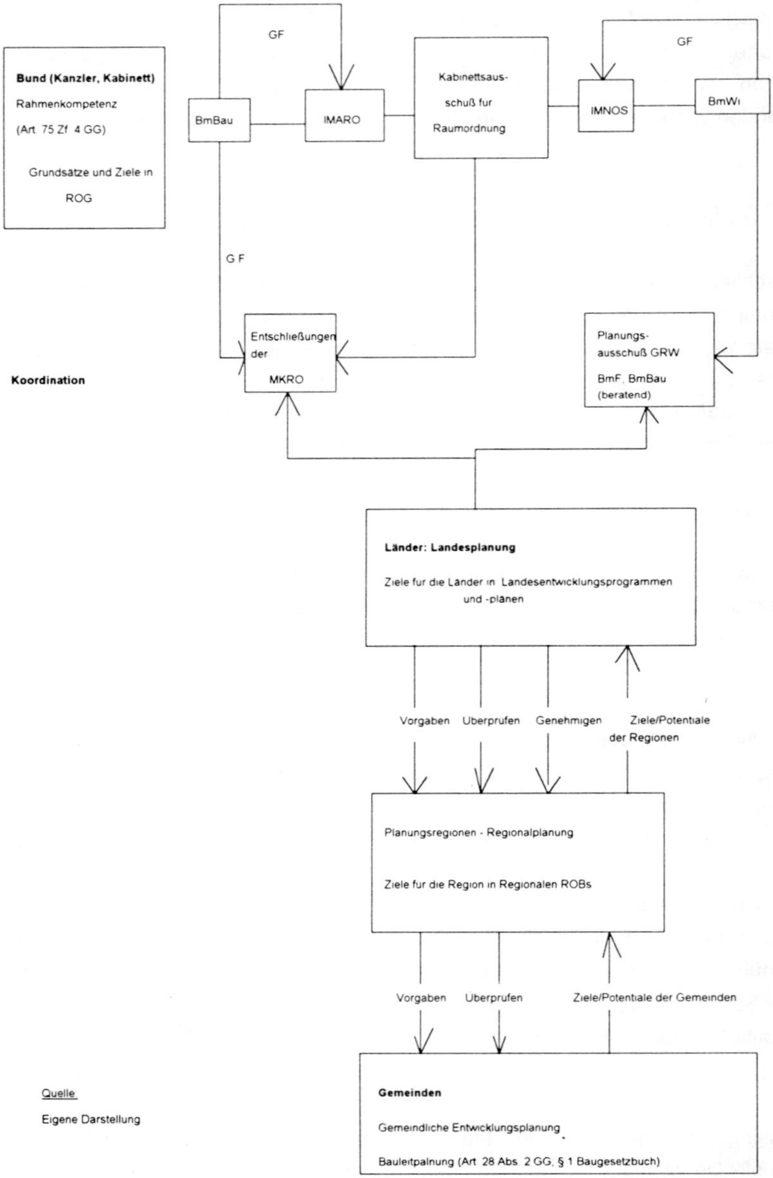

Quelle:

Eigene Darstellung

Legende: BmBau: Bundesministerium für Raumordnung, Bauwesen und Städtebau; IMARO: Interministerieller Ausschuß für Raumordnung; IMNOS: Interministerieller Ausschuß für regionale Wirtschaftspolitik; BmWi: Bundesministerium für Wirtschaft; ROG: Bundesraumordnungsgesetz; BROP: Bundesraumordnungsprogramm; ROB: Raumordnungsbericht: MKRO: Ministerkonferenz für Raumordnung; BmF: Bundesministerium für Finanzen; GF: Geschäftsführung.

Aufgrund der Tatsache, daß alle Gebietskörperschaften den Raum in irgendeiner Weise beplanen, bedarf es im Rahmen des föderativen Systems gewisser Abstimmungen, um auftretende spillover-Effekte sinnvoll zu berücksichtigen. Nach Art. 75 Zf. 4 GG hat der Bund das Recht, für den Bereich des föderalen Kollektivgutes Raumordnung, Rahmenvorschriften zu erlassen. Diese "Rahmenkompetenz" hat er durch das Raumordnungsgesetz (ROG) von 1965 ausgeschöpft (vgl. Fürst/Ritter 1993, S. 61f.). Die im ROG im § 2 formulierten Grundsätze wurden von der MKRO im BROP vom 14.2.1975 ausgeformt. Das ROG als Rahmenrecht wird von den Landesplanungsgesetzen der Länder ergänzt. Das für Raumordnung zuständige Ministerium ist seit 1973 das Bundesministerium für Raumordnung, Bauwesen und Städtebau (BMBau). Dessen Aufgaben im Bereich der Raumplanung bestehen in der bundesweiten Koordination der Raumplanungen, und auf der Ebene des Bundes in der Integration von Raum- und Fachplanungen. Der koordinierende Aspekt soll mit dem BROP und mit den regelmäßig erscheinenden (seit 1974 alle zwei bis vier Jahre) Bundesraumordnungsberichten erreicht werden. Zur Integration der Fachpolitiken auf Bundesebene dient der Interministerielle Ausschuß für Raumordnung (Geschäftsführung BMBau).

Die Umsetzungskompetenz in der Raumplanung liegt allerdings nicht beim BMBau, sondern bei den Ländern. Hier werden mit Hilfe von Landesentwicklungsprogrammen oder Landesentwicklungsplänen die Anstrengungen unternommen, räumliche und fachliche Planungsdimensionen miteinander zu verbinden (§§ 3 Abs. 2 und 5 ROG).

Das Koordinantionsgremium im Bereich der Raumplanung der Länder untereinander sowie mit dem Bund stellt die Ministerkonferenz für Raumordnung

(MKRO) dar, eine Vereinigung der für die Raumplanung zuständigen Minister von Bund und Ländern unter der Geschäftsführung des BMBau. Dieses Gremium erfüllt den Anstoß des ROG, wonach grundsätzliche Fragen der Raumordnung und Landesplanung einer gemeinsamen Beratung von Bundesregierung und Landesregierungen bedürfen (vgl. § 8 Abs. 1, ROG). In der MKRO werden keine die Mitglieder bindenden Beschlüsse, sondern Empfehlungen und Entschließungen erarbeitet, die die raumplanerischen Aussagen koordinieren sollen, wie z.B. das Zentrale-Orte-Programm oder das Entwicklungsachsenkonzept.

Die Gemeinden als unterste Planungsebene, haben wie Fachplanungen die Aufgabe, die Landesplanung in konkrete Bodennutzungsebote und -verbote umzusetzen (Vollzugsakteure). Das Instrument ist die Bauleitplanung, die im Bundesbaugesetz (BBauG von 1960, novelliert 1976) und dann später im Baugesetzbuch (BauGB von 1987) geregelt ist. Für die föderale Abstimmung sind die §§ 1 Abs. 4 BauGB und 4 Abs. 5 ROG von Bedeutung, wonach die Gemeinden ihre Bauleitplanung den Zielen- der Regional- und Landesplanung anzupassen haben. Bauleitplanung als kommunale Bodennutzungsplanung heißt zum einen Flächennutzungsplanung ("vorbereitende Bauleitplanung", vgl. § 5 BauGB), zum anderen die konkrete Bebauungsplanung ("verbindliche Bauleitplanung", vgl. § 9 BauGB).

Die zweite Dimension der Gestaltung der räumlichen Entwicklung in der Bundesrepublik Deutschland wird durch die Organisation der Regionalpolitik dargestellt. Die Regionalpolitik ressortiert im Bundeswirtschaftsministerium (BMWi). Obwohl oft kritisiert wird, daß das Koordinationsniveau auf Bundesebene hinsichtlich Raumabgrenzung und Schwerpunktsetzung zwischen Raumordnung und Regionalpolitik niedrig sei (vgl. Kommission für wirtschaftlichen und sozialen Wandel 1977, S. 322f. und Ganser 1979, S. 53f.), sind hierzu eine Reihe von Gremien vorgesehenen. Das zentrale Koordinationsgremium auf Bundesebene (neben Regierung und IMARO) stellt der "Interministerielle Ausschuß für regionale Wirtschaftspolitik" (IMNOS) unter der Geschäftsführung des BMWi dar. In ihm sind neben den Fachministerien auch noch Bundesrechnungshof, Bundesanstalt für Arbeit und das Bundesamt für gewerbliche Wirtschaft zusammengeschlossen.

Das bedeutendste Instrument der Regionalpolitik ist seit 1969 durch die GG-Änderung (Einfügung des Art. 91 a) die Gemeinschaftsaufgabe "Verbesserung der regionalen Wirtschaftsstruktur" (GRW). Im Gesetz über die GRW (GGRW) heißt es in § 1: "(1) Zur Verbesserung der regionalen Wirtschaftsstruktur werden folgende Maßnahmen als Gemeinschaftsaufgabe im Sinne des Artikels 91a Abs.1 des Grundgesetzes wahrgenommen:
1. Die Förderung der gewerblichen Wirtschaft bei Errichtung, Ausbau, Umstellung oder grundlegender Rationalisierung von Gewerbebetrieben,
2. Förderung des Ausbaus der Infrastruktur, soweit für die Entwicklung der gewerblichen Wirtschaft erforderlich ist."

Für die Abstimmung der raumbedeutsamen Planungen und Maßnahmen auf Bundesgebiet sind sowohl im GGRW (§ 2 Abs. 1), als auch im ROG (§ 4 Abs. 1) entsprechende Klauseln aufgenommen worden, die die entsprechenden Bundes-, Landes- und Fachministerien zur Koordination anhalten sollen.

Da das Ziel regionalpolitischer Aktivitäten aktuell durchaus auf die Stimulanz regionaler Wachstumsprozesse verkürzt werden kann (s.o.), geht es also im Kern um die Bereitstellung bzw. Steuerung der finanziellen Transfers. Die Förderung im Rahmen der GRW besteht dann auch in der Gewährung von Investitionszuschüssen, Darlehen, Zinszuschüssen und Bürgschaften (§ 3 GGRW). Die Finanzierung wird je zur Hälfte von Bund und Ländern getragen. Das zentrale Koordinationsgremium im Rahmen der GRW stellt der "Planungsausschuß" dar (§ 6 GGRW): In ihm sind die Wirtschaftsminister von Bund und Ländern, das BMF und mit beratender Stimme das BMBau zusammengeschlossen. Im Ausschuß werden auf Basis der Finanz-Anmeldungen der Länder mittelfristige Rahmenpläne aufgestellt, die, nach Abgleichung mit der mittelfristigen Finanzplanung des Bundes, jährlich fortgeschrieben werden. Die Rahmenpläne explizieren das sehr knapp gehaltene Gesetz über die GRW, und spiegeln den jeweiligen aktuellen Diskussionsstand wieder (vgl. die Allgemeinen Grundsätze für die Arbeit des Planungsauschusses, Anhang 1).

Auf Basis der bewilligten Finanztransfers können die Länder dann die Umsetzung der Rahmenpläne vornehmen, unter Berücksichtigung der allgemeinen Grundsätze des Planungsauschusses.

Als "Kommunale Wirtschaftsförderung" wird die Regionalpolitik auf der untersten Ebene der Gebietskörperschaften, also auf der Ebene der Gemeinden, bezeichnet. Die Betroffenheit der Gemeinden liegt auf der Hand. Sie werden am ehesten von den veränderten ökonomischen Rahmenbedingungen berührt: "Ein Strukturwandel im Arbeitsplatzmarkt und in der Wirtschaft selbst hat regelmäßig direkte Auswirkungen auf den engen Bereich Wohnen, Leben und Arbeiten der Bürger in den Gemeinden, und damit Auswirkungen auf die wichtigste kommunale Aufgabe, die Daseinsfürsorge." (Knemeyer 1981, S. 9)

Die Instrumente der kommunalen Wirtschaftsförderung lassen sich zusammengefasst wie folgt darstellen (vgl. Heuer 1985, S. 53 und Becker 1991):

1) Finanzhilfen (Subventionen, Darlehen, Bürgschaften)
2) Steuer- und Tarifpolitik, Erlaß und Stundung von Gemeindesteuern, Gebühren- und Beitragsermäßigungen, Sondertarife für öffentliche Ver- und Entsorgungsleistungen, Variierung der Gewerbesteuersätze)
3) Infrastrukturpolitik (Ausbau der wirtschaftsnahen Infrastruktur wie Verkehrsanbindung oder Ver- und Entsorgungsanlagen, Erschließung von Gewerbeflächen, Errichtung kommunaler Gewerbehöfe, Flächenrecycling)
4) Grundstückspolitik (Bodenbevorratung, Veräußerung, Vergabe langfristiger Nutzungsrechte)
5) Bauleitplanung (Ausweisung von Gewerbeflächen in Flächennutzungs- und Bebauungsplänen, Planerische Standortsicherung in Gemengelagen)
6) Ortssatzungen (Abfallbeseitigung, Verkehr, Straßennutzung).

Ihre rechtliche Legitimation erhält die kommunale Wirtschaftsförderung durch die verfassungsmäßig gewährleistete Autonomie der Gemeinden. Im Artikel 28 Abs. 2 des Grundgesetzes wird diese Zuständigkeit der Gemeinden betont, die danach das Recht haben, "alle Angelegenheiten der örtlichen Gemeinschaft" in eigener Verantwortung zu regeln.

Diese Allzuständigkeit im Bereich der kommunalen Wirtschaftsförderung wird allerdings in der Praxis v.a. durch rechtliche und ökonomische Beschränkungen modifiziert. Die rechtlichen Grenzen ergeben sich aus den möglichen Zielkonflikten zwischen kommunaler und staatlicher Wirtschaftspolitik. Der Erfolg staatlicher Wirtschaftspolitik, also die Beeinflussung makroökonomischer Größen, hängt nicht unwesentlich vom wirtschaftspolitischen Verhalten der Kommunen ab. So kann es vorkommen, daß, je nach konjunktureller Lage, die Gemeinden z.B. mit ihrer Investitionspolitik die staatliche Konjunkturpolitik unterlaufen. Ein weiteres Beispiel stellen die negativen externen Effekte dar, die für die Volkswirtschaft aus dem "Bürgermeisterwettbewerb" resultieren.

Um diese Effekte möglichst zu vermeiden, ist der Handlungsspielraum der Kommunen eingegrenzt worden (vgl. Beschluß der Innenministerkonferenz v. März 1981, abgedruckt in: Knemeyer 1981). Der Platz der Kommunalen Wirtschaftsförderung im föderativen System der Bundesrepublik wird durch die Empfehlungen des Planungsausschusses der GRW deutlich:

"1) Die Kommunen haben bei der Wirtschaftsförderung ihre Stellung in der gesamtstaatlichen Ordnung und ihre - auch die Einhaltung der EG-Regelungen umfassende - Verpflichtung zu bundes- und landestreuem Verhalten zu berücksichtigen. Sie müssen die Planungen und wirtschaftspolitischen Entscheidungen des Bundes und der Länder beachten.

2) Die Kommunen sollen sich bei der Wirtschaftsförderung auf die unbedenklichen Maßnahmen der indirekten Förderung im Rahmen der allgemeinen kommunalen Aufgabenerfüllung konzentrieren.

3) Bei direkten Wirtschaftsförderungsmaßnahmen ist aus rechtlichen und wirtschaftspolitischen Gründen Zurückhaltung geboten. Direkte Wirtschaftsförderung ist nur ausnahmsweise zulässig; sie darf der staatlichen Wirtschaftspolitik nicht widersprechen ... (Deutscher Bundestag 1989, S.11).

Diese Empfehlungen hebeln zwar nicht Art. 28 Abs. 2 GG aus, beschränken aber die Wirtschaftspolitischen Aktivitäten auf indirekte Fördermaßnahmen. So kann z.B. ein ansiedlungswilliges Unternehmen nicht mit dem Versprechen akquiriert werden, daß es für einen bestimmten Zeitraum keine Gewerbesteuer zu leisten hat (vgl. Becker 1991 und Lange 1981).

Eine Durchsetzung dieser Empfehlungen bzw. Einschränkungen findet zuvorderst auf der ökonomischen Ebene statt. So sind die Kommunen in ihrem Investitions- bzw. Ausgabenverhalten an die Erfüllung einer Reihe von Aufgaben gebunden, die in Form von Verkehrs-, Infrastruktur- und Versorgungsausgaben (Sozialhilfe, Wohngeld etc.) den größten Teil kommunaler Haushalte beanspruchen. Auf der Einnahmeseite fließt der Großteil (ca. 83%) der ertragsreichen Steuerarten in die Kassen von Bund und Länder, den Kommunen bleiben die wenig ertragreichen Steuern, wie Gewerbe- und Grundsteuer, sowie ein 15% iger Anteil an der Lohn- und Einkommenssteuer[22]. Die Wirkung der Variation der Gewerbesteuersätze ist geringer, als vielfach angenommen. Aufgrund des relativ hohen Freibetrages bei Personengesellschaften und Einzelunternehmen (derzeit 48.000 DM/Jahr) werden Gewinne durch entsprechende Ausgestaltung der Unternehmensverfassung oft vermieden. Die Mehrzahl der Kommunen sehen sich mit der Tatsache konfrontiert, daß das typische Unternehmen ihrer Region keine, oder nur sehr niedrige Gewerbesteuern zahlen (vgl. Stauder 1991). Die finanzielle Autonomie der Kommunen ist also sowohl auf der Ausgabenseite, durch die Regulierung der Vielzahl der Aufgaben, als auch auf der Einnahmenseite sehr eingeschränkt. Als abschließender empirischer Beleg mag hier der Wert des jüngsten Finanzierungsdefizits dienen: Es lag mit Abschluß des Haushaltsjahres 1992 bei den westdeutschen Kommunen bei 10,5 Mrd. DM (geschätzt laut Kassenstatistik einschließlich Krankenhäuser), und damit so hoch, wie seit 1981 (10,1 Mrd. DM) nicht mehr (vgl. Deutscher Bundestag 1993, S. 12).

22 1993 hatten die Gemeinden einen Anteil am Steueraufkommen der Gebietskörperschaften von 12,7%, das entspricht dem niedrigsten Stand seit 1982 (vgl. Deutscher Bundestag 1993, S. 11).

Kapitel 3: Endogene Entwicklungspotentiale

3.1. Zur Aktualität des Ansatzes

Eine Betrachtung der bundesdeutschen Regionalpolitik unter dem Aspekt des Theoriebezugs von politischem Handeln, ergibt ein widersprüchliches Bild. Teile des regionalpolitischen Instrumentariums scheinen sich explizit und ohne rhetorische Verrenkungen auf regionalökonomische Theorien zu beziehen (z.B. die Fernabsatzorientierung im Rahmen der GRW auf den Exportbasis-Ansatz bzw. das Wachstumspolkonzept). Andererseits wäre es vermessen, von einer einheitlich-konsistenten Regionalpolitik zu sprechen; vielmehr ist die mangelnde Existenz eines "Leitbildes" in der Regionalpoitik häufiger Bestandteil der Kritik (vgl. Ausführungen zur Leitbilddiskussion im 1. Kapitel).

Angesichts der Perpetuierung regionaler Disparitäten und vor dem Hintergrund knapper werdender öffentlicher Finanzierungsspielräume werden zunehmend die Möglichkeiten in Frage gestellt, mittels einheitlich-zentraler Politik, die Ziele der Regionalpolitik zu erreichen: Die herrschende Regionalpolitik befindet sich in einer Krise.In dieser Situation gewinnen in der theoretischen und praktischen Diskussion zunehmend Konzepte an Bedeutung, die die regionalen/endogenen Potentiale zum Abbau regionaler Disparitäten nutzen wollen. Damit geht die bundesdeutsche Diskussion um Fundierung und Reform der Regionalpolitik mit Hilfe der Nutzung endogener Entwicklungspotentiale in eine neue Runde.

Mit dem Inkrafttreten der Wirtschafts-, Währungs- und Sozialunion zum 1. Juli 1990 und dem Vertrag zwischen der Bundesrepublik Deutschland und der Deutschen Demokratischen Republik über die Herstellung der Einheit Deutschlands (vgl. Presse- und Informationsamt der Bundesregierung 1990) wurde das bestehende politische Instrumentarium auf das Gebiet der FNL übertragen. Das offiziell geäußerte oberste Gebot der schnellstmöglichen Angleichung der ostdeutschen Lebensverhältnisse an das westdeutsche Niveau kann angesichts der Ost-West-Disparitäten als anspruchsvolles Ziel bezeichnet werden. Die selbstbewusste Haltung, mit dem bestehenden Instrumentarium, welches sich evolutorisch in 40 Jahren Bundesrepublik herausgebildet hat, eine durch die Vereinigung entstandene völlig neue Problemkonstellation gleichfalls zu bewältigen, zeigt sich insbesondere in der Bestätigung des Ansatzes der Erschließung von Entwicklungspotentialen. Der Raumordnungspolitische

Orientierungsrahmen (um das aktuellste Beispiel zu nennen), der die Leitbilder für die räumliche Entwicklung in der Bundesrepublik Deutschland formuliert, bekräftigt die offiziellen Verlautbarungen in den Bereichen Regional- und Raumordnungspolitik, die seit Anfang der 80er Jahre eine Hinwendung zu dem Leitbild der Endogenen Entwicklungspotentiale belegen (vgl. Kapitel 3.3. dieser Arbeit, sowie Bundesministerium für Raumordnung, Bauwesen und Städtebau 1993 und v.d. Heide 1993). Im Raumordnungspolitischen Orientierungsrahmen wird ausdrücklich für gering verdichtete, agglomerationsferne Räume die "Erschließung von Entwicklungspotentialen", sowie die "Stärkung regionaler Eigenkräfte" als Leitbild der Entwicklung diskutiert (vgl. Bundesministerium für Raumordnung, Bauwesen und Städtebau 1993, Kapitel 1.5 und 5.3).

Im folgenden werden zunächst die Änderungen in den makroökonomischen Rahmendaten beschrieben, welche dazu beigetragen haben, die Neuorientierungsphase in der Regionalpolitik Anfang der 80er Jahre einzuleiten. Anschließend werden die Etappen der Diskussion um die Nutzung der endogenen Potentiale dargestellt, auch aus dem Grund des besseren Zugangs zum Leitbild der Potentialentwicklung. Nach der kritischen Aufarbeitung des Ansatzes werden Aspekte hervorgehoben, die Inhalt einer Weiterentwicklung sein können. Dabei wird ein Analyseschema erstellt, daß dann dazu verwendet wird, die endogenen Entwicklungspotentiale der Region Zwickau zu bestimmen (Kapitel 4). Abschließend wird die Frage erörtert, ob und inwieweit das Leitbild der Erschließung von Entwicklungspotentialen dazu geeignet ist, die selbstgesteckten Ziele (v.a. auf dem Gebiet der FNL) zu erreichen (Kapitel 5).

3.2. Veränderte ökonomische Rahmenbedingungen

Die Wirksamkeit jeder Form der Regionalpolitik bleibt ohne Zweifel sehr stark abhängig von den makroökonomischen Rahmenbedingungen. So lassen sich regionale Disparitäten unter den Bedingungen der Prosperität erheblich besser abbauen, als unter denen einer Wachstumskrise (vgl. Schliebe 1982).

Ein Reflex auf diesen Tatbestand stellt die Diskussion um die Wirksamkeit regionalpolitischer Maßnahmen dar. Die Vertreter des Konzeptes einer endogenen Regionalentwicklung begreifen ihre Kritik allerdings nicht lediglich als Modifikation der Regionalpolitik, sondern vielmehr als grundsätzliche Anfrage an das herrschende Verständnis-Muster der Politik. Eine solche radikale Haltung ist nur zu verstehen, wenn die ökonomische und politische Ausgangslage seit Mitte der 70er in Erinnerung gerufen wird.

Bis zum "Trendbruch" Mitte der 70er Jahre zeichneten sich die ökonomischen Rahmenbedingungen in der Bundesrepublik u.a. dadurch aus, daß die Wachstumsraten des BSP regelmäßig oberhalb der Produktivitätszuwächse lagen - mit den bekannten positiven Folgen für den Arbeitsmarkt. Arbeitslosigkeit war selbst in den strukturschwachen Räumen kein größeres Problem und in Agglomerationsräumen zeigten sich sogar erhebliche Engpässe auf den Arbeitsmärkten. Unter diesen Wachstums- und Beschäftigungskonstellationen war die regionalpolitische Strategie, mit Hilfe von Investitionshilfen im weitesten Sinne private Investitionen möglichst in strukturschwache Räume zu leiten, deswegen besonders erfolgreich, weil sie einen vorhandenen Trend lediglich aufgreifen und verstärken musste: Die Unternehmen versuchten auch von sich aus, die Engpässe auf den Arbeitsmärkten durch Kapitalmobilität zu überwinden (siehe empirische Belege bei: Bundesminister für Arbeit und Sozialordnung 1982)[23].

Die dargestellten ökonomischen Rahmenbedingungen haben sich grundlegend geändert. Zum einen hat sich die Wachstums- und Produktivitätskonstellation ins Gegenteil verkehrt, zum anderen kann die räumliche Entwicklung nicht mehr nur mit den Schlagworten strukturstark/strukturschwach oder Zentrum/Peripherie umschrieben werden. Diese Situation ist insbesondere auf folgende Entwicklungen zurückzuführen (vgl. Tetsch 1986, Mose 1989, Läpple 1986, Stöhr 1984):

a) Durch die geringeren gesamtwirtschaftlichen Wachstumsraten können die schwächer entwickelten Regionen weniger auf "spill-overs" von den Ballungsgebieten rechnen. Problempotentiale, die bisher durch positive Effekte überdeckt wurden, treten zum Vorschein.

23 Die Erhebungen des Bundesministers wurden 1982 "mangels Masse" eingestellt: 1981 wurden bundesweit nur noch 165 Betriebsansiedlungen gezählt (vgl. Bundesminister für Arbeit und Sozialordnung 1982, S. 11).

b) Es entstanden neue (ehemals strukturstarke) Problemgebiete in Form nunmehr strukturschwacher "altindustrieller Regionen".

c) Vermittelt über den konjunkturellen Nachfragerückgang hat sich die absolute Höhe von privaten Investitionen (Zahl der Ansiedlungsfälle) verringert sowie das Ziel der Investitionstätigkeit verändert. Der erhöhte Zwang zur Rationalisierung hat Erweiterungsinvestionen in den Hintergrund treten lassen.

d) Die sich verengenden öffentlichen Finanzierungsspielräume haben zu einer Verknappung der Mittel für regionale Politik geführt.

Desweiteren sei an die erhöhten Energie- und Rohstoffkosten sowie auf die zunehmende Konkurrenz durch Schwellenländer auf Märkten für standardisierte Produkte verwiesen.

Diese hier nur schlagwortartig wiedergegebenen Aspekte reflektieren zum einen die Verschlechterung zentraler ökonomischer Rahmendaten wie Wirtschaftswachstum, Arbeitsproduktivität oder Standortattraktivität. Zum anderen verdeutlichen sie aber auch die erhöhten Anforderungen an die Problemlösungskapazität von regionaler Wirtschaftspolitik. Ob die herrschende Regionalpolitik den Anforderungen gewachsen ist, wurde zunehmend in Frage gestellt. Nachdem zunächst die traditionellen Mittel intensiviert wurden (z.B. Erhöhung der finanziellen Budgets), oder regionale "Feuerwehraktionen" gefahren wurden (z.B. bei altindustriellen Regionen)(vgl. Stöhr 1984) geriet der bisherige Förderansatz zunehmend unter Druck. Es wurde immer deutlicher, daß dieses Instrumentarium im wesentlichen unter den skizzierten Bedingungen der 60er Jahre (gesamtwirtschaftliche Vollbeschäftigung, Arbeitskräftemangel in den Verdichtungsgebieten, freie Arbeitskräfte in den ländlichen Regionen, ausreichend mobiles Kapital) konzipiert wurde.

Die kritische Auseinandersetzung über Wirksamkeit und Reform der Regionalpolitik gewann an Dynamik und hatte mehrere Dimensionen. Zum einen initiierten die politischen Handlungsträger eine Umorientierung in der regionalpolitischen Diskussion (vgl. Raumordnungsbericht 1982 oder 14. Rahmenplan der GRW), zum anderen nahmen Kritiker diese Prozesse zum Anlaß eine radikale Umorientierung der Regionalpolitik zu fordern ("Regionalpolitik von unten" und ähnliche Schlagworte). Interessanterweise basierten solche Überlegungen auf durchaus disparate Aspekte (z.B. Zentrum-Peripherie-Ansatz, vgl. Hirsch 1985 oder: Muster der Raumorganisation als Ergebnis neuerer betrieblicher Organisationsformen (vgl. Läpple 1986).

Zum dritten führten aktuelle politische und ökonomische Entwicklungen zu einer Bestätigung der Position der regionalen Entwicklung unter besonderer Berücksichtigunbg der Nutzung Endogener Entwicklungspotentiale (vgl. Kapitel 3.1.):

- "die Vereinigung Deutschlands ...
- die Öffnung der Länder Mittelost- und Osteuropas ...
- die starke Beschleunigung bzw. Intensivierung der internationalen Arbeitsteilung und Verflechtung der Wirtschaft ("Globalisierung") ...
- die ... zunehmende Zentralisierung von Entscheidungen auf eine immer geringer werdende Zahl metropolitaner Zentren bzw. auf wenige multinationale/multiregionale Großunternehmen ...
- Zunahme der Erscheinungen sozialer Desorganisation infolge der Liberalisierungsvorgänge
- die zunehmende Einschränkung der finanziellen Handlungsspielräume des Staates, um die Kosten des wirtschaftlichen Strukturwandels, des Umweltschutzes sowie der sozialen und technischen Risikoabsicherung abzudecken
- Prioritätenverschiebungen in der Gesellschaft zugunsten von Umweltschutz, Ressourcen- und Freiraumsicherung" (Stiens 1992, S. 139 f.).

Einigkeit besteht in der These, daß es durch die skizzierten neuen Rahmenbedingungen zu einer Akzentuierung vielleicht sogar Neugruppierung in der Hierarchie und Spezialisierung der Räume kommen wird (vgl. Kunzmann (u.a.) 1991; Sinz 1992). Ungeklärt ist m.E. die Frage, ob sich aus Regions-Sicht auch die Bedeutung der Potentialfaktoren, also die spezifischen regionalen Entwicklungschancen, damit verändern (vgl. Stiens 1992, S. 140).

Bei genauerer Betrachtung ist nämlich nur das "Regionale Umweltpotential" eines, das durch die ökolcgischen Probleme einen Bedeutungsgewinn erfährt. Alle anderen möglichen Potentialfaktoren (üblicherweise: Arbeitskräfte, Kapital und Nachfrage) verlieren aufgrund der leichteren Verfügbarkeit an Bedeutung.

Ob durch die zunehmende interregionale Konkurrenz ein stärkerer Zwang zur Spezialisierung von Regionen, sprich der "einseitigeren Ausnutzung" von Potentialen und daraus eine geringere Selbständigkeit regionaler Einheiten resultiert (vgl. Stiens 1992, S. 142), kann hier nicht abschließend beurteilt werden. M.E. stellen die vielfach geäußerten "neuen" Rahmenbedingungen keine qualitativen Veränderungen dar. Bis auf die zunehmenden Probleme im Ökologiebereich waren Knappheitsverhältnisse bei den Potentialfaktoren eine ständige Begleiterscheinung regionaler Entwicklung.

Enger werdende öffentliche Finanzierungsspielräume, die Ökologieproblematik und der Strukturwandel sind Erscheinungen, die spätestens seit Mitte der 70er Jahre auftreten, bzw. in das öffentliche Bewusstsein drangen, und den Überlegungen zur Nutzung endogener Potentiale erheblichen Auftrieb verschafft haben. Um so mehr verwundert es, wenn regionale Entwicklungschancen in einem "Europa der Regionen" von den regionalen Potentialen abhängig gemacht werden (vgl. Stiens 1992). Nationale Erfahrungen haben dazu beigetragen, daß die Hoffnungen auf einen großräumigen Disparitätenabbau seit der Trendwende Mitte der 70er Jahre, weitestgehend aufgegeben wurden. Selbst die Bundesregierung hat in ihren "Programmatischen Schwerpunkten der Raumordnung" die im Januar 1985 verabschiedet wurden, eingeräumt, daß sich trotz der Bemühungen um Disparitätenabbau "die Probleme der traditionell strukturschwachen Räume tendenziell eher vergrößerten statt sich dem notwendigen Ausgleich anzunähern" (vgl. Bundesministerium für Bauwesen, Raumordnung und Städtebau 1985).

Bevor auf die verschiedenen theoretischen Bezüge in der Diskussion eingegangen wird, möchte ich im folgenden den "offiziellen Reflex" auf die veränderte Situation Anfang der 80er Jahre belegen.

3.3. "Offizielle Ansätze" der Umorientierung in der raumordnungspolitischen Diskussion

Die veränderten ökonomischen Rahmenbedingungen sind nicht ohne Auswirkungen auf die offizielle Raumordnungs- und Regionalpolitik geblieben. Die dargestellte Koexistenz diverser Zielorientierungen wird nun bereichert durch

Theorieaspekte der Nutzung regionaler Potentiale. Erste offizielle Ansätze finden sich in den Empfehlungen des Beirates für Raumordnung (vgl. Beirat für Raumordnung 1984). Dort wird formuliert, daß regionale Wirtschaftspolitik stärker die regionalen Defizite und Engpässe berücksichtigen soll. "Träger der regionalen Entwicklung sind an erster Stelle jene Menschen, die in den jeweiligen Regionen leben und arbeiten." (Beirat für Raumordnung 1984, S. 187) Gleichzeitig haben die "den einzelnen Regionen übergeordneten politischen und administrativen Ebenen und Instanzen ... dafür zu sorgen, daß alle Entwicklungschancen in den Regionen wahrgenommen werden." (Beirat für Raumordnung 1984, S. 188) Im Kern formuliert der Beirat Vorschläge zur besseren wirtschaftlicheren Nutzung der "regionalen Entwicklungspotentiale"[24].

Im Raumordnungsbericht 1982 vom 22.6.1983 (vgl. Raumordnungsbericht 1982) fanden sich die vage formulierten Grundgedanken wieder: "Die raumordnerischen Ziele und Grundsätze werden sich ... in den 80er Jahren nicht auf die an Mindeststandards orientierte Auslegung des Ziels gleichwertiger Lebensbedingungen beschränken lassen. ... (Es müssen) die raumordnerischen Instrumente auf die heutigen regionalen Engpässe sorgfältig abgestimmt werden." (Raumordnungsbericht 1982, S. 113) Es wird eine "regional angepasste Entwicklungsstrategie" gefordert: "Allgemein kann eine an den regionalen Engpässen orientierte Raumordnungspolitik auf den Grundgedanken zurückgeführt werden, daß in erster Linie das vorhandene Potential einer Region zu stärken ist." (Raumordnungsbericht 1982, S. 113).

Im Planungsaussschuß der GRW fanden nach Grundsatzdebatten ebenfalls Kerngedanken der Förderung regionaler Potentiale ihren Widerhall und wurden in den 14. Rahmenplan der GRW (vgl. 14. Rahmenplan der GRW) aufgenommen. Der Planungsausschuß veranlasste eine Prüfung, "ob und wie die Effizienz der Regionalförderung dadurch gesteigert werden kann, daß

- die Förderung verstärkt an den vorhandenen ökonomischen Kräften in den strukturschwachen Regionen ansetzt, indem Betriebe des Dienstleistungs- und Handwerksbereichs, soweit sie einen wesentlichen Beitrag zur Verbesserung der Wettbewerbsfähigkeit der regionalen Wirtschaft leisten, verstärkt berücksichtigt werden;

24 Siehe auch Kapitel 3.4.4.

- besonderes Gewicht auf die Entfaltung innovativer Aktivitäten und die Schaffung wettbewerbsfähiger, qualifizierter Arbeitsplätze in den Problemregionen gelegt wird, indem Anreize für innovative Aktivitäten und zur Schaffung qualifizierter Arbeitsplätze in den strukturschwachen Regionen verstärkt werden" (14. Rahmenplan der GRW, S. 4).

Entsprechende Neuakzentuierungen wurden im Rahmenplan selbst vorgenommen, sowie Empfehlungen zur Änderung des Investitionszulagengesetzes gegeben, auf die an dieser Stelle im Detail nicht eingegangen wird (vgl. 14. Rahmenplan der GRW).

Erste vorsichtige Annäherungen an eine Neuorientiertung der Regionalpolitik waren nur der offizielle Ausdruck einer regen Diskussion um die Nutzung endogener Potentiale. Interessanterweise lassen sich in der bis heute anhaltenden Diskussion Bezüge zu früheren Auseinandersetzungen herstellen, die im folgenden dargestellt werden[25].

3.4. Etappen in der Diskussion der Nutzung endogener Entwicklungspotentiale / theoretische Bezüge

Regionaltheoretische Überlegungen, die an den "Potential"-Gedanken anknüpfen, können nicht unter ein einheitliches Paradigma subsumiert werden. Ein erstes Indiz für diesen Tatbestand sind die unterschiedlichen Bezeichnungen, die für ein auf eine Region bezogenes Potential gewählt werden: "regionales Potential", "endogenes Potential", "Entwicklungspotential" sowie Kombinationen der Begriffe.

In der Frage nach der Herkunft der Begriffe ist zunächst festzuhalten, daß die Potential-Überlegung im Sinne ökonomischer Inputs oder Ressourcen eine ureigene ökonomische Überlegung darstellt (einfachstes Beispiel: ökonomische Prinzipien).

---

[25] Auf eine aktuelle Bestätigung wurde bereits im Kapitel 3.1. hingewiesen (vgl. Bundesministerium für Raumordnung, Bauwesen und Städtebau 1993).

Obwohl die Diskussion um die Nutzung regionaler Potentiale erst spät - nämlich Ende der 70er Jahre - an größerer Dynamik gewonnen hat, gilt als allgemeiner Beginn der Verknüpfung des Potentialgedankens mit regionalpolitischen Überlegungen, der Aufsatz von Giersch (vgl. Giersch 1964). Diese Terminierung ist insofern erstaunlich, weil bereits in früheren Publikationen der Potentialgedanke eine wesentliche Rolle spielte. Z.B. verwendet Salin eine weit gefaßte Input-Definition, indem er unter dem Potential eines Landes die Summe aller Ressourcen versteht (vgl. Salin 1960).

Aber nicht nur bei den Ökonomen gab es frühe Potential-Überlegungen. Hübler weist auf Interpretationen bei den Geographen hin, die auch für die Raumforschung genutzt wurden (z.B. Bobek/Schmithüsen 1949). Unter Verwendung anderer Termini, als bei Ökonomen (üblich: Kapital- oder Arbeitskräftebesatz), wird dort z.B. nach dem Raumpotential im Sinne von Leistungsfähigkeit einer Region gesucht (Nutzung der in der Region latent vorhandenen Energie durch menschliche Arbeit) (vgl. Hübler 1985).

In der folgenden Darstellung der inhaltlichen Genese des Potentialbegriffs beziehe ich mich auf die m.E. wichtigsten Etappen ökonomischer Provenienz. Dabei werde ich den Kern der Argumentation genauso herausarbeiten, wie die Bezugnahme der einzelnen Vertreter auf theoretische und/oder praktisch-politische Auseinandersetzungen.

3.4.1. Ertragsorientierung bei Giersch (1964)

Im Züge der Darstellung des ökonomischen Grundproblems der Regionalpolitik stellt Giersch (vgl. Giersch 1964) folgende handlungsleitende Frage an den Anfang seiner Untersuchungen: "Wie (muß) die Regionalpolitik konzipiert sein ..., wenn sie zu einer ökonomisch optimalen Allokation der Produktivkräfte im Raum führen soll, d.h. zu einer Allokation, die ein maximales Sozialprodukt und/oder ein möglichst kräftiges Wachstum der Gesamtwirtschaft ermöglicht" (Giersch 1964, S. 387).

In der Tradition der Theorie des Marktversagens wendet Giersch sich dabei gegen die neoklassische (von ihm als "optimistisch" gekennzeichnete) Vorstellung, daß ein vollkommener Markt über den Preismechanismus für die optimale Allokation sorgt (vgl. Giersch 1964, S. 390 f.). Seine umfangreiche Kritik läßt sich (für die hier interessierende Fragestellung) auf ein Plädoyer für eine "langfristige Sichtweise" reduzieren: "Infolgedessen kann das Zusammenwirken von Risikoscheu und Kurzsichtigkeit bei den Investoren und von Immobilität, Dauerhaftigkeit, Unteilbarkeit und Komplementarität bei den Investitionsobjekten sehr leicht zu einer Perpetuierung historischer Zufälligkeiten führen und zu einer Polarisierung der Standortstruktur, die weit über das hinausgeht, was unter dem Gesichtspunkt der langfristigen Maximierung des Sozialprodukts zweckmäßig sein mag" (Giersch 1964, S. 391).

In der Befolgung des Ziels der "langfristigen Wachstumsorientierung" benötigen die regionalpolitischen Handlungsträger eine Vorstellung von dem "regionalen Entwicklungspotential". Das Entwicklungspotential wird in neoklassischer Theorietradition hergeleitet. Unter den Annahmen eines vollkommenen Wettbewerbes, ausgelasteter Kapazitäten und der Reduktion des ökonomischen Prozesses auf zwei Unternehmen A und B (Region = Unternehmen), kann das Entwicklungspotential wie folgt gefaßt werden: "Das Entwicklungspotential von A läßt sich ... definieren als jene maximale zusätzliche Nettoausbringung, die dieses Unternehmen mit Hilfe von kapazitätserweiternden Investitionen erzeugen könnte, ohne daß die Grenzproduktivität des eingesetzten Kapitals dadurch unter das herrschende Zinsniveau sinkt" (Giersch 1964, S. 393).

Entwicklungspotential wird also definiert als zu erzielender Output infolge einer Investition, und kann damit mit den Begriffen der Produktionstheorie als Produktivität einer Investition oder als Grenzproduktivität des eingesetzten Kapitals bezeichnet werden.

Ich möchte hier nicht die theoretischen Voraussetzungen dieser Aussage kritisieren - wobei die angenommene Ertragsfunktion mit dem entsprechenden Grenzertragsverlauf natürlich ein äußerst spezieller Fall in der Produktionstheorie ist - sondern vielmehr die Gedanken behandeln, die uns in der Frage der Fassung des Potential-Begriffs hilfreich sein könnten.

Als "Potential" betrachtet Giersch lediglich eine zu erzielende mögliche Ertragschance. Investitionen werden vogenommen, solange die entsprechenden (zugegeben "langfristigen")[26] Grenzerträge des Kapitals größer als die alternativer Verwendungsmöglichkeiten sind. Diese Sichtweise, zumal wenn sie auf die hier auch interessierende Frage der Finanzausstattung von Regionen übertragen wird, stellt auf rein quantitative Aspekte ab. Produktionsbezogene Interpretationen der vorgestellten Art vernachlässigen qualitative Aspekte und sind "nicht mehr geeignet ..., Prozesse zu umschreiben, die sich in Regionen vollziehen oder vollziehen sollen" (Hübler 1985, S. 39). Verwiesen werden soll auf die Probleme, die bei der Monetarisierung von Umwelt (-schäden) auftreten. Ganz abgesehen davon ist mit einem solch engen Potentialbegriff, die potentielle Entwicklungsmöglichkeit einer Region überhaupt nicht darstellbar.

Darüber hinaus ist aus ökonomischer Sicht die Begriffsfassung sehr problematisch. Eine zusätzliche Nettoausbringung als Resultat einer kapazitätserweiternden Investition, ist bei gegebener Produktionsfunktion ökonomisch betrachtet lediglich eine Kapazitätserhöhung aufgrund zusätzlicher Faktoreinsätze. Damit stellt sich die Frage, warum der Begriff "Potential" aussagekräftiger sein soll, als der der "Kapazität" (vgl. Strassert 1984, S. 21). Auch die Situation einer Unterauslastung von Produktionsfaktoren kann mit dem herkömmlichen Instrumentarium erfasst werden, etwa durch den Grad der Kapazitätsauslastung. Der von Giersch konstruierte Zusammenhang zwischen Grenzproduktivität und Zinssatz kann -die Validität des Ertragsgesetzes einmal unterstellt- lediglich dazu dienen, Ertragschancen unterschiedlicher Anlagemöglichkeiten abzuschätzen. Selbst wenn man unterstellt, daß Unternehmen aufgrund physischer Kategorien Investitionen vornehmen, bedarf es zur Diskussion dieser Ertragschancen nicht des Begriffs Entwicklungspotential.

3.4.2. Produktionsmöglichkeiten und Engpässe (Biehl u.a. 1974)

Wie bereits erwähnt wurde, lebte Mitte der 70er Jahre die Diskussion um regionale Entwicklungspotentiale wieder auf. Einen wesentlichen Anteil daran hatten

26 In einer allerdings sehr ungenauen Fassung. Die Planungsperioden von 10-20 Jahren bleiben methodisch unbegründet.

Biehl und seine Mitarbeiter, sowie Thoss, der die Beiträge modelltheoretisch umsetzte (vgl. Biehl (u.a.) 1974, Biehl (u.a.) 1975, Thoss 1977, Thoss 1983).

Biehl u.a. definierten - im Unterschied zu Giersch - eine offenere bzw. qualitative Fassung des Entwicklungspotentials: "Unter dem regionalen Entwicklungspotential kann alternativ verstanden werden eine potentielle Gütermenge, d.h. die maximal mögliche Menge an Gütern und Dienstleistungen, die eine Region bei effizienter Nutzung der zur Verfügung stehenden Ressourcen (im weitesten Sinne des Wortes) erzeugen kann, oder der potentielle Einkommenswert (Einkommenspotential) dieser Ressourcen selbst. In beiden Fällen ist damit bei realer Betrachtung das potentielle reale Regionalprodukt gemeint. ... Der entscheidende Unterschied zwischen einer solchen potentialorientierten und der üblichen Ressourcenanalyse besteht darin, daß nicht nur auf die tatsächlich eingesetzten Produktionsfaktoren abgestellt wird, sondern auch die latent vorhandenen noch unausgenutzten Ressourcen einbezogen werden" (Biehl (u.a.) 1974, S. 107).

Daß Ressourcen Potentialcharakter für eine bestimmte Region besitzen, erfordert die Existenz folgender Eigenschaften:

- interregionale Immobilität,
- Unteilbarkeit und
- Polyvalenz.

(vgl. Biehl u.a. 1975, S. 16 f.)

Sie erklären die Situation, daß brachliegende Potentialfaktoren (ungenutzt) in der Region verbleiben und nicht in der logischen Sekunde den Standort wechseln. Eine solche Bestimmung rekurriert auf die Überlegung, daß eine potentialorientierte Regionalpolitik (darum geht es Biehl und Mitarbeitern letztendlich) eine Vorstellung vom maximal zu erzielendem Regionalprodukt bekommen muß, welches die Zielvariable staatlichen Handelns abbildet. Üblicherweise wird dazu in der Ökonomie die Transformations- oder Produktionsmöglichkeitenkurve verwendet (vgl. Abb. 4).

Eine explizite Betrachtung der Region und ihrer Produktionsmöglichkeiten stellte - neben der Berücksichtigung noch nicht genutzter ("latenter") Ressourcen - die eigentliche Innovation in den regionaltheoretischen Überlegungen dar.

Die Weiterentwicklung von Thoss besteht in der modelltheoretischen Umsetzung. In Anlehnung an die produktionstheoretischen Annahmen der postkeynesianischen Wachstumstheorie (keine oder nur beschränkte Substituierbarkeit und Limitationalität der Produktionsfaktoren) können in kurzfristiger Sicht und auf eine Region bezogen, Potentialfaktoren auch als Engpaßfaktoren behandelt werden: "Die Größen, die während einer bestimmten Periode einzeln oder gemeinsam einen Engpaß für den Umfang der verschiedenen in einer Region stattfindenden oder geplanten Aktivitäten bilden können, werden als "Potentialfaktoren" bezeichnet" (Thoss 1983, S. 11). "Jeder

Abbildung 4: Produktionsmöglichkeitenkurve

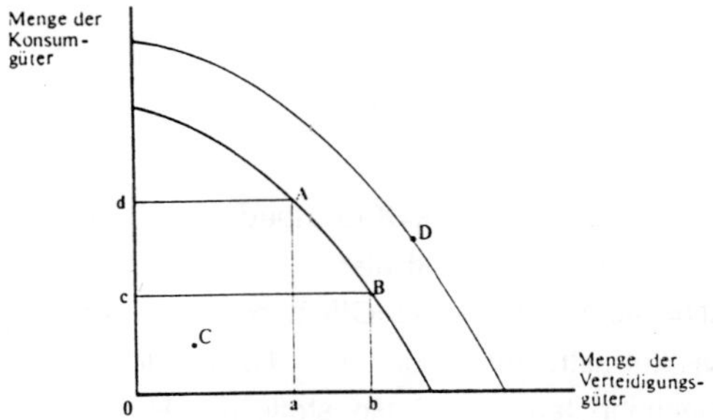

Quelle: Woll 1990, S. 52.

Potentialfaktor ist also ein *möglicher* Engpaßfaktor. Er bildet aber erst dann einen *tatsächlichen* Engpaß, wenn die anderen Potentialfaktoren an sich noch eine Steigerung von Aktivitätsniveaus in der Region erlauben würden" (Thoss 1983, S. 12).

Thoss bildet fünf Gruppen von Potentialfaktoren (Kapital-, Arbeits-, Markt-, Infrastruktur- und Umweltpotential) für die er folgende (Un)-Gleichungen aufstellt (vgl. Thoss 1983, S. 12):

(1a)	$k_i X_i \leq K_i$	
(1b)	$k_j X_j \leq K_j$	(Kapitalpotential)
(2a)	$l_{Fi} X_i + l_{Fj} X_j \leq A_F$	
(2b)	$l_{Ni} X_i + l_{Nj} X_j \leq A_N$	(Arbeitspotential)
(3a)	$X_i \leq XN_i$	
(3b)	$X_j \leq XN_j$	(Marktpotential)
(4)	$h_i X_i + h_j X_j \leq Q - Q_H$	(Infrastrukturpotential)
(5a)	$f_i X_i + f_j X_j + X_k = F$	
(5b)	$r_j X_j + r_j X_j \leq R$	
(5c)	$e_i X_i + e_j X_j \leq S$	(Umweltpotential)
(6)	$w_i X_i + w_j X_j = Y$	(Einkommen)

<u>Legende:</u>

K=Kapital, X_i und X_j=Produktionskapazitäten, k=Kapitalbedarf je Outputeinheit, l=Arbeitskräftebedarf, 1/l=Arbeitsproduktivität, A_N=Arbeitskräfte, A_F=Führungskräfte, XN=Nachfrage, Q=Öffentliche Infrastruktur, h=Infrastrukturbedarf, Q_H=Infrastruktur durch Haushalte genutzt, f=Flächennachfrage, F=Flächenpotential, R=Rohstoffe, r=Rohstoffbedarf, e=Schadstoffemission, S=Aufnahmekapazität für SchadstoffeY=Einkommen, w=Wertschöpfung

Nun lassen sich gedanklich die Potentiale bzw. Engpässe für eine Region wie folgt visualisieren:

Abbildung 5: Produktionsmöglichkeiten und Engpässe

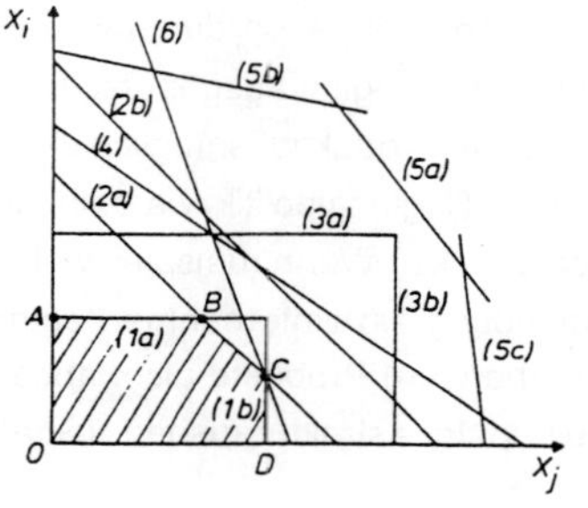

Quelle: Thoss 1983, S. 15.

Die Produktionsmöglichkeiten der Region werden durch das schraffierte Fünfeck OABCD abgebildet bzw. begrenzt. Als konkrete Restriktion erweist sich zum einen das Kapitalpotential (Gleichungen 1a und 1b), weil der Kapitalbedarf ceteris paribus das zur Verfügung gestellte Kapital nicht übersteigen darf. Eine weitere hier wirksame Einschränkung bildet das Arbeitskräfteangebot bei Führungskräften (Gleichung 2a): Bei gegebener Arbeitsproduktivität können die vorhandenen Führungskräfte die Produktionskapazitäten, die kapitalseitig gewährleistet sind, nicht ausfüllen. Das Arbeitskräftedargebot bei "normalen Arbeitskräften" (Gleichung 2b) bildet ebenso wie die anderen Potentialfaktoren momentan keine Einschränkung der Produktionsmöglichkeiten der Region.

Zusammenfassend kann festgehalten werden, daß die Überlegungen von Biehl u.a. sowie Thoss stärker als bei Giersch direkt mit den Entwicklungsproblemen einer Region in Verbindung zu bringen sind. Ein innovativer Aspekt dieser Überlegungen besteht in der expliziten Berücksichtung ungenutzter Ressourcen. Damit wird der Horizont der regionalpolitischen Handlungsträger erweitert, indem die bisherigen regionalen Produktionsfunktionen nicht als alleiniger Maßstab für Entwicklungsstrategien herangezogen werden. Aus der Identifikation von Engpässen können direkt regionalpolitische Handlungen abgeleitet werden, etwa in einer gezielten Strategie der "Engpaßbeseitigung" (vgl. Thoss 1984, S. 23).

Mit den Überlegungen der dargestellten Art wird den sog. Engpässen eine zentrale Rolle in der Diskussion regionaler Entwicklungsstrategien zugewiesen. Die Attraktivität der Engpaßbetrachtung wird wohl auch durch ihre Schlichtheit begründet: Werden nicht alle Potentiale einer Region ausgenutzt, muß es einen Potentialbereich geben, der die optimalen Produktionsmöglichkeiten limitiert. Aufgabe staatlicher Raumordnungs- und Regionalpolitik wäre in diesem Fall eine gezielte Beseitigung dieser bottlenecks. Wenn beispielsweise in einer Situation unzureichender Verkehrsanbindung ein Unternehmen seine marktfähigen (d.h. Nachfragepotential wäre vorhanden) Produkte nicht absetzen kann, könnte die öffentliche Hand über einen Infrastrukturausbau (Straßen- oder Schienennetz) diesen Engpaß beseitigen.

Unklar bleibt bei diesen Überlegungen allerdings die Klärung der Genese von Engpässen. Es sind erstaunlicherweise eher die peripheren Regionen, in denen es zu erheblichen Engapaßsituationen einerseits und gleichzeitig zu Überschüssen, d.h. ungenutzten Potentialen andererseits kommt (z.B. Arbeitskräftepotential). Die alleinige Konzentration auf Engpässe greift aber zu kurz, weil sie nämlich in neoklassischer Theorietradition zu stark auf eine physische Betrachtungsweise abstellt. Auch wenn die Autoren Biehl u.a. sogenannte Marktunvollkommenheiten (in Abgrenzung zu neoklassichen Theorieansätzen) zugrundelegen, verdeckt m.E. die *gleichwertige* Behandlung aller Potentiale die Dominanz des Kapitalpotentials. Die Verfügung über diese monetäre Ressource bildet den eigentlichen Engpaß regionaler Entwicklung, nicht nur in peripheren, sondern ebenfalls in agglomerierten Räumen. Auch eine erfolgreiche Strategie der Engpaßbeseitigung stellt lediglich eine notwendige, aber keine hinreichende Bedingung für regionales Wachstum dar. In der Situation verschiedener Kapitalanlagemöglichkeiten ist der entscheidende Impuls für Kapitalzufluß nicht das ausreichende Angebot an physischen Ressourcen (wenn sie auch notwendig sind), sondern die positive Erwartung bezüglich der Verwertung des eingesetzten Kapitals. Positive externe Effekte in Form von Agglomerationsvorteilen (vgl. Kapitel 1.2. dieser Arbeit) führen dazu, daß der Engpaßfaktor "Kapital" in peripheren Regionen trotz Berücksichtigung von Marktunvollkommenheiten in Form einer gezielten Engpaßbeseitigung, ein solcher bleiben wird.

3.4.3. Regionalismus - Diskussion

In einem Exkurs soll an dieser Stelle der ökonomisch orientierte theoretische Diskurs verlassen, und in der Darstellung der Auseinandersetzung um regionale Potentiale oder Entwicklungsmöglichkeiten, auf ein weiteres "Standbein" eingegangen werden, welches mit dem Begriff "Regionalismus" beschrieben werden kann.

Unter Regionalismus wird "eine bestimmte wissenschaftliche Betrachtungsweise verstanden, eine besondere Art der Bestandsaufnahme konkreter räumlicher Erscheinungen" (Stiens 1980, S. 315). Diese Sichtweise ist komplementär zu einer sog. Regionalentwicklung "von unten", und damit das Antonym zu der Entwicklung "von oben", die als aufoktroyierte "exogene" Einheits-Politik bezeichnet wird.

In der Diskussion um eine Regionalisierung der Politik werden keine einheitlichen Vokabeln verwendet. Stiens ist es gelungen an die 40 Begriffe zusammenzutragen, die alle den selben Inhalt haben: eine stärkere Betonung der Regions-Sicht bei der Erarbeitung von Entwicklungsmöglichkeiten (vgl. Stiens 1980, S. 316).

Sichtweisen, die den Regionalismus-Gedanken hervorheben, haben eine eindeutige Affinität zur Entwicklungsländerproblematik. In den unterentwickelten Ländern führte die unbefriedigende Entwicklung bestimmter Rahmendaten (z.B. Monokulturen mit gleichzeitig steigender Weltmarktabhängigkeit und Verschlechterung der terms of trade) dazu, einer "exogenen Entwicklungspolitik" mit zunehmender Skepsis zu begegnen: Trotz oder besser infolge der Integration in die internationale Arbeitsteilung und des Zuflusses an ausländischem Kapital hat sich der Bevölkerungszuwachs in den wenigen Metropolen der sich entwickelnden Länder verstärkt. Parallel dazu haben sich die sozialen und regionalen Disparitäten beträchtlich vergrößert, mit der Folge, daß sich der Abstand zwischen "Zentrum" und "Peripherie" nicht verringert hat (vgl. Hahne 1985, S. 31 f.). Darüber hinaus wird das Brachliegen von menschlichen und natürlichen Ressourcen sowie eine ungleichmäßige und exogen bestimmte Ausnutzung dieser Potentiale beklagt.

Im Zuge der Desillusionierung über erwartete Erfolge bei der Stabilisierung unterentwickelter Länder entstanden die regionalistischen Dependenz- (oder Dependencia-) Theorien in unterschiedlicher Ausprägung (vgl. Hemmer 1978; Nohlen/Nuscheler 1982). Wesentliche Schlußfolgerung dieser Überlegungen bildet erstens die Forderung nach einer Dissoziation der Entwicklungsländer - also eine mehr oder weniger starke Abkopplung - aus dem Weltmarkt, die mit einer stärkeren Binnenmarktorientierung einhergeht. Zweitens soll versucht werden, durch eine systematische Erschließung, Entwicklung und Nutzung der regionsinternen Ressourcen, eine kohärente Akkumulationsstruktur aufzubauen (vgl. Senghaas 1978, S. 83). Folgende Aktivitäten sind dazu notwendig:

- "Prospektierung der lokal verfügbaren Ressourcen;
- lokale Nutzung lokaler Ressourcen;
- Aufbau eines eigenen industriellen Sektors für die Produktion von Produktionsmitteln und Zwischengütern;
- Erfindung neuer angepasster Technologie, Weiterentwicklung und Anpassung bestehender Technologie;
- breitangelegte Produktivitätssteigerung der Landwirtschaft;
- industrielle Produktion von Massenkonsumgütern, die zur Befriedigung der Grundbedürfnisse der Masse der Menschen geeignet sind" (Stiens 1980, S. 332).

Neben der Strategie des "self-reliance" ist das dritte Ziel der Aufbau neuer Formen der Arbeitsteilung zwischen den Volkswirtschaften der sich entwikkelnden Länder also eine "collective self-reliance". Ziel ist es, den "Teufelskreis" der Unterentwicklung zu durchbrechen, wie er in folgender Graphik dargestellt ist:

Abbildung 6: Ein multidimensionales Schema von Unterentwicklung

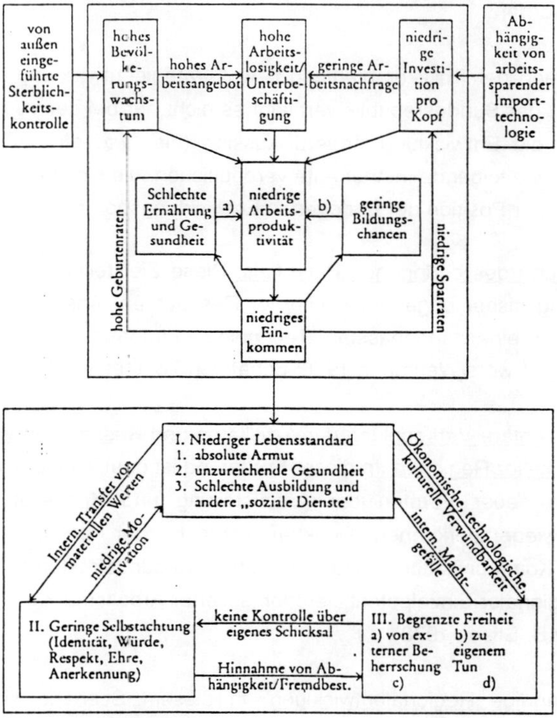

a) = niedrige Arbeitsmotivation
b) = unzulängliche Managementfähigkeiten
c) = Handel, private und öffentliche Hilfe, Technologie, Bildung, Werte und Lebensstil
d) = materieller Gewinn, Muße, Kontemplation, Schönheit, Lebensstil

Quelle: Nohlen/Nuscheler 1982, S. 46.

Die Argumentationsmuster aus der sogenannten Entwicklungsländerdiskussion finden sich sowohl in der Begründung, als auch auf der Ebene der Politikempfehlung allesamt in der bundesdeutschen Diskussion um die Nutzung regionaler Potentiale wieder. Auf die frappierende Ähnlichkeit im *relativen* Verlauf der makroökonomischen Rahmendaten -wenngleich auf einem gänzlich anderem *absoluten* Niveau- im Vergleich mit unterentwickelten Ländern mit ökonomisch schwachen Regionen (verringerte Wachstumsraten, Verschlechterung der interregionalen terms of trade, Brachliegen von Ressourcen) ist bereits hingewiesen worden.

Auf der Ebene der Politikempfehlung bzw. Strategieentwicklung für periphere Regionen in der Bundesrepublik verbleibt es nicht nur bei der verbalen Bezugnahme auf die Entwicklungsländerdiskussion (hier v.a. oft der Verweis auf Senghaas), wie folgende Instrumente verdeutlichen, die sich bei verschiedenen "Vertretern" der Position der Endogenen Entwicklungspotentiale wiederfinden:

a) Entwicklung des endogenen Potentials. Diese Zielstellung orientiert an die Erschließung bisher ungenutzter interner Ressourcen. Ansatzpunkte ergeben sich bspsw. in einer "angepassten" Technologie-, Informations- oder Infrastrukturpolitik (vgl. Ewers/Wettmann 1978; Schäfer 1978; Mettler-Meibom 1980).

b) Komplementäre Verkopplung der Aktivitäten und Ressourcen verschiedener unterentwickelter Regionen. In dieser Forderung ist deutlich die Vorstellung der Entwicklung neuer Formen der Arbeitsteilung und Kooperation zwischen Regionen wiederzuerkennen. Denkbar wären hierbei der Aufbau adäquater Verkehrs-, Kommunikations- und Informationsverbundstrukturen, um die Verbindung regionaler Einzelpotentiale oder isolierter Arbeitsmärkte zu bewerkstelligen (vgl. z.B. Stiens 1978).

c) Eigenständige Regionalentwicklung. In diesem Scenario sind in abgeschwächter Form die Dissoziations- oder Abkopplungsvorstellungen formuliert. Aus regionaler Sicht geht es dabei um die Frage, welche Maßnahmen erforderlich sind, um eine langfristige Unabhängigeit der Region von kontinuierlichen, externen Ressourcentransfers zu erreichen (vgl. z.B. Stöhr 1981). Die folgende Abbildung verdeutlicht diesen Zusammenhang und zeigt auch sehr anschaulich die Parallelität zur internationalen Problematik (vgl. hierzu auch die Abbildung 7):

Abbildung 7: Scenario der eigenständigen Regionalentwicklung

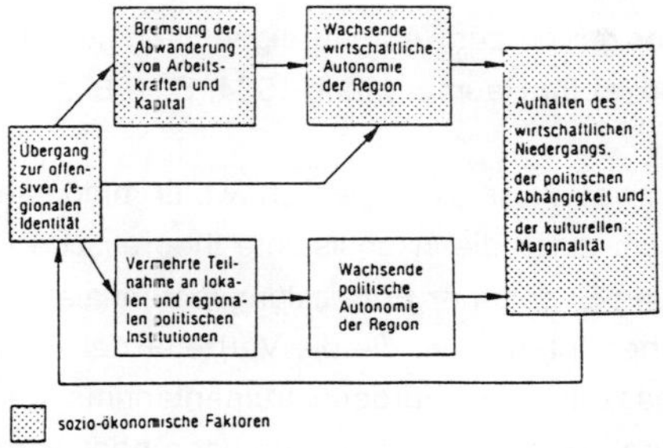

Quelle: Guindani/Bassand 1982, S. 491.

Nach dieser Zusammenfassung der Ergebnisse der Regionalisierungsdiskussion kann folgendes festgehalten werden: Nachdem in der theoretisch-ökonomischen Auseinandersetzung eher Potential- bzw. Ressourcenorientiert argumentiert wurde, rückt nun die Region als *politisches* Element in den Vordergrund. Dadurch erfolgt implizit eine Abgrenzung zu unerwünschten "exogenen" Einflüssen, eine Sicht, die durchaus kompatibel mit dem Wettstreit um knapper werdende finanzielle Ressourcen ist.

3.4.4. Umsetzungsversuche: Die Entwicklung von Politikkonzepten

Die Signale, die durch den Raumordnungsbericht 1982, den 14. Rahmenplan der GRW und der Empfehlung des Beirates für Raumordnung in der raumordnungspolitischen Diskussion gesetzt wurden, haben eine rege Diskussion um die Erarbeitung von Konzepten zur Umsetzung des Potentialgedankens entfacht. Ausganspunkte waren dabei Vorschläge, die vom Beirat für Raumordnung entwickelt wurden:

1) Umfassende Untersuchung der regionalen Entwicklungschancen und -risiken,
2) Ermittlung möglicher Engpässe,

3) Erstellen von Potentialbilanzen für die Bereiche Arbeitskäfte, Kapital, Infrastruktur, Umwelt und Nachfrage,
4) Erarbeitung von Konzepten zum Aufbau eigenständiger regionaler Entwicklungsprozesse (vgl. Beirat für Raumordnung 1984, S. 188 f.).

Die Umsetzungsdiskussion verlief uneinheitlich, wofür mindestens zwei Gründe verantwortlich sind: Zum einen die inkonsistente theoretische Bezugsbasis des "Konzeptes zur Nutzung Endogener Entwicklungspotentiale", sowie zum anderen die unterschiedlichen Interessen, die die Vertreter der verschiedenen Konzepte verfolgen (Anpassung des Förderinstrumentariums der Regionalpolitik versus Neuformulierung). Das soll im folgenden begründet werden.

Einige Autoren, wie z.B. Towara, grenzen das weit gefasste Potential-Spektrum des Beirates für Raumordnung per "Definition" kurzerhand ein (siehe folgende Übersicht; vgl. Towara 1986):

Übersicht 6: Produktionsfaktorbezogene Differenzierung exogen und endogen orientierter Politikansätze

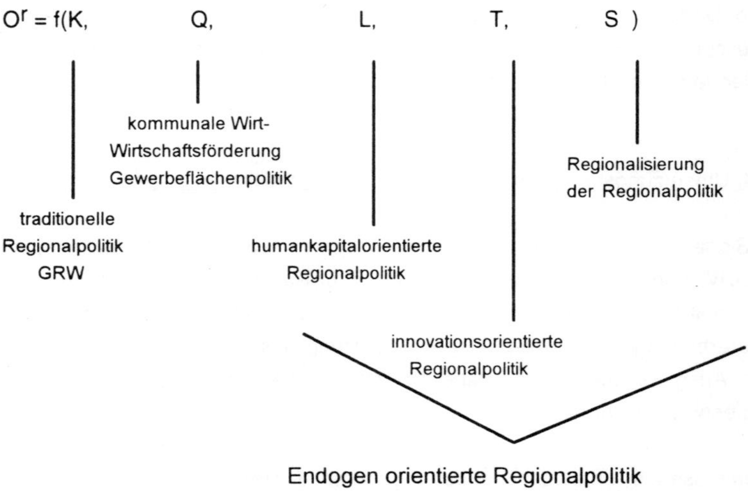

Quelle: Towara 1986, S. 53 (Legende: S. 95).

Legende:

Produktionsoutput (O), Produktionsfaktoren: Kapital (K), Boden (Q), Arbeit (L), Technisches Wissen (T), Soziales System (S).

Eine Eingrenzung ist allerdings methodisch sehr fragwürdig. Unbegründet bleibt, warum Kapital-Potentiale beispielsweise nicht Gegenstand einer endogen orientierten Regionalpolitik sein können. Unklar bleibt bei Towara auch die Fassung von "Technologie". Einerseits behandelt er Technologie im Sinne von Realkapital (vgl. Towara 1986, S. 69), womit sie konsequenterweise keinen Potentialcharakter hätte, an anderer Stelle wird sie enger im Sinne von "technologischem Wissen" gehandhabt. Towara ist mit dieser engen Vorgehensweise ein Beispiel dafür, daß Entwicklungsmöglichkeiten in strukturschwachen Räumen a priori auf sogenannte Nischenstrategien reduziert werden. Diese Überlegung, die m.E. eng an die Entwicklungsländerdiskussion angelehnt ist, reflektiert allerdings den Umstand, daß die Aussicht auf Akquisition von Investitionen in peripheren Regionen eher pessimistisch zu beurteilen ist.

In der Auseinandersetzung um die mögliche Operationalisierung eines Konzeptes zur Nutzung der regionalen Entwicklungsmöglichkeiten ist es v.a. auch notwendig, die Voraussetzungen und Bedingungen zu diskutieren, unter denen ein solches Konzept politikfähig ist. Folgende Aspekte finden dabei Beachtung:

1) Ist ein entwicklungsfähiges endogenes Potential vorhanden und identifizierbar?;
2) Wie stellen sich die Kontrollmöglichkeiten interregionaler Austauschbeziehungen dar?
3) Können Entscheidungsstrukturen und -prozesse im Sinne einer Potential-Nutzung "von unten" modifiziert oder effizienter genutzt werden? (Subsidiaritätsprinzip stärken);
4) Wird eine Politik der Nutzung endogener Potentiale "von oben" toleriert oder unterstützt? (Solidaritätsprinzip);
5) Verfügen die politischen regionalen Handlungsträger über ein integrales Entwicklungsverständnis bezüglich der verschiedenen Dimensionen regionaler Entwicklung?;

6) Wie steht es um die Kommunikationsbeziehungen zwischen den regionalen Gruppen (industrial relations)?;
7) Verfügt die Region über Führungspersönlichkeiten als Kristallisationspunkt einer Umorientierung der Politik?;
8) Sind die peripheren Räume untereinander in der Lage, ihre Aktivitäten zu koordinieren und gegebenenfalls zu unterstützen?
(vgl. z.B. Brugger 1984).

An diesem Fragenkatalog wird schon deutlich, daß es im Falle einer ernsthaften und nachdrücklichen Umsetzung einer Politik der Nutzung regionaler Potentiale nicht um die Reform oder Modifikation einzelner Bestandteile des regionalpolitischen Instrumentariums geht, sondern um ein integrales die Fachpolitiken übergreifendes Konzept.

Obwohl hier nicht der Ort ist, die konkrete Umsetzung von solchen Projekten zu thematisieren (vgl. Kapitel 3.7.), muß die folgende Anmerkung gestattet sein: Es sind Diskussionsbeiträge zurückzuweisen, die das vorherrschende Instrumentarium der Regionalpolitik lediglich um eine entwicklungspotentialorientierte Dimension *ergänzen* wollen (vgl. z.B. Tetsch 1986). Es ist überhaupt nicht ersichtlich, wie durch Einzelmaßnahmen, wie die Erweiterung der Positivliste der GRW oder die verstärkte Förderung von Unternehmen in der Gründungsphase (um nur einige Beispiele zu nennen, vgl. Tetsch 1986, S. 785 und S. 789) eine adäquate Reaktion auf die veränderten makroökonomischen Rahmenbedingungen gerechtfertigt werden kann. Es liegt vielmehr der Verdacht auf der Hand, daß mit solchen Vorschlägen eine obsolete Politik unter neuem Gewand begründet werden soll. Zum einen führen Vorschläge wie die Erweiterung der Positivliste zu einer noch stärkeren Streuung beim Einsatz regionalpolitischer Hilfen. Zum anderen bleibt bei der Förderung "junger Unternehmen" die Berücksichtigung negativer externer Effekte als Standortnachteil peripherer Regionen aus. Wenn durch Kapitalhilfen in diesen Räumen die Agglomerationsvorteile stark verflochtener Zentren kompensiert werden sollen, reichen diese Einzelmaßnahmen sicherlich nicht aus.

Mit dem vorgestellten Fragenkatalog in Hinblick auf Voraussetzungen und Bedingungen einer Potential-Nutzung der Region ist die Richtung angegeben, in die eine konkretere Umsetzung verlaufen kann. Dabei lassen sich unter Berücksichtigung der Überlegungen aus der Entwicklungsländerdiskussion verschiedene Ansätze voneinander abgrenzen:

- selektive Betriebsansiedlungspolitik in Richtung Wettbewerbsfähigkeit des regionalen Produktionskörpers,
- Stärkung regionaler unternehmerischer Entscheidungsstrukturen,
- Intensivierung innerregionaler Vorwärts- und Rückkopplungseffekte,
- Regionale Zentren für Dienstleistungen,
- Stärkung der regionalen Kommunikation, Vielfalt und Identität,
- nachhaltige Ressourcennutzung,
- Aufbau "effektiverer" föderalistischerer Strukturen, und Koordination mit Stärkung der "Regionssicht",
- entsprechende Raumbeobachtung.

(vgl. Brugger 1984 und Kaether 1994).

Diese hier wiedergegeben Überlegungen im Rahmen der Entwicklung von Politikkonzepten sind auch in das Umsetzungsstadium gelangt. Beispiele hierfür sind:

- Ländliches Regionalprogramm (LRP) Hessen ab 1984 (vgl. Verein für eigenständige Regionalentwicklung Hessen 1985),

- Umbauprogramm für eine Ökoregion Ruhrgebiet (vgl. Die Grünen im Ruhrgebiet/Die Grünen NRW 1989).

- Internationale Bauausstellung (IBA) "Emscher Park" (Planungen ab Ende der 80er Jahre)(vgl. IBA Emscher Park 1991).

- Produktlinie Flachs/Leinen in einer vernetzten Regionalwirtschaft im Bergischen Land (vgl. v. Gleich (u.a.) 1988).

- Eigenständige Regionalentwicklung in Baden-Württemberg (in Planung ab 1988)(vgl. Eigenständige Regionalentwicklung in Baden-Württemberg 1988).

Die Unterstützung endogener Strategien durch die jeweiligen Landesregierungen verblieb oft nur auf der verbalen Ebene, oder beschränkte sich auf einzelne Teilmaßnahmen. Eine tiefergreifende Reform des Förderinstrumentariums war nirgends anzutrefffen, so daß eine abschließende Kritik der Umsetzungsversuche problematisch ist. Die Koordinationsgremien, die zur Abstimmung der Förderpolitik eingerichtet wurden, wie Kooperationsrunden und Regionalkonferenzen, waren in der Regel ohne Kompetenzen ausgestattet (vgl. Daniezyk/Krüger 1990, S. 20; Koch 1988). Vor allem in der Analyse ökonomischer Anknüpfunkspunkte herrscht großer Aufklärungsbedarf. Eine Betrachtung der lokalen Beispiele der Umsetzung des Potentialgedankens zeigt folgende Entwicklungen: Je konkreter die Ansätze formuliert wurden verflachten sie methodisch und theoretisch immer mehr, da die ökonomische Analyse zugunsten einer verzweifelten Suche nach Potentialen in den Hintergrund trat. Oft mündeten regionale Aktivitäten im Aufbau von Verbundsystemen, zur Produktion und Vermarktung regionaler Produkte auf lokalen Märkten (meist handwerkliche und landwirtschaftliche Produkte). Problematisch ist hierbei, daß immer dort, wo es nicht gelingt, mit den Produkten eine "Marktnische" zu besetzen, die Didaktik die Ökonomie ersetzt, indem dann die Bewohner der Region zum Kauf der heimischen Produkte animiert werden (vgl. Beispiele bei: Daniezyk/Krüger 1990, S. 63f.). Diese Mobilisierung der Initiativen, die nicht vornehmlich auf ökonomische Triebkräfte setzt, ist an anderer Stelle als "Überredungsdirigismus" klassifiziert worden (vgl. Niethammer 1991). Dort, wo die Strategie der Nutzung endogener Potentiale erfolgreich erscheint, stellt sie lediglich eine sozial und ökologisch "gewendete" Betriebsansiedlungs- und Bestandspflegepolitik dar.

In einem aktuellen Überblick über die diversen Umsetzungsversuche der Konzepte zur Förderung Endogener Potentiale (vgl. Kaether 1994) wird ähnlich vorgegangen: "Eines der Hauptprobleme regionaler Entwicklungsstrategien stellt nicht die Problemerkennung oder das Fehlen von Ideen dar, sondern die Implementation ihrer Ziele." (Kaether 1994, S. 77) Nach dem Motto "der Weg ist alles" werden diverse Konzepte, Projekte und Maßnahmen beispielhaft vorgestellt, die dann lediglich umgesetzt werden müssen. Diese pragmatische, umsetzungsorientierte Vorgehensweise genügt leider nicht den Anforderungen, die an eine wirtschaftliche Entwicklung einer Region gestellt werden müssen (Bestimmung von Marktpotentialen). Bestenfalls überleben die Initiativen als konventionelle Wirtschaftsförderungs- und Beratungsunternehmen mit alternativem Anstrich, wie in Österreich, wo die 1983 gegründete Österreichische Arbeitsgemeinschaft für Eigenständige Regionalentwicklung (ÖAR) inzwischen (seit 1989) unter dem Namen "ÖAR-Regionalberatung GmbH, Innovationsberatung für Landwirtschaft, Tourismus, Gewerbe und Industrie, Energiealternativen und Gemeindeentwicklung" firmiert (vgl. ÖAR 1992).

Trotz dieser Kritik ist in jedem Fall positiv festzuhalten, daß die "Region" selbst zunehmend in den Blickpunkt der Auseinandersetzungen gerückt ist.

3.4.5. Erweiterung der Potential-Überlegungen um den reproduktiven Aspekt

Es verwundert nicht, daß unter marktwirtschaftlich-kapitalistischen Bedingungen in der Auseinandersetzung um eine Neugestaltung der bundesdeutschen Regionalpolitik, die Diskussion um die Nutzung regionaler Potentiale, auf die effizientere Nutzung der regionalen Produktionsfaktoren verkürzt wird. Daß dabei viele Autoren eine unzureichende Trennung zwischen Potential und Ressource vornehmen, soll an späterer Stelle ausführlicher kritisiert werden.

Von einem Bedeutungsgewinn bezüglich der ökologischen Problematik in offiziellen Verlautbarungen kann erst in neuerer Zeit gesprochen werden. Dies drückt sich v.a. dadurch aus, daß das Umweltziel als eines der vier Teilziele der Wirtschaftspolitik akzeptiert wird. Folgende Entwicklungen haben wesentlich dazu beigetragen (vgl. Hesse/Lucas 1991, S. 9f.; v. Gleich 1989, S. 689; Mayer-Tasch 1986):

- Zunehmende Engpaßsituationen im Umweltbereich, v.a. in den Verdichtungsräumen (z.B. Fläche, Deponieraum, Wasser und Luft).
- Bei Standortentscheidungen von Unternehmen spielt eine intakte Umwelt als "weicher" Standortfaktor eine zunehmend wichtige Rolle (v.a. im Hinblick auf die Rekrutierung hochqualifizierter Arbeitskräfte).
- Die Belastung der öffentlichen Haushalte durch die Verschlechterung wichtiger ökologischen Parameter (z.B. Altlastensanierung, Müllentsorgung, Wasseraufbereitung) führt zu einem stärkeren Druck in Richtung Internalisierung dieser

externen Effekte, was sich z.B. -wenn auch mit einem time-lag- in einer repressiveren Umweltgesetzgebung widerspiegelt.
- Als Reaktion auf diese Entwicklungen wird vielfach ein "Wertewandel" in der Bevölkerung konstatiert, der wiederum Einfluß auf Staat und Unternehmen ausübt.
- Internationale Vereinbarungen.

Die hier kurz skizzierten Entwicklungen haben sich nur sehr zögerlich auf Raumordnungs- und Regionalpolitik ausgewirkt. Das Umweltziel erhielt mit der Novellierung des ROG 1989 zum ersten Mal Gesetzeskraft (vgl. Gesetz zur Änderung des Raumordnungsgesetzes v. 11.7.1989, BGBl. I, S. 1417 f.), indem der Schutz, die Pflege und die Entwicklung der natürlichen Lebensgrundlagen zu den Aufgaben und Leitvorstellungen der Raumordnungspolitik erklärt wurde (vgl. § 1 Abs. 1 ROG)[27]. Auch in der Diskussion um die Anpassung des regionalpolitischen Instrumentariums spielte die Umweltdimension erst spät eine Rolle. Noch 1978, als der Abstimmungsbedarfs der Regionalpolitik mit anderen Politikbereichen in einem "Konsistenzgutachten" formuliert wurde, fand die Umweltpolitik keine explizite Berücksichtigung (vgl. Klemmer u.a. 1978). Allerdings irrt Klemmer, der im übrigen einer der Autoren des Konsistenzgutachtens ist, wenn er feststellt, daß erst im 14. Rahmenplan der GRW (von 1985) die Umwelt berücksichtigt wird (vgl. Klemmer 1988, S.6.). In den vorherigen sechs Rahmenplänen der GRW (also seit 1979) wurde die Umwelt bereits explizit erwähnt, wenn auch in einer sehr allgemeinen Formulierung, die übrigens bis heute redaktionell nicht verändert wurde. Überhaupt sind die allgemein gehaltenen Formulierungen, denen faktisch "alle zustimmen können", das Kennzeichen der offiziellen Behandlung der Umwelt (vgl. Wicke 1993, S. 120; das frühe Umweltprogramm der Bundesregierung: vgl. Bundesregierung 1976).

Der langwierige Eingang der ökologischen Dimension in die hier zu diskutierenden Problembereiche verdeutlicht neben einer Ignoranz m.E. auch ein tieferliegendes Problem. Auch wenn ökonomische Problemlösungen heute immer stärker auch mit einem ökologischem Etikett versehen werden, herrscht doch eine große Unsicherheit über Ziel und Mittel des Umweltschutzes. Dabei müssen zwei Ebenen getrennt werden: die einzelwirtschaftliche Sichtweise und

[27] Vgl. als vielbeachteten frühen Beitrag die bereits erwähnte Entschließung der MKRO (vgl. MKRO 1982).

die "Sicht der Region" als Bestandteil der BRD. Die einzelwirtschaftliche Beziehung zur Umwelt ist hauptsächlich dadurch gekennzeichnet, daß sich Unternehmen aus wettbewerbsstrategischen Gründen mit dem Umweltschutz auseinandersetzen müssen (vgl. Meffert/Kirchgeorg 1989; Clemens-Ziegler 1992; Hopfenbeck 1990). Wichtigste Aspekte sind hierbei die Existenz und die Verschärfung von Umweltschutzgesetzen, Änderungen im Konsumverhalten der Käufer und die Erschließung neuer Märkte durch neue (Umwelt-)Produkte. Daß unternehmerische Alleingänge im Umwelt- und Ressourcenschutz die Ausnahme bilden (vgl. hierzu Günther 1988; Winter 1990), liegt darin begründet, daß die Sicherung der unternehmerischen Wettbewerbsfähigkeit und die langfristige Gewinnerzielung, nach empirischen Erhebungen eindeutig vor der Umwelt rangieren, was den betrieblichen Stellenwert anbetrifft (vgl. Meffert/Kirchgeorg, S. 14). Erst Veränderungen im "Datenkranz der Strategischen Unternehmensführung" (vgl. Kreikebaum 1989), hier v.a. härtere Umweltschutzgesetzgebung und erwarteter Wertewandel der Bevölkerung, führen dazu, daß Umwelt eine wichtige Variable wird, um die langfristige Wettbewerbsfähigkeit zu sichern (vgl. Meffert/Kirchgeorg, S. 18).

Die für diese Arbeit relevantere Dimension ist die Fassung von Ökologie und Natur in regionalen Entwicklungsstrategien. Die "Ökologie-Karte" im Wettpoker der Regionen um die Ansiedlung von Unternehmen, wird immer erst dann gezückt, wenn alle anderen Entwicklungsfaktoren ausgereizt sind (vgl. Hesse/Lucas 1991, S. 2). Diese immer wieder empirisch festzustellende Tatsache, stellt die These zur Disposition, womit Regionen durch die Beachtung ökologischer Belange per se Konkurrenzvorteile erlangen (vgl. z.B. v. Gleich 1989, S. 689).

Die Standortkonkurrenz in Form eines "Verschmutzungswettlaufes" einmal außer Acht gelassen, ist die alleinige Regulierung der Umweltnutzung für die betroffene Region durchaus zwiespältig: Entweder gelingt es ihr, durch regionale Entwicklungsstrategien die positiven Beschäftigungswirkungen durch den Umweltschutz zu nutzen (Aufbau einer Umweltschutzindustrie, vgl. Wicke 1993, S. 473f.), wobei offensichtlich ist, daß die Umsetzung dieser Strategie im interregionalen Wettstreit nicht allen Regionen gleichermaßen gelingen kann. Oder aber es tritt der Fall ein, daß der Einsatz im Umweltbereich nötige Mittel bindet, die dann für andere regionalwirksame Investitionen fehlen. Das führt zum einen zu Veränderungen im interregionalen Wettstreit. Da aber darüber hinaus die Emissionsmengen und damit die Vermeidungskosten aufgrund eines unterschiedlichen Besatzes an emissionsintensiven Branchen regional unterschiedlich verteilt sind, würde es auf der anderen Seite zu einer Veränderung der relativen Preise zuungunsten der Regionen kommen, die eine ökologische Regionalentwicklung verfolgen. Eine bundeseinheitliche Umweltpolitik, die dazu beiträgt, die Vermeidungskosten zu internalisieren, würde im Gegensatz dazu das Ergebnis haben, daß diese Kosten über die Preise auf alle Verbraucher abgewälzt werden können (vgl. Bergmann 1992, S. 109).

Dieses Dilemma verdeutlicht, daß im Rahmen marktwirtschaftlicher Systeme die Forderung nach einer lokalen Umweltpolitik mit erheblichen negativen Effekten für die Region verbunden ist. Nur eine Umweltpolitik mit zentralen Vorgaben, die die regionale, also dezentrale Situation berücksichtigt, und mit regional differenziertem Mitteleinsatz (je nach Gefährdungspotential) reagiert, kann die Kommunen einerseits vor einem "Verschmutzungswettlauf" oder "Umweltdumping" bewahren, sie andererseits aus dem beschriebenen "Teufelskreislauf" entbinden, wonach regionale Strategien die Konkurrenzfähigkeit gefährden können. Auch wenn die These unbestritten ist, daß es keine Alternative zu einem langfristigen Umwelt- bzw. Naturschutz gibt (vgl. Wicke 1993, S. 474), müssen auch auf der Ebene der Nationalstaaten die Bedingungen eruiert werden, unter denen eine Vorreiterrolle im Umweltschutz erfolgversprechend ist (vgl. Kasper/Schikora 1991). Daß die Formel "Strenge Umweltanforderungen in der Produktion = starke internationale Wettbewerbsfähigkeit" so nicht aufgeht, zeigen z.B. die starken Vorbehalte gegen eine Vorreiterrolle im Rahmen der EU-Umweltstandards, die auf makroökonomische Unsicherheiten hindeuten (vgl. hierzu Wicke 1993, S. 510f.).

Ein weiterer Aspekt, der zu der langwierigen Prozedur der Berücksichtigung ökologischer Belange beigetragen hat, stellt das mangelnde theoretische Handling dar. Wirtschaftspolitik im allgemeinen und die Regionalpolitik im besonderen stellt bekanntlich fast ausschließlich auf quantifizierbare Größen ab. Diese Wissenschaftsdisziplinen haben es deshalb schwer, allgemeine Leitvorstellungen, wie eine "intakte Umwelt" oder "Schutz der Umwelt" zu berücksichtigen, weil solche Zielvorgaben insofern nicht operationalisierbar sind, weil es keine Angaben über das "erträgliche" Niveau des Schutzes gibt (vgl. Umweltbundesamt 1986). Von daher ist es nicht verwunderlich, daß die ersten Phasen des Umweltschutzes von dem Gedanken der "Konservierung" geprägt waren (vgl. Bergmann u.a. 1991): ökonomische Entwicklungen, die den momentanen Zustand der Umwelt gefährden, sind politisch besser steuerbar, als Entwicklungen, die einen zukünftigen Zustand herbeiführen sollen. Die entsprechenden Instrumente dieses Gedankenansatzes der Konservierung finden sich in der Raumordnungspolitik z.B. in der "Freiraumsicherung", in der Umweltpolitik z.B. in der "Grenzwertfestsetzung" und anschließender "end of the pipe-Politik".

Mit der Diskussion um die Nutzung "Endogener Potentiale" ab Anfang der 80er Jahre fand sich ein Gerüst, ökologische Belange in der Regionalpolitik stärker zu berücksichtigen (vgl. Klemmer 1988, S. 21; Hesse/Lucas 1991, 15f.). Zum einen rückten vor dem Hintergrund negativer ökonomischer Wachstumsraten zunehmend auch die die ökonomische Entwicklung limitierenden Faktoren in den Vordergrund (vgl. Thoss 1983, S. 11f.), wozu unbestritten auch die ökologischen Engpässe gehören. Zum anderen bildete sich eine andere Fassung des Raumes an sich heraus: statt einer abstrakten Raumsicht, je nach ökonomischer Zielsetzung abgegrenzt, bildete der konkrete Raum den Handlungsmaßstab für die Wirtschaftsakteure (vgl. Hesse/Lucas 1991, S. 12). Ob die in diesem Zusammenhang von v. Gleich erhobene Forderung nach einer "In-Gebrauchswert-Setzung" des Raumes (statt einer "In-Wert-Setzung" (vgl. v. Gleich 1989, S. 690) hier zu einer besseren Handhabbarkeit führt, soll hier nicht erörtert werden. Diese und ähnliche Aussagen belegen allerdings den zunehmenden Bedeutungsgewinn der ökologischen Problematik für die Raumordnung und die Regionalpolitik.

In der Frage der Weiterentwicklung der Potentialüberlegungen kommt den Autoren eine große Bedeutung zu, die den reproduktionstheoretischen Aspekt in die Debatte gebracht haben (Hübler und Tjaden). Sie rekurrieren dabei stärker auf den Aspekt des Marktversagens und betonen in diesem Zusammenhang den reproduktiven Aspekt ökonomischen bzw. regionalpolitischen Handelns.

Die Forderung nach einer "langfristigen Sicherung der natürlichen Lebensgrundlagen" wurde schon relativ früh von Hübler in die regionaltheoretische Diskussion eingebracht (vgl. Hübler (u.a.) 1980, Kapitel 6). Plädiert wird für einen erweiterten Potentialbegriff im Hinblick auf die Ressource Umwelt: "Wenn

Umwelt ... lediglich als Kapazität oder eine die Entwicklung behindernde Restriktion begriffen wird, so zeigt sich bereits das eingeschränkte Verständnis über regionale Potentiale" (Hübler 1985, S. 38).

Eine ausschließlich quantitative (in Geldeinheiten ausgedrückte) Betrachtung der Umwelt ergibt bekanntlich allein deswegen ein unvollständiges Bild, weil die Nutzung ökologischer Ressourcen nicht adäquat in den Preismechanismus eingeht. Sowohl die Begrenztheit der Ressourcennutzung als auch mögliche Irreversibilitäten finden bei der Preisbildung ebensowenig Berücksichtigung, wie potentielle Risiken.

Um den Charakter von Umwelt als "konstituierendes Element" des Produktionsprozesses und damit auch aller Potentiale hervorzuheben, muß die stoffliche Veränderung des Raumes oder der Region mit erfasst werden (vgl. Hübler 1990, S. 66f.). Als Instrument bieten sich Stoff- und Energiebilanzen an, die wie folgt modelliert sein können (vgl. Übersicht 7):

In der Ausdeutung und Weiterentwicklung der Potential-Betrachtung greift Tjaden die Fragen von Strassert bezüglich der Nutzungsmöglichkeiten von Ressourcen auf (vgl. Tjaden 1990, S. 40f.):

"a) Welche Nutzungsart bzw. welche Kombination der Nutzungsarten soll gewählt werden?
b) Auf welche Weise, d.h. mit welcher Technologie soll die Nutzung erfolgen?
c) Wann und durch wen soll die Nutzung erfolgen?" (Strassert 1984, S. 20f.).

Durch den vorgenommenen Bezug stellt Tjaden deutlich den Unterschied zwischen einzelwirtschaftlicher und gesamtwirtschaftlicher Sichtweise in den Vordergrund. Unter "einem produktiven Potential gesellschaftlicher Arbeit ist nur dann etwas sinnvolles zu verstehen, wenn das Konzept deutlich über die Kategorie der einzelwirtschaftlichen Produktionskapazität hinausweist und in

Übersicht 7: Stoff- und Energiebilanz

Bilanzart	Bilanzobjekt	Bilanzraum	Bilanzumfang, Merkmale	Verwendung der Ergebnisse
prozeßbezogene Bilanzen	gesamter Stoff- (Energie-)fluß, Produktionsprozeß, Verfahren (-steile)	Werk, technische Anlage, Anlagenteile, Apparaturen	weitgehende Vollständigkeit der Abbildungen von Stoff- (Energie-)umsätzen, Realisierung des Bilanz-Prinzips;	betriebsinterne Umweltplanung; Vorbereitung von RoVs und UBPen, Genehmigungs- und Zulassungsverfahren, Altanlagensanierung, Altlastenanalysen; Hinweise auf Risikostoffe und -bereiche;
stoffbezogene Verteilungsbilanzen (Produktion)	Stoffgruppen, Einzelsubstanzen	Werk, technische Anlage, Anlagenteile, Apparaturen	Realisierung des Bilanz-Prinzips; dient der Konkretisierung prozeßbezogener Bilanzen (z.B. "Spurenstoffe"); ergänzt die stoffbezogene Regionalbilanz;	Ermittlung des Anwendungsbereiches von Risikostoffen; stoffbezogene Bilanzierung (Region); Hinweise auf gefährdete Umweltbereiche in der Region;
stoffbezogene Bilanzen	Stoffgruppen, Einzelsubstanzen	Planungsregion (als geographisch abgegrenzter Raum), ggf. Teilräume	Bilanz-Prinzip läßt sich nicht vollständig realisieren; Ergänzungsbedarf um prozeßbezogene Bilanzen oder stoffbezogene Verteilungsbilanzen für die Anwenderbetriebe	Analyse der Gefährdungspotentiale und Problemstellen (Region); Grundlage stoffbezogener Maßnahmen (Substitution, Wiederverwendung); Ermittlung von Recyclingpotentialen; Hinweise auf Gefährdungspotentiale ("Frühwarnsystem") und Handlungsbedarf für prozeßbezogene Bilanzierungen

Quelle: Hübler 1990, S. 68.

der Tat ein reales Potential gesamtwirtschaftlicher Produktion, ja gesellschaftlicher Arbeit überhaupt für Zwecke und mit Trägern und mit Verfahrensweisen bezeichnet, die noch nicht ökonomisch festgelegt sind." (Tjaden 1990, S. 40)

Eine solche Interpretation räumlicher Prozesse basiert auf Forschungsergebnissen der "Forschungsgruppe Produktivkraftentwicklung Nordhessen" (FPN), die seit 1986 an der Gesamthochschule Kassel an Beiträgen zur Reproduktionstheorie arbeitet. Regionen werden dort gefaßt als "Wirkungsraum der Auseinandersetzung von Mensch und Natur durch gesellschaftliche Arbeit" (FPN 1986, S. 19). Die ("grundsätzlich offene", s.o.) Form der Arbeitsverausgabung, bzw. die Produktions- und Reproduktionsbeziehungen werden konkret "durch das gesamtwirtschaftliche Entwicklungsmuster geformt und sind Ausdruck der gesamten Produktionsweise, sind aber trotzdem durch regionsspezifische Faktorkombinationen, Prozesse und Produktionsresultate gekennzeichnet, die ihre Eigenart nicht zuletzt den spezifisch regionalen Möglichkeiten und Voraussetzungen des Mensch-Natur-Austausches verdanken." (FPN 1987, S. 12)

Diese Sichtweise markiert einen deutlichen Bruch mit der bisherigen Interpretation von Potentialen. Als veränderliche Variable gilt nun nicht mehr die Produktion, bzw. die zu erzielenden potentiellen Produktionsmöglichkeiten, sondern die grundsätzliche Art der Ressourcenbewirtschaftung (Produktions- und Reproduktionsbedingungen). Das Potential einer Region ist konsequenterweise die unveränderliche Variable und wird als "objektives Naturpotential" gesellschaftlicher Arbeit bezeichnet (vgl. Tjaden 1990, S. 41).

Das objektive Potential, also die gegebenen Arbeitsvermögen und Naturpotentiale, sind nicht endgültig bestimmbar. Schon gar nicht ist es möglich, endliche Grenzen von Produktionsmöglichkeiten zu definieren, etwa im Sinne der Engpaßbetrachtung (s.o.), ohne auf die spezifische (herrschende) Form der Nutzung zu verweisen. Es wird davon ausgegangen, daß die marktwirtschaftlich-kapitalistische Produktionsweise sowohl Teile des menschlichen Arbeitsvermögens und der eingesetzten Produktionsmittel als auch der Naturausstattung nicht nutzt. Daraus ergeben sich Unterauslastungen und zugleich Überbeanspruchungen der eingesetzten Produktionsfaktoren. Aufgrund einzelwirtschaftlich orientierter Ressourcennutzung kommt es desweiteren zwangsläufig zu einem sog. linearen Produktionssystem.

Die so bezeichnete Form der Produktion zeichnet sich durch einen linearen Produktionszyklus "Rohstoff-Produktion-Produkt-Abfall (Abprodukt)" aus, steht also im diametralen Gegensatz zu geschlossenen Kreisläufen (vgl. z.B. Hübler 1990, Tjaden 1990). Die nicht kreislaufförmige Form der Entnahme und Rückgabe von Stoffen und Materialien aus und in die Umwelt, hat bekanntlich einen hohen Ressourcenverbrauch und vielfältige ungenutzte Endstoffe zur Folge.

Von dieser Analyse her "rührt die regionalwissenschaftliche Unterscheidung von exponierbaren, konvertierbaren und optimierbaren Elementen des produktiven regionalen Potentials als Grundlage der Arbeit, die die gegebene Art und Weise der Produktion und Reproduktion überschreitet." (Tjaden 1990, S. 45) Die folgende Übersicht fasst die Überlegungen anhand von Beispielen zusammen:

Übersicht 8: Beispielhafte Typisierung der Potentiale einer Region

Potentiale	exponierbare/ aktivierbare	konvertierbare	passivierbare
menschliches Arbeits-vermögen	- Arbeitslose - stille Reserve - Qualifizierungsreserven - techn. know-how-Reserven - Gestaltungs- und Innvationsreserven	- Umschulungsreserven - Umstrukturierungs-möglichkeiten im Aus-bildungsbereich	- Überlastungen des Arbeitsvermögens (Überstunden, Arbeits-intensität etc.) - Lärmbelastungen - Schadstoffbelastungen
Sachmittel und materielle Infrastruktur	- Kapazitätsreserven im sekundären und tertiären Bereich - Ausbaumöglichkeiten und intensivere Nutzung von Schiene, Wasserstraßen, ÖPNV - Wohnraumleerstand	- Produkt- und Prozeßinnovations-möglichkeiten, Produktionsum-stellungchancen - Umstrukturierungs-möglichkeiten im FuE-Bereich (Hochschulen)	- ökologisch bedenkliche Prozesse und Produkte - Straßenausbau - Versiegelungsgrad
Stoffe und Energien	- Stoffgewinnung aus Abfällen - Energieausnutzungs-grade - Polymineralische Stoffnutzung	- Müllkonvertierung - Wärme-Kraft-Kopplung - ineffiziente Energie-verwendung (ÖPNV vs. Individualverkehr)	- Abprodukt- und Abfallentstehung - Müllverbrennung - Energieverbrauch - Kurzlebigkeit von Ge-brauchsgütern
Naturquellen	- regenerative Energiequellen - Naturressourcen (z.B. Kompostierung, Holzverwendung etc.)	- Sanierung konta-minierter Böden und belasteter Gewässer	- Landschaftsverbrauch - Boden-, Wasser-, Luftbelastungen und -verschwendungen

Quelle: FPN 1986, S. 106.

Aus dieser Übersicht gehen drei regionalpolitische Strategien hervor: a) Aktivierungsstrategie: Nutzung bisher ungenutzter Ressourcen, b) Konvertierungsstrategie: Andersartige Verwendung der Ressourcen einer Region und c) Passivierungsstrategie: Reduktion der Ressoucennutzung. Die innovative Überlegung besteht in der Ableitung differenzierter Strategien aus der spezifischen Form der Verwertung der Ressourcen einer Region. Es werden jedoch auch Umsetzungsprobleme deutlich: Zum einen bedeutet die Identifikation von Potentialen einer Region noch mitnichten ihre Nutzung, denn dazu ist es notwendig, die ökonomischen Bedingungen herauszuarbeiten, unter denen sie sich "am Markt" durchsetzen können. Ein weiteres Problem ergibt sich bei den passivierbaren Potentialen. Wer bestimmt über die Nutzung der Ressourcen, bzw. über den Preis ihrer Nutzung? Diese Anfragen zielen auf die Beachtung der "Strategiefähigkeit" von Potentialen einer Region, und werden im Kapitel 3.6. problematisiert.

Nachdem die Etappen in der Diskussion um die Entwicklung des Ansatzes zur Nutzung der endogenen Entwicklungspotentiale nachgezeichnet wurden und bevor auf die Schwächen des Ansatzes eingegangen werden soll, wird zunächst, praktisch als Konklusion, ein Schema der Nutzung regionaler/endogener Potentiale vorgestellt, wie es sich aus den bisherigen Ausführungen ergibt.

3.5. Die regionalpolitische Strategie der Nutzung regionaler/endogener Entwicklungspotentiale

Für die Abschätzung der Entwicklungschancen einzelner Regionen ist der Umstand maßgeblich, daß Regionalpolitik sich unter den veränderten ökonomischen Rahmenbedingungen nicht mehr auf eine räumliche Umverteilung von exogen generierten Entwicklungsanstößen beschränken kann. In den Mittelpunkt rücken daher Überlegungen, die verstärkt ungenutzte oder nicht ausreichend genutze Potentiale einer Nutzung zuführen wollen. Folgende Aspekte spielen dabei eine Rolle:

a) Stärken-Schwächen-Analyse

Voraussetzung für eine regional angepasste Entwicklungsstrategie ist eine genaue Bestandsaufnahme der regionalen Ressourcen (Arbeitskräfte, Unternehmen, Infrastruktur, Forschung und Entwicklung).

b) Engpaßermittlung

Auf der Basis der Ressourcen-Analyse kann eine Ermittlung von möglichen Engpässen (bottlenecks) einer Regions-Entwicklung vorgenommen werden.

c) Bestandspflegepoltik

Im Mittelpunkt der Bemühungen stehen die vorhandenen Unternehmen und deren Anpassungserfordernisse. Als Bestandteil einer Stärken-Schwächen-Analyse können so frühzeitig eventuelle Gefährdungen des Kapitalbestandes erkannt werden.

d) Beachtung ökologischer Randbedingungen

Dies geschieht einerseits durch die Anerkennung der Umwelt als (weichen) Standortfaktor. Zum anderen sollen vorhandene Potentiale an natürlichen Ressourcen einer Nutzung zugeführt werden.

e) Aktivierung intraregionaler Potentiale

Eine Konzentration auf die innerregional bestehenden oder aufzubauenden Entwicklungsmöglichkeiten stellt sowohl für die vorhandenen Unternehmen als auch für die Verausgabung regionalplitischer Mittel eine berechenbare und damit verläßliche Orientierung dar.

f) Stärkung der regionalen Selbststeuerung

Durch Beteiligung regionaler Entscheidungsträger an der Erarbeitung von Entwicklungskonzepten ist eine höhere Akzeptanz der notwendigen Maßnahmen zu erreichen. Konsequenterweise erfordert eine regionale Entscheidungskompetenz auch eine "frei" verfügbare Finanzausstattung.

Die Darstellung der "brauchbaren" Aspekte einer Strategie der Nutzung regionaler/endogener Entwicklungspotentiale soll nicht den Eindruck erwecken, als ob sie bereits in den politischen Alltag umgesetzt ist, wie dies bei einigen Autoren geschieht (vgl. z.B. Hahne 1985 oder Towara 1986). Die Umsetzung wird u.a. durch einige gravierende Schwächen erschwert, die nun aufgearbeitet werden.

3.6. Schwächen des Ansatzes der Nutzung regionaler/endogener Potentiale

Die in Kapitel 3.4. vorgenommene Darstellung der theoretischen Bezüge in der Diskussion um die Nutzung regionaler/endogener Entwicklungspotentiale hat veranschaulicht, daß nicht von einem einheitlichen Ansatz ausgegangen werden kann. Insofern ist die Kritik, bzw. das Aufzeigen von Schwächen, als Bemühen aufzufassen, den Ansatz zu operationalisieren. Dazu ist es notwendig, eine Reihe von theoretischen Defiziten und begrifflichen Unschärfen zu vermeiden:

3.6.1. Methodische Unterscheidung Potential/Ressource/Kapazität

Neben den begrifflichen Festlegungen als Voraussetzung einer Potential-Bestandsaufnahme einer Region, muß methodische Klarheit über den zu verwendenden Potentialbegriff bestehen. Abzugrenzen ist er einerseits vom einzelwirtschaftlich orientierten Kapazitäts-Begriff, der eng an ein bestimmtes Produktionsverfahren und damit an eine festgelegte Art der Nutzung angekoppelt ist (vgl. Tjaden 1990, S. 40 und Strassert 1984, S. 21). Zum zweiten begründet der Begriff der Ressource eine offenere und damit weitergehende Sichtweise bezüglich der Potentialnutzung. Das soll allerdings nicht völlig beliebig geschehen, wie bei Hahne. Er identifiziert folgende Bestandteile des regionalen Entwicklungspotentials:

- Entwicklungsengpässe,
- spezifische Begabungen und
- Faktoren, die zur Vergrößerung innerregionaler Kreisläufe beitragen

(vgl. Hahne 1985, S. 106).

In einer solchen Sichtweise wird in keiner Weise die strategische Orientierung eines Potential-Konzeptes deutlich. Letztendlich wird alles zum Entwicklungspotential erkoren, und damit wiederum auch nichts. Dabei besteht ein wichtiger Unterschied darin, ob ich vorhandenen physischen Ressourcen per se eine Marktchance zubillige, oder ob diese Chancen auf regionalen Bedarfen beruhen. Im ersten Fall könnten Engpässe eine Nutzung behindern, im zweiten Fall dagegen wäre die Nutzung nur über staatliche Finanztransfers denkbar. Es wird deutlich, daß unterschiedliche Begründungszusammenhänge für die bisher ausbleibende Verwendung der ungenutzten Ressourcen existieren.

Wenn es letztenendes darum geht, anhand der in der Region vorhandenen Ressourcen und der Art und Weise der Nutzung (und damit auch Nicht-Nutzung) dieser Ressourcen im Rahmen einer kapitalistisch orientierten Marktlogik, die Entwicklungschancen einer Region abzuschätzen, dann sollte eine empirische Bestandsaufnahme entsprechend vorgehen: Ermittlung von Potentialen aus der Art der spezifischen Art der Nutzung bzw. Nicht-Nutzung der Ressourcen.

3.6.2. Unterscheidung von komparativen und absoluten Vorteilen

Der Bezug zu Außenhandelstheorien wird besonders in der regionalpolitischen Diskussion vorgenommenen Anwendung der Theorie komparativer Vorteile deutlich. Folgende Argumentationsfigur ist dort anzutreffen: Da Regionen noch unweit geringere Autarkie-Chancen haben als National-Staaten, ist ihre Entwicklungsfähigkeit noch enger an die Erzielung von "Außenhandelsüberschüssen" gekoppelt. Voraussetzungen hierfür sind Kostenvorteile bei der Produktion (z.B. als Ergebnis einer spezifischen Faktorausstattung oder von Produktivitätsunterschieden). Da hier nicht der Ort ist, auf aktuelle Kontroversen um das Ricardo-Theorem einzugehen (Faktorproportionentheorem, Neo-Faktorproportionentheorem; vgl. hierzu: Bender 1984), kann nur auf die Notwendigkeit der Unterscheidung absoluter und relativer Vorteile bei der Ermittlung von Entwicklungspotentialen hingewiesen werden.

Dabei ist es äußerst problematisch, Überlegungen aus der Außenhandelstheorie auf regionale Wirtschaften zu übertragen. Denn unter der üblichen Annahme der Immobilität von Produktionsfaktoren und ausgehend von der spezifischen Faktorausstattung (regionales Potential) müsste im Ergebnis eine Strukturkonstanz unterstellt werden[28]. Dynamische Bedingungen vorausgesetzt, ist eine interregionale Faktorwanderung wohl eher anzunehmen. Wenn bei der Ermittlung der Potentiale einer Region auch bei der spezifischen Nutzung (oder Nicht-Nutzung) der Ressourcen, und nicht nur bei der Ausstattung mit Ressourcen angesetzt werden würde, wäre der theoretische Rahmen der Theorie der komparativen Vorteile (wo nur nach relativen Kostenunterschieden geforscht wird) ebenfalls zu eng. Noch unklarer wird die Auseinandersetzung, wenn Perspektiven mit "ungenutzten komparativen Vorteilen" begründet werden (vgl. Brugger 1984, S. 5), denn m.E. ergeben sich Vorteile ja gerade durch die "Nutzung" (sprich Produktion im weitesten Sinne).

Überhaupt sind bestimmte Potentiale, die in der Diskussion eine wichtige Rolle spielen, eher den <u>absoluten Vorteilen</u> zuzuordnen, wie z.B. natürliche Standortvorteile; mit den Entwicklungsmöglichkeiten, die auf ihnen beruhen (z.B. im

[28] Einmal davon abgesehen, daß in nationalem Maßstab der Wechselkursmechanismus nicht greift.

touristischen Bereich). Da die absoluten Vorteile bei ökonomisch unterentwikkelten Regionen per se eher eine Ausnahme darstellen, sind sie für eine Politik der Nutzung regionaler Potentiale auch nur von geringer Bedeutung.

Der Begriffswirrwar, der durch die Übernahme der Überlegungen der Außenhandelstheorie entstanden ist, ist darauf zurückzuführen, daß zwei Ebenen miteinander vermischt werden. Zum einen besteht ja das strategische Ziel, Stärken einer Region ausfindig zu machen, um perspektivisch Überschüsse im Warenverkehr zu erzielen. Zum anderen sollen alternative Entwicklungsmöglichkeiten in der Potential- oder Produktionsfaktornutzung ausgelotet werden. Beide Ebenen sind methodisch nicht ohne weiteres zu vereinen. Erst wenn Potentiale zur "Marktfähigkeit" gereift sind, oder eine "Stärke" der Region darstellen, kann im interregionalem Wettstreit von Vorteilen gesprochen werden. Wobei die Grenzen der Übertragbarkeit der Überlegungen in der Regionsabgrenzung, hier v.a. in der Berücksichtigung von Verflechtungsbeziehungen und in der Bedeutung der Wechselkurse liegen.

3.6.3. Sonderfaktor "Natur"

Wie bereits dargelegt wurde, kann die natürliche Umwelt nicht nur als Potential im Sinne von Kapazität oder als eine die ökonomische Entwicklung behindernde Restriktion gesehen werden. Damit stellt sich die Frage, auf welche Art und Weise das Umweltpotential im Rahmen einer Strategie der Nutzung endogener Potentiale eingebunden werden kann (Strategiefähigkeit des Umweltpotentials).

Zunächst kann hierbei auf empirische Probleme hingewiesen werden, die sich beispielhaft in der Entwicklung einer Umweltökonomischen Gesamtrechnung (UGR) zeigen. Das Statistische Bundesamt hat sich 1989 nach einer Anhörung des Bundestagsausschusses für Wirtschaft dazu entschlossen, eine UGR zu konzipieren. Mittlerweile ist die Konzeptionsphase abgeschlossen (vgl. Statistisches Bundesamt 1991). Da hier nicht der Ort ist, auf die verschiedenen Ansätze zur statistischen Darstellung der Umweltproblematik einzugehen (vgl. Stahmer 1989), soll lediglich die Konzeption des Statistischen Bundesamtes vorgestellt werden. Das Grundkonzept beschäftigt sich zunächst mit der Messung und den konzeptionellen Problemen der Fassung der Ressourcenentnahme, der Emission, sowie dem Verbleib der Stoffe. Es sollen auch Immissionlage und ihre zeitliche Veränderung beachtet, und standortbezogene Nutzungen berücksichtigt werden. Defensivausgaben für den Umweltschutz, sowie Vorschläge zur monetären Bewertung der Umwelt sollen dem Ziel dienen, den Zustand der Umwelt und seine Entwicklung quantitativ zu erfassen, und den Bezug zu wirtschaftlichen und anderen Tätigkeiten herzustellen. Damit soll die Volkswirtschaftliche Gesamtrechnung, die traditionell mit dem Indikator BSP (ab 1993 BIP) operiert, ergänzt werden. Im April 1992 hat der Wissenschaftliche Beirat zur Umweltökonomischen Gesamtrechnung der vom Bundesministerium für Umweltschutz, Naturschutz und Reaktorsicherheit (BmU) eingerichtet wurde, die bisherigen Arbeiten befürwortet (vgl. BmU 1992).

Auch diese Arbeiten stehen vor der bereits geschilderten Problematik, qualitative Prozesse in handhabbare Dimensionen, wie Preise, physische Einheiten etc. zu transferieren. Von den beiden in diesem Zusammenhang diskutierten Ansätzen "ausgabenorientiert" (Frage nach den Kosten für Rohstoffverzehr, Sanierung und Umweltschutz) oder "abschreibungsorientiert" (Frage nach den Kosten zur Erreichung eines umweltverträglichen Standards, mit dem Ziel durch wirtschaftliche Aktivitäten die zukünftige Naturnutzung nicht zu beschränken), präferiert die UGR grundsätzlich den abschreibungsorientierten Ansatz (vgl. Radermacher 1992, S. 414f.). Die Bewältigung des Ziels, die Verschlechterung der Umweltqualität zu erfassen, bzw. zukünftige Zustände zu beschreiben, muß allerdings Skepsis erzeugen: Regelmäßig unerfasst bleiben Größen wie z.B.:

- psychosoziale Kosten der Umweltverschmutzung,
- Krankheiten, die aufgrund ausbleibendem Arztbesuch nicht bekannt werden,
- Verluste durch Arten- und Biotopschwund,
- Erlebniswert der natürlichen Umwelt (bei Verlust oder Beschränkung)

(vgl. Wicke 1993, S. 64f.).

Die Vorschläge, die der Beirat für Raumordnung in seinen Empfehlungen gegeben hat, lassen nur allgemeine Schlüsse für die Berücksichtigung von Natur zu (vgl. Beirat für Raumordnung 1984). Immerhin gab er die Anregung, die Umwelt auch unter nichtwirtschaftlichen Aspekten zu sehen, und u.U. auch durch Nichtnutzung von Umweltpotentialen, Entwicklungsverzichte in Kauf zu nehmen. Damit entsteht in der Einschätzung der Strategiefähigkeit der Umweltpotentiale und in der Bestimmung des Charakters der Umweltpotentiale noch kein Erkenntnisgewinn.

Finke gibt in Anlehnung an verschiedene Autoren folgende Naturraum-Potentiale wieder:
"1. Naturschutzpotential/biotisches Regenerations- und Regulationspotential
2. Klimatisches Potential ...
3. Biotische Ertragspotentiale ...
4. Wasserdargebotspotential ...
5. Rohstoffpotential ...
6. Erholungspotential ...
7. Entsorgungspotential ...
8. Bebauungspotential"
(Finke 1984, S. 34).

Insgesamt schätzt er die "Regionale Strategiefähigkeit" der Umweltpotentiale als sehr gering ein (vgl. Finke 1984, S. 40). Bezeichnenderweise sieht er beim Klimatischen Potential eine Nutzungsmöglichkeit durch "die Ausschöpfung des vorhandenen Belastbarkeitspotentials der Luft" (Finke 1984, S. 39). Spätestens hier zeigt sich der Charakter der einzelnen Bestandteile des Naturraumpotentials in dieser Sichtweise: Neben der klassischen Funktion (Biotisches Ertragspotential) hat die Umwelt vor allem der Erholung zu dienen (Erholungspotential). Das unzulängliche Instrumentarium, das zur Verfügung steht, um der Naturnutzung adäquate Kosten, bzw. Preise zuzuordnen, führt im Ergebnis dazu, daß "Natur" (über die beschriebenen Funktionen hinaus) ein "freies Gut" darstellt.

Auch in neueren Arbeiten wird angesichts der ökologischen Probleme lediglich eine stärkere Beachtung des *Schutzes* der Umwelt eingefordert (vgl. Stiens 1992). Kann damit dem Umweltpotential keine regionale Strategiefähigkeit zuerkannt werden?

In der Benennung eines "objektiven Potentials" durch Tjaden kommt eine weitergehende Umsetzung der Forderung des Beirates für Raumordnung zum tragen: "Die Unterscheidung von unerkannten, von falsch verwendeten und von unangemessen genutzten Elementen des produktiven Potentials gesellschaftlicher Arbeit, abgesehen von den verschiedenen darin enthaltenen richtig genutzten Arbeitsvermögen und Naturpotentialen, bezieht sich aber auch auf das gesamte produktive Potential einer bestimmten Gesellschaft in ihrer gegebenen ökonomischen Form." (Tjaden 1990, S. 45)

Damit wird formuliert, daß eine umfassendere bzw. nachhaltigere Nutzung der produktiven und reproduktiven Potentiale eines regionalen Produktionskörpers, abhängig ist von bestimmten Rahmenbedingungen, die ihre Nutzung bzw. Nichtnutzung determinieren. Eine einzelwirtschaftlich orientierte Herangehensweise muß zwangsläufig gegen die Erfordernisse der Reproduktion des Naturhaushaltes verstoßen. Offen bleibt die Frage, inwieweit im Rahmen des kapitalistisch-marktwirtschaftlichen Systems gesamtwirtschaftlich orientierte Eingriffe möglich sind, von den empirischen Problemen bei der Erfassung einmal abgesehen. In jedem Fall verdeutlichen diese Ausführungen die Sonderrolle der Umwelt im Rahmen der Potentialüberlegungen.

3.6.4. Beachtung strategischer Grenzen

In der Erarbeitung einer Strategie der Nutzung endogener/regionaler Potentiale wird von den Protagonisten einer solchen Orientierung regelmäßig die Reichweite des Ansatzes überschätzt (vgl. z.B. Glatz/Scheer 1981; Fücks 1987 oder aktuell: v. Gleich 1991). Zunächst muß zur Kenntnis genommen werden, daß im Verlauf der ökonomischen Entwicklung sämtliche Regionen in der Bundesrepublik zunehmend in den Prozeß der internationalen Arbeitsteilung integriert worden sind. In umfangreichen empirischen Erhebungen des Instituts für Regionalforschung an der Universität Kiel konnten in der Bundesrepublik keine Regionen indentifiziert werden, deren Absatz sich auch nur annähernd unabhängig vom ausländischen Markt entwickelt hat (vgl. Peschel 1984, S. 33f.). Das bedeutet, daß für den Fall der Substitution dieser Nachfrage durch endogene regionale Kreisläufe, immense Aufwendungen notwendig wären. Auch im Zuge der "neuen gesamtwirtschaftlichen Rahmenbedingungen" kann keinesfalls behauptet werden, daß sich die Bedeutung der Verflechtungsbeziehungen abgeschwächt hätte (vgl. Peschel 1984, S. 45).

Für die Auseinandersetzung um die strategische Reichweite des Konzeptes der endogenen Entwicklung soll hier keineswegs die Position vertreten werden, daß der Ansatz nicht regionalökonomisch zu nutzen ist. Bei der Gewichtung der ökonomischen Impulse liegen exogene Einflüsse, wie interregionale Nachfrage oder externe Finanztransfers, eindeutig in vorderer Position[29]. Das Ziel der Nutzung regionaler Potentiale bietet sich als unterstützende Komplementärstrategie hierzu an (z.B. in der Bestimmung der Förderwürdigkeit von bestimmten Potentialen).

3.6.5. Empirische Erfordernisse

Ein Konzept der Nutzung endogener Entwicklungspotentiale steht nicht zuletzt vor erheblichen empirischen Schwierigkeiten, was sich v.a. am Begriff des "Endogenen" festmacht. Seine Verwendung setzt eine ausreichende Abgrenzung der einzelnen Regionen voneinander nach Größe und Struktur voraus. Jede Region ist aber durch Warenströme, Verflechtungsbeziehungen und Pendlerbewegungen in umfassendere räumliche Einheiten eingebunden. Darüber hinaus sind sie durch natürliche und künstliche (z.B. Luft-Emissionen) Stoff- und Energieströme mit anderen Teilterritorien verbunden. Schließlich sind sie geprägt durch die sozial-ökonomische Form der gesellschaftlichen Produktion, deren Bestandteil sie sind. Das heißt, sie sind keinesfalls autarke Systeme, so daß der Begriff des Endogenen irreal ist (vgl. FPN 1986, S. 18f.; Brugger 1984, S. 5). Bezüglich strukturschwacher Regionen kommt hinzu, daß jene aufgrund ihrer ökonomischen Defizite und damit ihrer Konkurrenznachteile ohne externe Ressourcentransfers wohl kaum entwicklungsfähig sind.

Eine regionalpolitische Strategie, die die Entwicklungspotentiale einer Region ermitteln möchte, sollte also den Schwerpunkt der Überlegungen nicht auf die Abgrenzung zu anderen Regionen (in der Suche nach dem eigenen, dem endogenen) setzen. Vielmehr sollte sie, ausgehend von einer geeigneten Bestandsaufnahme der Ressourcen-Nutzung (bzw. Nicht-Nutzung), die entspre-

---

29 Friedmann merkt in diesem Zusammenhang zurecht an, daß eine wahrhaft endogene Entwicklung, also sich selbst tragende Wachstumsimpulse aus der Region heraus, nur im Weltmaßstab denkbar sind (vgl. Friedmann 1986).

chenden regionalpolitischen Empfehlungen ableiten. Überlegungen, die eher den Aspekt der Ermittlung der regionalen Überlebensfähigkeit in den Vordergrund rücken, verkennen, daß das Konzept der regionalen Entwicklungspotentiale nicht auf jeder Maßstabsebene lebensfähig ist.

M.E. sollte das Forschungsziel auch nicht darin bestehen, die Raumgröße zu ermitteln, ab der Regionen relativ autark sind, sondern vielmehr die Anregungen des Konzeptes dazu zu nutzen, die Regionssicht stärker bei der Anwendung regionalpolitischer Strategien einzubeziehen.

Nachdem die wesentlichen methodischen und theoretischen Lücken benannt wurden, sollen nun diese Defizite bei der Erstellung eines operationalen Schemas zur Ermittlung der regionalen Ressourcen und deren Nutzung berücksichtigt werden. Denn trotz der geäußerten Kritik verbleiben nützliche Hinweise, die bei der Erhebung regionaler Potentiale genutzt werden können.

3.7. Zusammenfassung der Diskussion und Weiterentwicklung des Ansatzes der Nutzung endogener/regionaler Potentiale

Für eine regionalpolitische Strategie der Nutzung regionaler Potentiale wird hier eine weite Definition verwendet: Regionale Potentiale können als die Gesamtheit der Entwicklungsmöglichkeiten einer Region gefasst werden. Entwicklungsmöglichkeiten ergeben sich a) durch das Zurückdrängen von Nutzungen (Passivierungsstrategie), b) durch eine andere Art der Nutzung (Konvertierungsstrategie) und c) durch eine neue Art der Nutzung der vorhandenen Ressourcen (Aktivierungsstrategie).Spätestens seit dem Erkennen ökologischer Fehlentwicklungen muß der Umwelt eine Sonderrolle zugebilligt werden. Im Sinne einer nachhaltigen Nutzung des ökonomischen Potentials und der Bestimmung eines "objektiven Potentials" dürfen aus gesamtwirtschaftlicher Sicht nicht alle sich bietenden Entwicklungsmöglichkeiten genutzt werden.

Zu Beginn muß in einer empirischen Bestandsaufnahme ein umfassendes Abbild der vorhandenen regionalen Ressourcen erstellt werden (menschliches

Arbeitsvermögen, Sachmittel und materielle Infrastruktur, Stoffe und Energien und Naturquellen). Dabei muß im Hinblick auf die Entwicklung zur Marktfähigkeit analytisch zwischen Potentialen und Bedarfen unterschieden werden (vgl. Übersicht 8, Potentiale im Sinn von Nutzungsreserven und Bedarfen im Sinn von Abbau der Übernutzungen).

Im Hinblick auf die regionale Abgrenzung des Analyseraumes ist sinnvollerweise darauf zu achten, daß bestehende Verflechtungsbeziehungen beachtet werden. Um Schwierigkeiten in der Datenermittlung vorzubeugen können hierzu kleinere Regionseinheiten zusammengelegt werden. Die adäquaten regionalpolitischen Strategien ergeben sich aus der Ermittlung der konkreten Art und Weise der Nutzung der Ressourcen. Erst wenn diese empirisch erhoben wird, kann sinnvollerweise von einem Potential im Sinne von alternativer Nutzungsmöglichkeit gesprochen werden.

Gegenstand der Ausführungen ist dabei nicht eine Verbesserung der Planungsverfahren (das ist Gegenstand der Regional- und Stadtplanung), sondern die analytische Unterscheidung von Ressource und Potential, und die daraus abzuleitenden ökonomischen Schlußfolgerungen. Die bei Heidemann/Rieß vorgestellte Prozeßorganisation der Planungsprojekte bei einem problemorientierten Vorgehen (vgl. Heidemann/Rieß 1979, siehe folgene Abbildung 8), ist geeignet, konkrete Projektplanungen durchzuführen (vgl. Hübler 1981).

Diese, oder ähnliche Formen der Prozeßorganisation im Planungsprozeß (vgl. auch Mildner 1980, S. 42) sind Beispiele für "inkrementales" oder "problemorientiertes" Vorgehen (vgl. dazu z.B. Braybrooke/Lindblom 1972), das sich vom sog. "systemorientierten" Vorgehen abgrenzt. Auf die Debatte problemorientiert versus systemorientiert kann hier nicht eingegangen werden (vgl. Brösse 1982, S. 29f.; Storbeck 1982), insoweit ist die hier vorgenommene Präzisierung der Ermittlung der endogenen Potentiale nicht als Entwicklung des Planungsinstrumentaiums zu verstehen.

Abbildung 8: Prozeßorganisation im Planungsprozeß

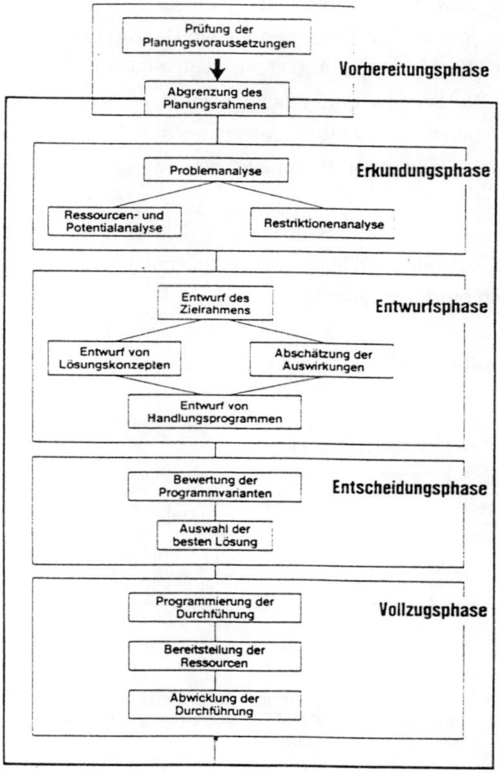

Quelle: Heidemann/Rieß 1979, S. 38.

Meines Erachtens ist ein wesentliches Problem des Konzeptes der Endogenen Potentiale (neben den dargestellten Schwächen) die unzureichende Fassung von Potentialen, bzw. mangelnde analytische Trennung von Potential und Ressource. Hintergrund ist dabei die Frage, inwieweit das Konzept als regionalpolitische Vorgehensweise geeignet ist. Da unter den gegebenen Eigentumsbedingungen die Marktfähigkeit von Produkten oder Dienstleistungen - abgesehen von staatlicher Alimentation- das entscheidende Kriterium für eine regionale Enwicklungsstrategie ist (ökonomische Restriktion), müssen nach der Identifizierung von Endogenen Potentialen (siehe folgende Abbildung) die Ergebnisse insoweit bewertet werden, daß sie dieser ökonomischen Restriktion genügen. Damit können die Ausführungen als ein Beitrag gewertet werden, die "Erkundungsphase" (siehe obige Abbildung, vgl. Heidemann/Rieß 1979, S. 39f.) zu erweitern. Werden die dort erfassten institutionellen Kriterien um die hier vorgestellte Dimension erweitert, gelingt es schon in einer frühen Planungsphase, die sog. "Endogenen Potentiale" zu ermitteln.

Folgendes Schema bei der Ermittlung der spezifischen Nutzungen der jeweiligen Ressouren kann hierfür verwendet werden:

Abbildung 9: Ressourcennutzung

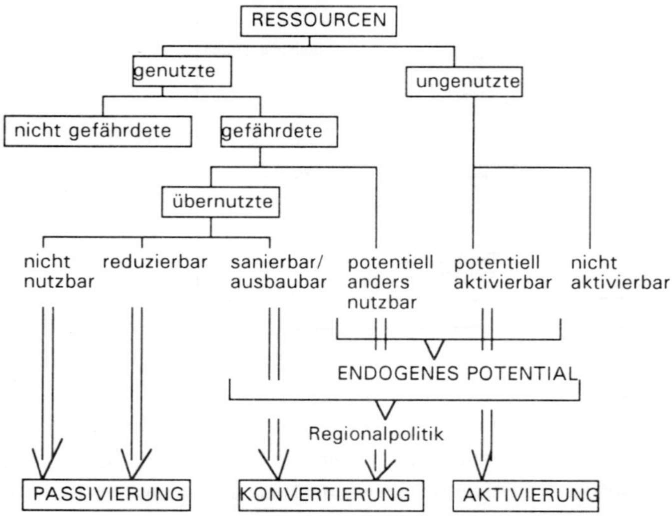

Quelle: Eigene Darstellung

Für eine Ableitung der entsprechenden Strategien bieten sich auf Basis der systematischen Erhebung der Nutzung der Ressourcen folgende Arbeitsschritte zur Bewertung der Ressourcennutzung an[30]:

1.) Ermittlung der vorhandenen Engpässe (bottlenecks)
Wodurch wird die regionale Entwicklung behindert? Die regionalpolitische Strategie muß auf einen zielgerichteten Abbau dieser bottlenecks hinauslaufen.

2.) Ermittlung der ökologischen Fehlentwicklungen
Welche Fehlentwicklungen müssen vor dem Hintergrund einer kurz- und langfristigen Gefahrenabwehr einerseits und der Attraktivität einer Region andererseits gestoppt werden? Entsprechende Ver- und Entsorgungsmaßnahmen sowie Passivierungsstrategien sind zu ergreifen.

3.) Ermittlung der Potentiale, deren Förderung ökonomisch sinnlos ist
Welche Ressourcen können im Sinne der vorgenommenen Abgrenzung nicht für eine Potentialermittlung genutzt werden? Das sind zum einen Ressourcen, die grundsätzlich kein Potential darstellen (z.B. aufgrund absoluter Nachteile im Hinblick auf andere Regionen) und zum anderen Ressourcen, die absehbar auch mit erheblichen finanziellen Aufwand nicht nutzbar zu machen sind (außer über eine Dauersubvention).

4.) Bewertung der weichen Standortfaktoren
Welches Image hat die Region? An welchen Punkten müssen neben den bisher dargestellten regionalpolitischen Aktivitäten komplementäre Anstrengungen zur Standortverbesserung unternommen werden?

5.) Ermittlung der marktfähigen Potentiale
Welche Potentiale einer Region sind potentiell aktivierbar oder potentiell anders nutzbar? Die regionalpolitischen Aktivitäten können hier als Aktivierungs- bzw. Konvertierungsstrategie bezeichnet werden.

---

30 Es ist offensichtlich, daß diese Entscheidungsmodelle nicht "objektiv" begründbar sind. Konkrete Entscheidungsergebnisse sind von einem ganzen Datenkranz abhängig, wie Gesetze, Politische Stimmungen, dominierende Problemlagen etc. Insofern sind die Entscheidungschritte nur ein mögliches Schema für (regional-)politische Entscheidungsträger.

Sinnvollerweise sind diese Arbeitsschritte auf jede Ressource (menschliches Arbeitsvermögen, Sachmittel und materielle Infrastruktur, Stoffe und Energien sowie Naturnutzung) anzuwenden. Das daraus hervorgehende empirische Material sollte ausgewertet und zur Erarbeitung abgestimmter und integrierter regionalpolitischer Entwicklungsstrategien verwendet werden. Aus diesem Vorgehen werden sicherlich nicht immer widerspruchsfreie Empfehlungen resultieren. So ist z.B. denkbar, daß die Benennung einer übernutzten Ressource wie ein veraltetes Schienenverkehrsnetz ein Engpaß darstellt, der im Zuge einer Konvertierungsstrategie saniert werden muß. Ein weiteres Ergebnis dieser Engpaßbeseitigung kann dann darin bestehen, daß nun die Nutzung bisher ungenutzter Ressourcen ermöglicht wird (Endogenes Potential).

Die hier vorgestellte Methode stellt hohe Anforderungen an die konkrete Ausgestaltung der regional- und raumordnungspolitischen Maßnahmen. Denn trotz einer stärkeren Hinwendung zu Vorstellungen der Entwicklung regionaler Potentiale findet sich die dominante Vorstellung, wie regionale Wirtschaftspolitik zu gestalten ist, exemplarisch in der "Gemeinschaftsaufgabe Verbesserung der regionalen Wirtschaftsstruktur" wieder (vgl. Kapitel 2). Die dort primär zum Ausdruck kommende Wachstumsorientierung konfligiert mit der Sichtweise der regional/endogenen Umgehensweise mit vorhandenen Ressourcen.

Dabei geht es weniger darum, das Instrumentarium lediglich zu verändern, oder zu ergänzen. Es ist und bleibt vielmehr unklar, welche konkreten Anforderungen bei der Verfolgung endogen orientierter Politikansätze auftreten werden. Eine grundlegende Neuorientierung der betreffenden Politikbereiche würde nicht nur eine Umgestaltung des organisatorischen Aufbaus und Ablaufs, sondern vielmehr auch des finanziellen Rahmens bedeuten: Bei einer endogen orientierten Regionalpolitik steht (außer im Fall der Engpaßbeseitigung) weniger der regionalpolitische Einzelfall, wie etwa Infrastrukturausbau und Investitionsbeihilfe im Vordergrund, erforderlich ist hier eine Langfriststrategie zum Aufbau regionaler Verflechtungsstrukturen.

Diese Überlegung impliziert ebenfalls eine Ausrichtung regionaler Wirtschaftspolitik im Sinne einer "Bestandspflegepolitik". Da der eigentliche bottleneck, der die regionale Entwicklung in nicht agglomerierten Regionen blockiert, der Kapitalmangel ist, und nur in wenigen Ausnahmefällen davon auszugehen ist, daß durch eine physische Bereitstellung von Ressourcen exorbitante Kapitalzuflüsse zu realisieren sind, gewinnen die bereits in der Region vorhandenen Unternehmen und Qualifikationen eine besondere Bedeutung. Mit dieser Überlegung begründet sich -bei der im folgenden Kapitel vorgenommen Datenerhebung- unter anderem auch die Befragung der in der Region Zwickau ansässigen Unternehmen.

Kapitel 4: Endogene Entwicklungspotentiale in Ostdeutschland: Region Zwickau

Anhand der Beispiel-Region Zwickau soll im folgenden das entwickelte Schema zur Erhebung der Ressourcen angewendet werden. Auf Basis der im 3. Kapitel vorgenommenen Einschränkung sind im Hinblick auf die Repräsentativität der Region und der Forschungsergebnisse, sowie der Validität der Daten einige Bemerkungen voranzustellen. Die Region Zwickau (zur Abgrenzung vgl. Kapitel 4.2.) bietet sich an, weil in ihr bis 1989 auf einem kleinen Raum enge Verflechtungsbeziehungen mit dem Kristallisationskern Automobilindustrie existierten. Sie ist exemplarisch für viele andere Regionen der FNL, weil aufgrund der Transformationskrise die historisch gewachsenen Verflechtungsstrukturen destruiert werden. Ob die Ergebnisse übertragbar, und damit auch repräsentativ sind, spielt hierbei eine untergeordnete Rolle, denn es geht in dieser Untersuchung darum, zu eruieren, ob das Konzept der Nutzung Endogener Potentiale einen regionalpolitischen Beitrag zur Initiierung regionaler Wachstumsprozesse leisten kann. Von daher stehen auch die erwarteten privaten Investitionen im Vordergrund, denn es ist zu erwarten, daß durch staatliche Maßnahmen diese Region, die im Entwurf des Landesentwicklungsplanes Sachsen bereits als Oberzentrum ausgewiesen ist (vgl. Staatsministerium für Umwelt und Landesentwicklung 1993), mit entsprechender Infrastrukturausstattung versorgt werden wird[31]. Die in den Anfangskapiteln gemachten Ausführungen zu den Determinanten des Standortverhaltens von Unternehmen, können nun mit qualitativen empirischen Daten konfrontiert werden. Im Zentrum der Erhebungen stehen mögliche endogene Potentiale, die durch entsprechende regionalpolitische Maßnahmen gefördert werden sollen. Obwohl die beschaffbaren Daten immer noch erhebliches zu wünschen übrig lassen, sind sie für den hier eingegrenzten Forschungszweck als hinreichend anzusehen.

4.1. Ökonomischer Strukturwandel und Transformation in den FNL

Die Erhebung und Bewertung von möglichen regionalen Entwicklungspfaden kann sinnvollerweise nicht allein aus der Sicht der Region selbst geschehen. Der Grad an Autonomie bei der Gestaltung regionaler Prozesse ist wesentlich

31 Insofern sind die Überlegungen kein Beitrag zur Vervollkommnung der Landesentwicklungsplanung.

determiniert von überregionalen ökonomischen Rahmenbedingungen. Diese allgemeine Erkenntnis gilt insbesondere für das Gebiet der ehemaligen DDR, da hier Erscheinungen zu berücksichtigen sind, die infolge des Prozesses der Transformation eines Wirtschaftssystems auftreten und auf der Erscheinungsebene ganz oder teilweise der Entwicklung sogenannter "altindustrieller Regionen" Westdeutschlands (und Europas) ähneln. Derlei "areas of industrial decline" waren bekanntlich durch hohe Beschäftigungsanteile in der Industrie, veralteten Kapitalstock und Ausrichtung auf "alte" Märkte" geprägt die im Zuge bestimmter Anpassungsschocks (z.B. Verteuerung der Rohstoffpreise) zu großen Umstellungsschwierigkeiten gezwungen wurden (vgl. Gornig 1992, S. 8f.; Hamm 1991). Brücker weist aber zurecht darauf hin, daß die Existenzgefährdung einer Volkswirtschaft, wie sie sich für die ehemalige DDR darstellt, eine neue Qualität bedeutet, und somit die Bezeichnung "Strukturwandel" zu kurz greift (vgl. Brücker 1991, S. 116).

Die ostdeutsche Transformationskrise ist Gegenstand einer Vielzahl von wissenschaftlichen Untersuchungen (vgl. z.B. Westphal u.a. 1991; Priewe/Hickel 1991; Stratmann-Mertens/Roske 1992; Görmar u.a. 1993; Flassbeck 1993), wobei über die wesentlichen Ursachen für den ökonomischen Kollaps weitgehend Einigkeit besteht. Aus diesem Grund reicht es aus, als Folie für die eigentlichen Ausführungen zu den Potentialen in Zwickau, diese hier wiederzugeben:

a) Produktivitätsrückstand

Aufgrund veralteter Produktionsstruktur, hoher Fertigungstiefe, langer Fertigungszyklen und Problemen in der Materialwirtschaft lag das durchschnittliche Niveau der Arbeitsproduktivität der wichtigsten Sektoren bei maximal 40% des westdeutschen Niveaus[32] (vgl. Klemmer 1991, S. 612; Stratmann-Mertens/Roske 1992, S. 15). "So lag das in den alten Ländern 1989 je Erwerbstätiger erwirtschaftete Bruttosozialprodukt bei 86.200 DM, während es in den neuen Ländern nur 29.600 DM betrug." (Maretzke/Möller 1992, S. 155) Trotz vielfältiger methodischer Schwierigkeiten beim Vergleich der Produktivität

32 Wobei die Angaben bezüglich dieser Kennzahl von 30 bis 80 Prozent schwanken (vgl. Priewe/Hickel 1991, S. 61).

(v.a. Kongruenz der Statistiken, Ermittlung des fiktiven Wechselkurses zur Bewertung der DDR-Produkte) wirft ein solcher Entwicklungsunterschied ein Schlaglicht auf den Anpassungsdruck, der durch die Integration in den Weltmarkt ausgeübt wird.

b) sektorale Strukturdefizite

Der sektorale Entwicklungsstand der Volkswirtschaft allgemein, sowie der meisten DDR-Regionen im konkreten, lag weit unter dem Niveau konkurrenzfähiger Länder. Ein Vergleich der Erwerbstätigenstruktur zwischen West- und Ostdeutschland zeigt die gravierenden Unterschiede (vgl. Übersicht 9).

Übersicht 9: Erwerbstätigenstruktur nach Sektoren 1989 (in %)

	Neue Länder	Alte Länder
Land- und Forstwirtschaft	10,8	3,8
Produzierendes Gewerbe	47,0	40,9
Dienstleistungsbereich	42,3	55,4

Quelle: Maretzke/Möller 1992, S. 154.

Zur Einordnung: Damit befand sich die DDR bei der Vereinigung etwa in der Situation der Bundesrepublik in den Jahren 1958 bis 1964. Gründe für die gering ausgeprägte Bedeutung des tertiären Sektors liegen vor allem auch hier in der hohen Fertigungstiefe, also der geringen Externalisierung von produktionsorientierten Dienstleistungen und der gering ausgeprägten zwischenbetrieblichen Arbeitsteilung, was wiederum Auswirkungen auf Consulting- und Transportbedarf hat. Der hohe Beschäftigungsanteil des Primären Sektors ist vor allem auf den großen Umfang der Rohbraunkohleförderung und der Landwirtschaft zurückzuführen (vgl. Heine/Walter 1990). Zur Ausagekraft des Indikators Sektorale Beschäftigungsstruktur ist einschränkend hinzuzufügen, daß er allein noch nichts über die Konkurrenzfähigkeit einer Volkswirtschaft aussagt. Die hohe Aggregationsdichte in der Sektorbetrachtung verdeckt unter Umständen die Wettbewerbsfähigkeit einzelner Branchen. Von daher ist die Konkurrenzfähigkeit der Produkte ein geeignetere Größe (vgl. Punkt d).

c) eingeschränkte Außenhandelsorientierung

Aufgrund der Autarkiebemühungen, der Geldverfassung sowie der Eingebundenheit in den RGW, war der Anteil des Außenhandels der ehemaligen DDR auf Märkten, auf denen sich diese Region heute bewegen muß, relativ unbedeutend (vgl. Abbildung 10).

Abbildung 10: Exportquoten der alten und neuen Länder nach Zielregionen (III. Quartal 1990 in %)

	Neue Länder	Staatshandels-länder	Sonstige Länder
Neue Länder	6,9	**84,1**	9,0
Alte Länder	**53,6**	4,3	**42,1**

Quelle: Raumordnungsbericht 1991, S. 55.

Der Wegfall der alten Märkte, der durch den ökonomischen Zerfall in den Zielländern noch beschleunigt wurde, führte zu einer Zerstörung der Zuliefer- und Abnehmerstrukturen, und hat vor allen in den Bundesländern Sachsen, und Thüringen entsprechende Arbeitsmarktprobleme hervorgebracht. Die Exportquote dieser Länder betrug bis zu 30% am Gesamtumsatz der Industrie (vgl. Maretzke/Möller 1992; Klemmer 1991). Damit wird deutlich, daß ohne entsprechende staatliche Hilfen der hohe Umstellungsaufwand die einzelnen Betriebe überfordern muß (siehe hierzu Punkt g).

d) Produktqualitätsdefizite

Die oft unzureichende Qualität ostdeutscher Produkte, der neue und/oder zurückgestaute Konsumbedarf nach "West-Ware" bei den Nachfragern, führte zum massiven Einbruch der Verkaufszahlen bei Ostprodukten. Ein besonderes ökonomisches Dilemma erlebten v.a. Produzenten von solchen Konsumgütern, denen eine bestimmte Wettbewerbsfähigkeit zugetraut wurde. Trotz einer Steigerung der konsumtiven Nachfrage von bis zu 10% jährlich in den neuen Ländern (vgl. Klemmer 1991, S. 612), trat bei nahezu allen "DDR-Produkten" ein Nachfrageeinbruch ein. Die in jüngster Zeit wieder festzustellende Renaissance bezüglich dieser Produkte, veranschaulicht nochmal eine nicht immer an objektiven Qualitätsmerkmalen zu messende Verbraucherentscheidung, die durch die Abkehr von den "Ost-Produkten" auch einen Teil dazu beigetragen hat, daß potentiell wettbewerbsfähige Produkte ihre Marktposition nicht halten konnten, wodurch als Folge Liefer- und Zulieferbeziehungen destruiert wurden.

e) Ökologische Engpässe

Die ökologischen Belastungen und Effekte haben zwar den ökonomischen Kollaps der FNL nicht maßgeblich mit herbeigeführt, tragen aber zum Ausmaß der Transformationskrise bei. Die Folgeprobleme eines extensiven Ressourcenverbrauchs belasten insbesondere die öffentlichen Haushalte. Die dadurch hervorgerufene Einengung öffentlicher Finanzierungsspielräume für regionalpolitische Initiativen soll am Beispiel Bodennutzung belegt werden.

Das Medium Boden ist besonderen Belastungen[33] ausgesetzt gewesen (vgl. Schmitz/Wiegandt 1992, S. 168 f.): a) 5% der Fläche der ehemaligen DDR wurde militärisch genutzt (BRD: 1,6%) mit noch nicht absehbaren Belastungen durch militärische Altlasten, b) infolge des Uranbergbaus in Sachsen und Thüringen, sowie des Kupferbergbaus in Sachsen-Anhalt entstanden Probleme durch (zum Teil radioaktiv verseuchte) Abraumhalden, stillgelegte Bergwerke und Absetzanlagen. In Sachsen tritt zwar das Bundeswirtschaftsministerium als

33 Auf die "normale" Belastung durch alte und "ungeordnete" Mülldeponien soll hier nicht eingegangen werden, da sie keine spezifische regionalpolitische Herausforderung der fünf neuen Länder darstellt (vgl. hierzu Damkowski/Elsholz 1990 und Institut für Umweltschutz 1990).

Rechtsnachfolgerin der Urangesellschft Sowjetisch-Deutsche Aktiengesellschaft (SDAG) Wismut ein, will aber nur die Verantwortung für die Gebiete übernehmen, die nach 1962 der Wismut AG gehörten (vgl. v. Stamm 1993). Damit müßten die Kommunen für mehr als zwei Drittel der belasteten Flächen einstehen. Der Sanierungsbedarf und die damit einhergehende Belastung der öffentlichen Haushalte beläuft sich beispielsweise für 1993 auf 756 Mill. DM. Der Gesamtaufwand wird für einen Zeitraum von 10 bis 15 Jahren auf 13 Mrd. DM geschätzt (vgl. Der Tagesspiegel, 21.12.1993, S. 21).

Bei den anderen Umweltmedien ist die Belastungssituation ähnlich, wenngleich der Sanierungsbedarf nicht so akut auftritt. Ein bedeutender Teil der Haushalte der FNL werden nicht normgerecht mit Trinkwasser versorgt, und bei SO_2-Emissionen und Staubemissionen erreichten die FNL europäische Spitzenwerte (vgl. Raumordnungsbericht der DDR 1990, S. 6f.).

Die regionalpolitische Wirkung dieser Bestandsaufnahme der ökologischen Engpässe in den neuen Ländern ist durchaus widersprüchlich. Einerseits ergeben sich aus der Stillegung alter Produktionsanlagen und der Erneuerung des Realkapitalbestandes der privaten und öffentlichen Unternehmen große Chancen durch vermehrten Einsatz umwelt-"schützender" Technologien, sowie eine Verbesserung der Umweltbilanz durch kommunale Ver- und Entsorgungseinrichtungen. Zum anderen verfügen v.a. die privaten Betriebe allerdings häufig nicht über die notwendigen finanziellen Ressourcen für derartige Investitionen, was infolge der Anwendung der westdeutschen Umweltschutzauflagen und für den Fall des Ausbleibens externer Investitionsbeihilfen ein Ausscheiden aus dem Markt bedeuten würde. Weitere Sachverhalte, die sich ebenfalls negativ auf die Umweltsituation in den FNL auswirken, bestehen in:

- der Vervielfachung des Pkw- und Güterverkehrs,
- dem schlagartig ansteigendem Müllaufkommen, bei gleichzeitigem Zusammenbruch alter Recycling-Strukturen (SERO-System),
- der extensiven Gewerbeflächenausweisung

(vgl. Hübler/Cassens 1993, S. 179f.).

f) Infrastrukturdefizite

Erhebliche Mängel in quantitativer und qualitativer Hinsicht treten bei der Ausstattung mit Infrastruktur auf (vgl. Klemmer/Schrumpf 1990; Irmen 1992). Vor allem im Bereich der "harten" sachkapitalorientierten Infrastruktur (zur Abgrenzung vgl. Kapitel 2.1.) bestanden derartige Rückstände, daß eine zügige Anpassung bzw. Restrukturierung des Produktionsapparates auch von dieser Seite aus behindert wurde. Die Ausstattung mit Telekommunikationseinrichtungen ist auf absehbare Zeit als befriedigend einzuschätzen, so daß Engpaßsituationen nach wie vor v.a. in den Bereichen Verkehrsinfrastruktur sowie bei Ver- und Entsorgungseinrichtungen auftreten. Im Bereich der Verkehrsinfrastruktur gehört das Gebiet der fünf neuen Länder zu den tendenziell am schlechtesten ausgestattetsten Regionen Europas (vgl. Raumordnungsbericht 1991, S. 65). Problematische Entwicklungen für den Abbau von Entwicklungshemmnissen bei dem Ausbau der Infrastruktur ergeben sich v.a. durch die unterdurchschnittliche finanzielle Ausstattung der Kommunen und Länder in den fünf neuen Ländern, sowie der noch nicht abzuschätzenden Ausmaße der Binnenwanderungsprozesse von Ost- nach Westeuropa (vgl. Irmen 1992, S. 166).

Das Straßen- und Schienennetz ist zwar großflächig ausgelegt, die qualitativen Standards genügen aber nicht mehr den Anforderungen an ein modernes Verkehrsnetz. Obwohl - als wichtigster Verkehrsträger - das überörtliche Straßennetz (Autobahnen, Bundesstraßen und die zur Verbindung der Kreisstädte in Deutschland erforderlichen sonstigen Straßen) dazu geeignet ist, die Bevölkerungsschwerpunkte und Zentren zu erschließen, bestehen auch hier erhebliche Entwicklungsunterschiede.

Diese Skizze der regionalpolitisch bedeutsamen Parameter muß auch noch um die räumliche Verteilung der Produktionsfaktoren ergänzt werden. Bei der Standortverteilung der ökonomischen Aktivitäten ist ein erhebliches Nord-Süd-Gefälle festzustellen (vgl. Ostwald 1990, S. 187 f.): In den Ballungsregionen (Halle/Leipzig, Chemnitz/Zwickau, Dresden/Oberes Elbtal und Berlin/Umland) lebten auf einem Sechstel der Fläche etwa 40% der DDR-Bevölkerung (6,5 Mio.), produzierten 52% der Industriebeschäftigten mit über 40% der Produktionsmittel einen etwa gleich großen Anteil an der gesamten industriellen Warenproduktion.

g) Wirtschaftspolitik der Bundesregierung (Treuhandanstalt)

Einen wesentlicher Anteil an der Zerstörung der ostdeutschen Wirtschaftsstruktur kann der Wirtschaftspolitik der Bundesregierung in Form der Aufgabenzuweisung an die Treuhandanstalt zugeschrieben werden. Die am 1.3.1990 (also noch unter der "Modrow-Regierung") gegründete Treuhandanstalt hat praktisch das Anlagevermögen einer Volkswirtschaft übernommen[34], mit dem Auftrag, der "Privatisierung und Verwertung (des) volkseigenen Vermögens nach Prinzipien der sozialen Marktwirtschaft". Dabei soll sie "die Strukturanpassung der Wirtschaft an die Erfordernisse des Marktes ... fördern, indem sie insbesondere auf die Entwicklung sanierungsfähiger Unternehmen und deren Privatisierung Einfluß nimmt" (§ 2 Treuhandgesetz). Diese äußerst unklaren Formulierungen haben zu intensiven Kontroversen über den Auftrag der Treuhandanstalt geführt, wobei es im Kern um den Konflikt Sanierungs- versus Privatisierungsauftrag geht.

Eine Kritik an der Treuhandanstalt, die sich im wesentlichen auf die falsche Schwerpunktsetzung, also den Primat der Privatisierung vor der Sanierung, konzentriert (vgl. die Darstellung bei Christ/Neubauer 1991), läuft dabei m.E. deshalb ins Leere, weil sie die Möglichkeit in Betracht zieht, daß die Treuhandanstalt eine reales Sanierungsinteresse hatte. Trotz einiger Zugeständnisse der Treuhandanstalt im Zuge der Auseinandersetzungen (siehe Stratmann-Mertens/Roske 1992, S. 75f.) wäre jede Ausrichtung, die sich nicht primär auf eine betriebs- und privatwirtschaftliche Sicht konzentrieren würde, vor dem Hintergrund der ordnungspolitischen Orientierung des Bundesfinanzministeriums (als Fachaufsichtsbehörde) äußerst verwunderlich. Eine vorläufige Schlußbilanz der Treuhandanstalt hat diese Sicht auch im nachhinein bestätigt (vgl. Hickel/Priewe 1994, Kapitel 1.4): Eine vorrangig an betriebswirtschaftlichen Sanierungskriterien ausgerichtete Politik hat um den Preis der weitge-

34 Als Körperschaft des öffentlichen Rechts und bundesunmittelbare Behörde, wurden ihr 126 zentral geleitete und 95 bezirklich geleitete Kombinate mit ca. 9.000 Unternehmen und 40.000 Betrieben, in denen ca. 60% aller Beschäftigten arbeiteten, zugewiesen (vgl. Priewe/Hickel 1991, S. 166 und Institut für Arbeitsmarkt und Berufsforschung 1991, S.13).

henden Zerstörung der volkswirtschaftlichen Strukturen ihre Aufgabe abgeschlossen. Auch wenn die Treuhand erst Ende 1994 ihr "operatives Geschäft" beenden wird, und Anfang 1994 noch ca. 30% der industriellen Arbeitsplätze unter Treuhand-Verwaltung stehen, ist eine Politik der Sanierung "industrieller Kerne", wie sie jetzt diskutiert wird, nicht mehr als ein spätes und wohlkalkuliertes Einlenken, nachdem das Privatisierungstempo abgeflaut ist. Zu diesem Zeitpunkt waren aufgrund einer "bedingungslosen schnellen Privatisierung" (Hickel/Priewe 1994, Kapitel 1.4.3.) in der ersten Phase der Tätigkeit der Treuhandanstalt, bereits große Teile der industriellen Verflechtungen destruiert worden. Da dem großen Angebot an Unternehmen eine geringe Nachfrage gegenüberstand, kam es vielerorts zu "schlechten Privatisierungen", mit geringen Erlösen, unter Vorlage unsolider Unternehmenskonzepte[35], die v.a. auf Grundstücksspekulationen und Resteverwertung des Anlagevermögens ausgerichtet waren. Eine Strukturpolitik, die Verflechtungsbeziehungen berücksichtigt, fand nicht statt.

Fazit:

Bei der Beurteilung des Gebietes der fünf neuen Länder aus regionalökonomischer Sicht kann folgendes festgehalten werden. Die historisch gewachsenen ökonomischen Verflechtungsstrukturen sind insbesondere in den altindustriellen Regionen zu einem großen Teil destruiert worden, ohne daß an ihrer Stelle neue konkurrenzfähige Strukturen entstanden sind. Das Ausmaß des Produktionseinbruchs infolge der Transformationskrise zeigt sich am deutlichsten in der Entwicklung der Erwerbstätigenzahlen aufzeigt (vgl. Übersicht 10).

[35] Eine Tatsache, auf die auch der Bundesrechnungshof in seiner kritischen Analyse der Arbeit der Treuhandanstalt hingewiesen hat (vgl. Bundesrechnungshof 1993).

Übersicht 10: Entwicklung der Erwerbstätigenzahlen nach Wirtschaftszweigen in den neuen Ländern

Entwicklung der Erwerbstätigenzahl November 1989 bis Juli 1991 nach Wirtschaftszweigen in den neuen Ländern
(Veränderungsrate in %)

	Wirtschaftszweig								
	Landwirtschaft	Bergbau, Energiegewinnung	Bauwirtschaft	Metall-/ Elektrobranche	übriges verarbeitendes Gewerbe (ohne Bau)	Handel	Verkehr, Bahn, Post	Banken, Versicherungen	andere Dienstleistungen
Länder	001	002	003	004	005	006	007	008	009
Mecklenburg-Vorpommern	-39.5	-21.4	-3.8	-13.3	-12.3	-22.9	-3.7	72.2	1.2
Brandenburg	-40.5	-13.6	11.6	-31.8	-20.8	-4.7	18.6	199.1	0.3
Sachsen-Anhalt	-47.1	-21.9	-9.9	-19.4	-17.9	13.6	8.1	205.5	3.7
Thüringen	-45.3	-34.1	11.8	-12.6	-27.7	-8.4	-2.6	84.2	-11.2
Sachsen	-41.6	-13.7	18.2	-25.7	-26.2	-18.3	-8.7	44.2	8.3
Berlin (Ost)	- 8.1	-47.0	-18.7	-23.8	25.5	-18.6	-2.6	172.9	-2.0
Summe	-42.2	-20.9	4.4	-22.0	-21.5	-15.2	1.3	107.7	1.1

Quelle: Arbeitsmarktmonitor IAB/BMA

Quelle: BfLR 1993, S. 70.

Lediglich die Branchen im tertiären Sektor können positive Raten aufweisen. Die überproportionale Entwicklung im Wirtschaftszweig Banken und Versicherungen verdeutlicht einen Nachholebedarf, der mit Erreichen der Grundversorgung bald abgeschlossen sein wird. Auffallend ist weiterhin, daß der massive Beschäftigungsabbau in den Zweigen des primären und des sekundären Sektors, durch keine Branche aufgefangen werden konnte. Entsprechend gestaltet sich die Entwicklung der Arbeitslosenquote (vgl. Abbildung 11).

Abbildung 11: Entwicklung der Arbeitslosenquoten in den alten neuen Ländern

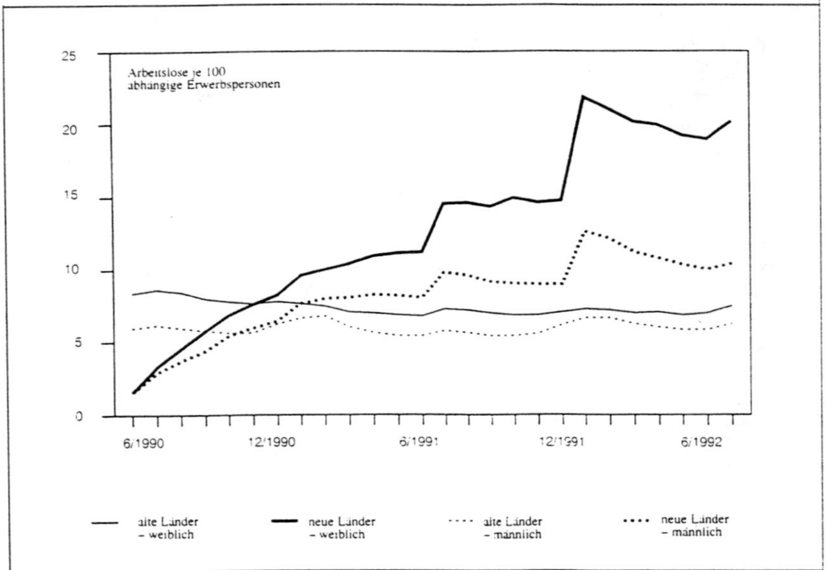

Quelle: Laufende Raumbeobachtung der BfLR

Quelle: BfLR 1993, S. 29.

Die Arbeitslosenquote liegt in den neuen Bundesländern inzwischen durchgängig weit über dem Durchschnitt der alten Länder. Quoten von über 10% traten dort lediglich in einzelnen Problem-Regionen auf. Durch den massiven Einsatz arbeitsmarktpolitischer Maßnahmen spiegeln die Arbeitslosenquoten in den neuen Bundesländern aber nur bedingt die Realität des Arbeitsmarktes wider. Noch immer sind viele der Erwerbstätigen auf Kurzarbeit gesetzt, in ABM-Maßnahmen integriert oder an Fortbildungs- und Umschulungsmaßnahmen beteiligt. In einigen Ländern beträgt der Anteil der Teilnehmer solcher

Maßnahmen über 30% aller Erwerbstätigen (vgl. BfLR 1993, S. 26). So gab es - bedingt durch Änderungen in der Politik der Bundesanstalt für Arbeit - regelrechte künstliche Sprünge in der Entwicklung der Arbeitslosenquote (z.B. Juli 1991 und Januar 1992).

Die Abbildung 11 verdeutlicht darüber hinaus auch geschlechtsspezifische Unterschiede. Die Erwerbsquote[36] in der DDR betrug bis 1989 im Mittel ca. 75%, während sie in den alten Ländern bei ca. 50% lag (vgl. Raumordnungsbericht 1991, S. 49 f.). Diese im europäischen Maßstab stärkste Erwerbstätigkeit der Frauen schlägt nun um in eine überproportionale Betroffenheit beim Verlust des Arbeitsplatzes. "Veränderte Erwartungen der Betriebe zur Humankapitalnutzung erweisen sich als besondere Arbeitsmarktgefahr für die Frauen. Sie sind Träger spezifischer Arbeitsmarktrisiken, da sie durch familiäre Pflichten freiwillig oder unfreiwillig in geringerem Maße auf dem Arbeitsmarkt verfügbar sind. Betroffen sind insbesondere alleinerziehende Frauen - deren Anteil an den berufstätigen Frauen in den neuen Bundesländern deutlich höher als in den alten Ländern ist - da bei ihnen Arbeitsausfälle, z.B. infolge Erkrankung von Kindern, für Betriebe weniger kalkulierbar sind." (Engelbrech 1991, S. 6)

Diese Zahlen belegen, daß die in den neuen Ländern getätigten Investitionen nicht ausreichen, den Trend umzukehren. Eine Betrachtung der vorgenommenen Anlageinvestitionen ergibt dann auch folgendes Bild (siehe Übersicht 11):

Übersicht 11: Bruttoanlageinvestitionen (in Mrd. DM und Preisen von 1991)

	1991	1992
BR Deutschland	648,0	676,3
davon:		
Neue Länder und Berlin-Ost	82,9	101,4
Alte Länder	565,1	574,9

Quelle: Statistisches Bundesamt, Arbeitsgruppe Alternative Wirtschaftspolitik 1993, S. 168.

36 Erwerbsquote = Anzahl der Erwerbstätigen je 100 Erwerbsfähiger.

Danach ist zwar auch in Ostdeutschland die Investitionstätigkeit gestiegen, erreichte aber -auf Anlageinvestitionen pro Kopf der Bevölkerung umgerechnet-nur knapp 75% des westdeutschen Niveaus. Unter Berücksichtigung des aus der Transformationskrise resultierenden niedrigen Anfangsniveaus und entsprechendem "Nachholbedarf" blieb die absolute Summe der Brutto-Analgeinvestitionen zu klein, um eine weitere Vergrößerung des Abstands zum westdeutschen Anlagekapital zu verhindern (vgl. Arbeitsgruppe Alternative Wirtschaftspolitik 1993, S. 170).

Die durchgängige Verschlechterung der Beschäftigungs- und Erwerbsmöglichkeiten führt zu ausgeprägten Binnenwanderungen innerhalb der Bundesrepublik. Wanderungsströme reflektieren einerseits die subjektive Bewertung der Entwicklungsmöglichkeiten von Regionen, und andererseits fördern bzw. restringieren sie diese. Die Abwanderung von Menschen aus dem Gebiet der ehemaligen DDR in die alten Bundesländer hält seit dem Wegfall der Grenzen im Jahr 1989 unvermindert an. In der Analyse der Struktur der Wanderungsströme fällt zunächst auf, daß der Anteil der jüngeren und in der Regel qualifizierteren Menschen bei allen regionalen Wanderungsströmen gleichermaßen hoch ist (vgl. BfLR 1993, S. 42). Neben der damit zum Ausdruck kommenden größeren Mobilität der jüngeren (potentiellen) Erwerbstätigen sind v.a. die Zielgebiete von Interesse. Wanderungsverluste müssen sächsische und brandenburgische Regionen hinnehmen (Nähe zu Osteuropa), Wanderungsgewinne können grenznahe Regionen zu Westdeutschland und Berlin verbuchen (vgl. BfLR 1993).

Die skizzierten Entwicklungen dokumentieren auch eine Zerstörung der historisch gewachsenen Verflechtungsstrukturen. Es ist zu erwarten, daß die Regionen der Fünf Neuen Länder somit keine Attraktivität mehr für jene Betriebe aufweisen, die auf die Vorteile von derartigen Verbundsystemen angewiesen sind. Die schleppend verlaufende Investitionstätigkeit und die konjunkturell angespannte Lage verhindern darüber hinaus, die zügige Rekonstruktion der ökonomischen Strukturen. Die externen Effekte räumlicher Verdichtungen und Verflechtungen in Form von Agglomerationsvorteilen spielen unter marktwirtschaftlich-kapitalistischen Bedingungen eine zentrale Rolle. Eine Analyse dieser Wirtschaftssysteme ergibt, daß es ökonomische Gesetzmäßigkeiten gibt, die zu einer räumlich disparaten Verteilung von Produktivkräften führen (vgl. Myrdal 1959, v. Böventer 1979 und Heine/Schikora 1992).

Einmal unterstellt, daß Unternehmen unter Wettbewerbsbedingungen üblicherweise rationale Standortentscheidungen fällen, müssen die agglomerierten Regionen offenbar ökonomische Vorteile bieten, die die höheren Faktor-Kosten (z.B. Mieten, Arbeitskosten) in stark verdichteten Räumen kompensieren. Diese positiven externen Effekte werden z.B. über eine bessere Ausstattung mit allgemeinen Produktionsvoraussetzungen, wie v.a. ausdifferenzierte Arbeitsmärkte oder leistungsfähige Infrastruktureinrichtungen vermittelt. Räumliche Verdichtungen von Produktionsfunktionen (localization und urbanization economics, vgl. Kapitel 2.1.2.) führen zu diversen Kostenersparnissen aufgrund geringer Entfernungen zu Zulieferern und Abnehmern. Da in der Regel in Zentren leistungsfähige produktionsorientierte Dienstleistungen zur Verfügung stehen, lassen sich betriebliche Ausfallzeiten ebenfalls leichter minimieren. Durch einen höheren Besatz an F&E-Einrichtungen verbessern sich darüber hinaus Informationsgeschwindigkeiten und damit die Innovationsmöglichkeiten. Das Ausmaß der Inanspruchnahme dieser diversen Agglomerationsvorteile ist sicherlich abhängig von Branchenzugehörigkeit und Betriebsgröße. Aber gerade das Ensemble der verschiedenen Vorteile verleiht den Agglomerationen die Anziehungskraft. Im Umkehrschluß heißt das, daß Unternehmen, die nicht auf diese Agglomerationsvorteile angewiesen sind, weil sie aufgrund geringer Verflechtungstiefe nicht von ihnen profitieren können, als Ansiedlungspotential für eher periphere Gebiete verbleiben.

Neuere empirische Forschungen bestätigen diese theoretische Fassung regionaler Entwicklungsprozesse. Eine Langzeit-Untersuchung (1880 bis 1988) der ökonomischen Entwicklung der Regionen in den USA von Barro/Sala-I-Martin kommt zwar zu dem Ergebnis, daß es eine langfristige Tendenz zur Verminderung der Pro-Kopf-Einkommensunterschiede gibt, diese aber nicht für alle Regionen festzustellen ist, und eine starke Korrelation zu konjunkturellen Phasen besteht (vgl. Barro/Sala-I-Martin 1991). Blanchard und Katz können belegen, daß diese Entwicklung v.a. auf einer passiven Sanierung strukturschwacher Regionen beruht (vgl. Blanchard/Katz 1992). In peripheren Räumen entfallende Beschäftigungsmöglichkeiten -ohne entsprechenden Ersatz- führte zu Abwanderungstendenzen der Bevölkerung, die das Pro-Kopf-Einkommen der verbliebenen Einwohner statistisch anheben. Auch Untersuchungen in Westeuropa bezüglich altindustrieller Regionen zeigen, daß Deindustrialisierungsprozesse in den seltensten Fällen durch neue Beschäftigungsmöglichkeiten kompensiert werden können, was auf die beschriebenen ökonomischen Gesetzmäßigkeiten hinweist (vgl. Hamm/Wienert 1990 und Hamm 1991).

Die geringe Investitionstätigkeit in den Neuen Bundesländern ist somit nicht verwunderlich, sondern zeigt vielmehr, daß auch vor dem Hintergrund einer angespannten konjunkturellen Lage und zu erwartender längerfristiger Wachstumspfade (vgl. Kisker 1991 und Kisker 1993) diese Regionen -von Ausnahmen abgesehen- eben nicht über die beschriebenen ökonomischen Vorteile verfügen, die eine Standortentscheidung betriebswirtschaftlich rechtfertigen würden. Damit scheint als Entwicklungspfad für die ökonomische Perspektive der Fünf Neuen Länder die "passive Sanierung" vorgezeichnet zu sein.

Die allgemeinen Ausführungen zur regionaltheoretischen Einordnung des Transformationsprozesses sollen nun anhand der altindustriellen Region Zwickau, und der die Region dominierenden Automobilindustrie exemplarisch überprüft werden. Der zukünftigen Entwicklung der Automobilindustrie kommt vor dem Hintergrund der industriellen Rekonstruktion auf dem Gebiet der FNL eine zentrale Funktion zu: sie weist in beiden Teilen Deutschlands hohe Beschäftigungsanteile auf; sie ist vielfältig verflochten mit anderen Industriebranchen (Chemie-, Eisen- und Stahlindustrie, metallverarbeitende Bereiche) und Sektoren der Volkswirtschaft (z.B. Dienstleistungen im Bereich Forschung und Entwicklung) und hat erheblich zum Ausbau infrastruktureller Systeme (z.B. Straßenbau) beigetragen. Zugleich realisiert diese Branche, trotz aller gesellschaftlicher Diskussionen um die externen Kosten des motorisierten Individualverkehrs, nach wie vor hohe Wachstumsraten: zu den ersten bedeutenden Investitionsvorhaben in Ostdeutschland zählen die Engagements von VW in Zwickau und Opel in Eisenach.

Konkret wird es im folgenden darum gehen, den im 3. Kapitel entwickelten Ansatz zur Erhebung endogener Potentiale auf die gewählte Region anzuwenden. Auf Basis der empirischen Ergebnisse können dann die Tauglichkeit und die möglichen Grenzen des Ansatzes diskutiert werden.

4.2. Endogene Entwicklungspotentiale in Zwickau[37]

Um die Entwicklungschancen der Region Zwickau abzuschätzen, bedarf es Überlegungen über die Standortfaktoren, die die vorhandenen Unternehmen veranlassen, in der Region zu bleiben, bzw. die sie bewegen, hier ihre Produktion auszubauen und die für potentielle Investoren Gründe darstellen, sich in Zwickau anzusiedeln. Um bei der Beurteilung des Wirtschaftsstandortes Zwickau Redundanzen zu vermeiden, werden lediglich diejenigen Aspekte ausführlicher dargestellt, die sich zum einen von der allgemeinen Entwicklung der ehemaligen DDR-Ökonomie abheben, und zum anderen für die Beurteilung von Entwicklungsperspektiven speziell dieser Region von Interesse sind.

4.2.1. Räumliche Lage und Verkehrsanbindung[38]

Der hier zu untersuchende Wirtschaftsraum Zwickau wird deutlich bestimmt durch die städtische Agglomeration Zwickau und besteht aus den Kreisen Zwickau-Stadt, Zwickau-Land, Glauchau und Werdau[39], und wird von den Ballungsgebieten Halle-Leipzig und Dresden/Oberes Elbtal umlagert (siehe Abbildung 12). Laut Entwurf des Landesentwicklungsplanes Sachsen (vgl. Staatsministerium für Umwelt und Landesentwicklung 1993) wird sie als Teil des Verdichtungsraumes "Chemnitz-Zwickau" in die Gebietskategorie[40]

37 Ein Teil der Erhebungen, insbesondere die Befragung sind Ergebnis eines von der Volkswagen-Stiftung geförderten Forschungsprojektes, an dem der Autor maßgeblich mitgewirkt hat.

38 Zur Qualität der Verkehrsinfrastruktur vgl. Kapitel 4.2.2.

39 In diese vier Kreise soll die Wirtschaftsregion zukünftig gegliedert werden (vgl. Gesetz über die Vorläufigen Grundsätze und Ziele zur Siedlungsentwicklung und Landschaftsordnung im Freistaat Sachsen vom 20.6.1991).

40 Das sind Räume, die eine einheitliche Raumstruktur aufweisen, und deshalb hinsichtlich ihrer angestrebten Entwicklung einheitlich zu behandeln sind. Danach sind folgende Gebietskategorien zu unterscheiden: Verdichtungsraum, Randzone des Verdichtungsraums, Ländlicher Raum, Gebiete mit Verdichtungsansätzen im ländlichen Raum (vgl. Staatsministerium für Umwelt und Landesentwicklung 1993, S. 19).

Abbildung 12: Zentralörtliche Gliederung in Sachsen

Quelle: Eigene Darstellung nach BfLR 1993, S. 111 und Staatsministerium für Umwelt und Landesentwiclung 1993.

"Verdichtungsraum eingeordnet. Diese großflächigen Gebiete sind durch eine hohe Konzentration an Wohn- und Arbeitsstätten, hohe Ausstatung an Infrastruktur sowie einer starken inneren Verflechtung gekennzeichnet (zur Bestimmung und Abgrenzung der Verdichtungsräume vgl. MKRO 1968; MKRO 1993).

In der regionalpolitischen Diskussion besteht weitgehend Übereinstimmung über die Bedeutung von Verkehrsinfrastrukturen hinsichtlich der Beurteilung von Standorten. "Die zentralörtliche Bedeutung einer Stadt hängt von einem hohen Funktionsbündelungs- und günstigen Erreichbarkeitsindex ab." (Hahn 1991, S. 3; vgl. ausführlicher Eckey 1991 b). Dieser Stellenwert ist v.a. dadurch begründet, daß durch eine starke Verkehrserschließung regionale und überregionale Austauschbeziehungen und Arbeitsteilungen ermöglicht oder erleichtert werden. Die gesamte Region Zwickau ist unter folgenden Gesichtspunkten verkehrstechnisch als günstig gelegen einzuordnen:

Schiene: Die Betrachtung der potentiellen Anbindung zu wichtigen überregionalen Zentren ergibt nachstehendes Bild: Die Region Zwickau ist eisenbahnseitig durch drei Fernverbindungen an den überregionalen Verkehr angebunden. In west-östlicher Richtung durch die D-Zug-Strecke Dresden-Chemnitz-Glauchau-Gera-Erfurt-Kassel, in Nord - Süd - Richtung durch die D-Zug-Strecke Leipzig-Werdau-Hof. Über die Eisenbahnanbindung nach Leipzig werden Verbindungen sowohl an die nord-westlichen Zentren Hamburg und Bremen, mit den dortigen Häfen, als auch in nord-östlicher Richtung nach Berlin ermöglicht. Der westliche Korridor ermöglicht über Erfurt-Eisenach die Verbindung zum nordhessischen Raum (Kassel), sowie weiter die Anbindung an das Ruhrgebiet. In süd-östlicher Richtung erfolgt durch die zweigleisige, elektrifizierte Linie Dresden-Chemnitz-Zwickau-Plauen-Hof (sog. Sachsenmagistrale) auf D-Zug-Niveau die Anbindung des Zwickauer/Chemnitzer Raumes an den oberfränkischen Raum und Nürnberg, sowie -zunehmend wichtiger- die Anbindung tschechischer Industrieregionen (um Pilsen).

Die Gesamtlänge des Schienennetzes im Regierungsbezirk Chemnitz beträgt (1991) 1.140 km, wovon 385 km auf Hauptbahnen entfallen. Das Schienennetz weist eine Dichte von 0,18 km/km^2 auf und liegt damit über dem Durchschnitt der ehemaligen DDR (0.13 km/km^2) und der alten BRD (0,12 km/km^2) (vgl.

Büro für Territorialplanung 1991, S. 88). Die Verkehrserschließung der Region ist damit schienenseitig als gut entwickelt zu bezeichnen, der Dichtewert liegt über dem der meisten europäischen Eisenbahnnetze. Die Leistungsfähigkeit des Schienennetzes ist durch Überlastung, eingleisige Abschnitte, umständliche Linienführungen und reparaturbedürftige Brücken stark eingeschränkt, so daß lange Reise- und Transportzeiten, insbesondere in benachbarte Großstädte zu verzeichnen sind. Es ist allerdings abzusehen, daß durch staatliche Infrastrukturmaßnahmen diese Engpässe beseitigt werden können (vgl. Staatsministerium für Umwelt und Landesentwicklung 1993, S. B 83 und B 86).

Straße: Die überregionale Anbindung ist v.a. durch die Lage der Region Zwickau in unmittelbarer Nähe der Autobahn A 4 (Dresden-Chemnitz-Erfurt-Eisenach) in west-östlicher Richtung und der A 72 (Chemnitz-Plauen) in südöstlicher Richtung gegeben. Der Autobahnanschluß an die A 4 ermöglicht, über das Hermsdorfer Kreuz, die Verbindung an nord-westliche und nord-östliche Zentren, ebenso wie die Anbindung an süddeutsche (Nürnberg A 9) und südwestliche Zentren (Frankfurt/M. über Eisenach A 4). Hinzu kommen drei Bundesfernstraßen, die die Region Zwickau ebenfalls überregional anbinden: die B 93 (Leipzig-Zwickau-Schneeberg-Aue) in nord-südlicher Richtung, die B 175 (Weida-Werdau-Zwickau-Glauchau) in west-östlicher Richtung sowie die B 173 (Plauen-Zwickau-Chemnitz). Insgesamt besitzt die Region gute überregionale Straßenanbindungen, ein dichtes und weitverzweigtes Straßennetz, das mit einer Dichte von 1,88 km/km^2 eine ausreichende Erschließung gewährleistet. Einschränkungen in der Nutzbarkeit liegen zur Zeit in den notwendigen umfangreichen Baumaßnahmen auf vielen Autobahnabschnitten und in den häufigen Ortsdurchfahrten auf den überregionalen Fern-/Landesstraßen, die aufgrund des gestiegenen Verkehrsaufkommens zu Engpässen führen, so daß auch für Entfernungen bis zu 50 km mit hohen Reise- und Transportzeiten gerechnet werden muß. Auch hier sind mittelfristig Entlastungen durch öffentliche Maßnahmen zu erwarten (vgl. Staatsministerium für Umwelt und Landesentwicklung 1993, S. 49f.).

Luftverkehr: Der gesamte Ballungsraum Zwickau/Chemnitz verfügt über keinen Flughafen. Überregionale Anbindungen an den Flugverkehr sind lediglich über die Flughäfen Leipzig-Schkeuditz und Dresden-Klotsche gegeben. Langfristig soll jede der fünf Planungsregionen in Sachsen einen Verkehrslandeplatz erhalten (vgl. Staatsministerium für Umwelt und Landesentwicklung 1993, S. 51). Die Strategische Orientierung (30-50 Jahre) des Landesentwicklungsplanes liegt in dem Aufbau einer "europäischen Cityregion Sachsendreieck" (Leipzig-Dresden-Chemnitz/Zwickau). "Eine Europäische Cityregion ist eine räumliche Verflechtung von Oberzentren, der aufgrund ihrer Größe, Lage, Funktion und Komplexität ihrer Ausstattung eine wichtige Rolle für die gesamteuropäische Entwicklung zugewiesen wird. Sie bildet einen Schwerpunkt des wirtschaftlichen, sozialen und kulturellen Lebens in Europa. Sie übernimmt über ihren nationalen Bedarf hinaus Aufgaben im europäischen Maßstab für die Bevölkerung ihres Einzugsbereichs." (Staatsministerium für Umwelt und Landesentwicklung 1993, S. 7) Mit dieser langfristigen Orientierung, die auf den Ausbau der Verflechtungsbeziehungen zwischen den drei Oberzentren abzielt, wird der räumlichen Lage Rechnung getragen. Gleichzeitig werden mit der Festlegung von Entwicklungszielen Eckpunkte und klare Signale für den Ausbau der externen Verkehrsinfrastruktur gegeben, womit Forderungen der in der Region ansässigen Unternehmen erfüllt wurden (vgl. Kuhn 1991).

4.2.2. Infrastruktur

Im Bereich der sachkapital- oder produktionsorientierten Infrastruktur ist neben den bereits erwähnten für die FNL allgemein geltenden Engpässen in den Bereichen Telekommunikation und Entsorgung für die Beurteilung des Wirtschaftsstandortes Zwickau vor allem der Verkehrssektor von gesteigertem Interesse.[41]

ÖPNV: Die Netze des Öffentlichen Personen-Nahverkehrs waren in der DDR um ein Vielfaches dichter als in den alten Bundesländern, dabei entfiel ein hoher Prozentsatz des ÖPNV-Verkehrs auf den sog. Zubringerverkehr zu den Arbeitsplätzen und Schulen. In der Region Zwickau und im weiteren Umkreis des Regierungsbezirks Chemnitz waren 94% der Gemeinden und Gemeindeteile im ÖPNV durch Eisenbahn und Straßenpersonenverkehr erschlossen. Im Nahbereich haben allerdings Streckenstillegungen nach 1989 dazu beigetra-

[41] Die Engpässe in den anderen Bereichen werden durch Bundes-Maßnahmen auf absehbare Zeit beseitigt werden.

gen, daß sich der Schienenverkehr im Landkreis Zwickau auf zwei Strecken konzentrierte.

Güterverkehr: Zwickau HBF und Chemnitz-Kappel sind die größten Rangierbahnhöfe der Region und damit wichtige Drehscheiben für den Güterverkehr. Sie sind gleichzeitig Containerumschlagplätze mit Kapazitäten für 27.000 bzw. 23.000 Großcontainern jährlich. Während der Umschlagbahnhof Chemnitz/Kappel bereits 1990/91 in das System des Kombinierten Güterladeverkehrs (KLV) der DR/DB mit Relationen[42] nach Leipzig und von dort nach Bochum und Frankfurt/M. einbezogen wurde, hat die Generalvertretung Zwickau der DR den Huckepackverkehr für die Relation Zwickau-Bochum und Zwickau-Karlsruhe 1991 in den Fahrplan aufgenommen, allerdings mit einer schlechten Auslastung (vgl. Büro Für Territorialplanung 1991). Für den Herbst 1991 wurde die Relation Zwickau-Ludwigsburg neu eingerichtet.

Im Zuge der Konzentration der vorhandenen 24 Güterverteilzentren in der früheren DDR auf 8-10 Umschlagzentren bleibt Zwickau HBF, nach vorliegenden Planungen, als Güterverteilzentrum erhalten (vgl. Raumordnungsbericht 1991, S. 145). Der Containertransport ist in Zwickau allerdings fast zum Erliegen gekommen, weil die in der DDR und im RGW üblichen Behälter keine optimalen Innenmaße aufweisen und technische Unzulänglichkeiten aufweisen.[43]

Der innerregionale Güterverkehr wird auch daher zunehmend durch Nutzfahrzeuge abgewickelt, die ihrerseits zu den Überlastungen des unterdimensionierten Straßennetzes beitragen.

4.2.3. Wirtschaftsstruktur[44]

Der bereits beschriebene Wandel im Zuge der ökonomischen Transformation zeigt auch in Sachsen und Zwickau die typischen Merkmale: 1989 waren im Land Sachsen mehr Erwerbstätige im sekundären Sektor (52,8%) als im tertiären Bereich beschäftigt (40,0%) (vgl. Raumordnungsbericht 1991, S. 192).

42 Regelmäßig befahrene Linie.

43 Öffnung ist häufig nur an der Stirnseite möglich.

44 Die Darstellung der zentralen Daten über Veränderungen in der regionalen Wirtschaftsstruktur bezieht sich auf den Zeitraum Anfang 1990 bis Mitte 1993.

Diese überproportionale Beschäftigung im primären und sekundären Sektor führte durch den Strukturwandel zum erwarteten Beschäftigtenabbau in den ersten Monaten nach der Vereinigung der beiden deutschen Staaten. Die folgende Übersicht verdeutlicht die Entwicklung der Erwerbstätigenzahlen in Sachsen:

Übersicht 12: Entwicklung der Erwerbstätigenzahlen November 1989 bis Juli 1991 nach Wirtschaftszweigen in Sachsen

Landwirtschaft	- 41,6%
Bergbau/ Energie	- 13,7%
Bauwirtschaft	18,2%
Metall-/ Elektrobranche	- 25,7%
übriges verarb. Gewerbe	- 26,2%
Handel	- 18,3%
Verkehr/Bahn/ Post	- 8,7%
Banken/ Versicherungen	44,2%
andere Dienstl.	8,3%

Quelle: BfLR 1993, S. 70.

Wenn man sich zum Zweck der Potentialbetrachtung die Struktur der Beschäftigung im sekundären Sektor einmal genauer anschaut, sind folgende Aspekte erwähnenswert. Auffallend hohe Beschäftigungsanteile entfielen auf die Branchen Maschinenbau (22% mit 66.644 Beschäftigten), Fahrzeugbau (5% mit 14.031 Beschäftigten), Elektrotechnik (11% mit 32.991 Beschäftigten) und Textil- und Bekleidungsgewerbe (10% mit 30.991 Beschäftigten) und reflektieren damit die hohe Bedeutung der Automobil- und Textilproduktion in dieser Region (Statistisches Landesamt des Freistaates Sachsen 1993 c).

Im Automobilbereich beschäftigten als größter von 35 Kombinatsbetrieben die Sachsenringwerke Zwickau 1989 ca. 11.500 Arbeitnehmer. Betriebsteile des Sachsenringwerkes waren über die gesamte Region verteilt. Die für die DDR-Ökonomie typisch hohe Wertschöpfungsquote (Verarbeitungstiefe) erreichte in der Region nahezu 80%, wenn man alle Kombinatsteile mit einbezieht (vgl. Deutscher Industrie- und Handelstag 1990). Die Textilindustrie war bis 1989 mit fünf großen Kombinaten mit Stammsitz in Sachsen und einem in der Region Zwickau (in Meerane) vertreten.

4.2.4. Arbeitskräfte und Bevölkerung

Nach den Ergebnissen der ersten Wanderungsberechnungen des Statistischen Landesamtes Sachsen, betrug der Wanderungsverlust der Region Zwickau im Jahr 1990 8.000 Personen. Die Stadt Zwickau erleidet dabei den höchsten Verlust mit 3.500 Personen (1990). Im letzten Jahr (1992) schwächte sich die Entwicklung etwas ab. Zwickau-Stadt hatte einen negativen Wanderungssaldo von 1.122 Personen zu verzeichnen, die gesamte Region Zwickau einen Saldo von -638 (vgl. Statistisches Landesamt des Freistaates Sachsen, Wanderungen im Freistaat Sachsen, verschiedene Jahrgänge). Generell sind in Sachsen die Landkreise stärker als die Stadtkreise von diesen negativen Wanderungsbewegungen betroffen. Die Alterszusammensetzung der abwandernden Personen entspricht der allgemeinen Tendenz in den fünf neuen Ländern.

Obwohl Sachsen unter den neuen Bundesländern die besten Voraussetzungen bei der Bewältigung der Transformationskrise zugeschrieben wurden (vgl. z.B. Neufischer 1993, S. 191), erwiesen sich viele Betriebe auch in den "Paradebranchen" Maschinenbau und Elektrotechnik/Elektronik nur unter den Prämissen des massiven Beschäftigungsabbaus als überlebensfähig. Im Bereich des Arbeitsamtsbezirk Zwickau[45] waren Mitte 1993 offiziell 31.393 Personen arbeitslos gemeldet, was einer Arbeitslosenquote[46] von 15,4% entspricht. Auch in der Region Zwickau schlugen sich die "staatlichen Entlassungstermine"

45 Einschließlich der umliegenden Landkreise Hohenstein-Ernstthal und Stollberg.

46 Anteil der Arbeitslosen an den abhängigen zivilen Erwerbspersonen (ab Januar 1993 aus sozialversicherungspflichtig- und geringfügig Beschäftigten, Beamten und Arbeitslosen vom Juni 1992).

(v.a. über die Treuhand-Unternehmen vermittelt) Juli 1991 und Januar 1992 nieder (vgl. folgende Übersicht).

Übersicht 13: Arbeitsmarktentwicklung in der Region Zwickau[47]

	Arbeitslose gesamt	Frauen	Jugendliche (unter 25 J.)	AL-Quote gesamt (%)
Zwickau-Stadt/Land				
1991	9.248	6.046		8,8
1992	12.831	8.859	1.466	13,5
Werdau				
1991	4.338	2.982		12,1
1992	5.989	4.179	640	20,9
Glauchau				
1991	3.831	2.292		11,2
1992	5.076	3.398	575	18,2

Quelle: Statistisches Landesamt des Freistaates Sachsen 1993 b.

Auffallende Entwicklung auf dem Arbeitsmarkt ist die Situation der Frauen durch ihre überproportionale Betroffenheit von der Arbeitslosigkeit, sowie die der Jugendlichen aufgrund des unzureichenden Ausbildungsangebots. Die Situation in den ländlich strukturierten Kreisen Werdau und Glauchau stellt sich erheblich problematischer dar, als im Stadt- und Landkreis Zwickau.

4.2.5. Natürliche Ressourcen

Der Zustand der natürlichen Ressourcen und die ökologische Situation sind durch eine hohe Konzentration industrieller Produktion mit hohem Schad-

47 Aktuellste verfügbare Daten.

stoffausstoß und veralteten technologischen Ausrüstungen (insbesondere der auf Braunkohle basierenden Energiewirtschaft und Grundchemie), bzw. den Folgen der Anwendung dieser Technologien geprägt. Zusätzliche Belastung besteht durch eine hohe Bevölkerungsdichte ohne entsprechende Ausstattung.

Luft:

Erste wichtige Bestimmungsgröße ist hierbei der Wärmebedarf im Wohnungssektor der Stadt Zwickau und die entsprechende Beheizungsstruktur. Die Beheizung der insgesamt 7.120 Wohngebäude mit knapp 55.000 Wohnungen erfolgt primär mit festen Brennstoffen (Braunkohlebrikett) und Fernwärme, die ebenfalls mit festen Brennstoffen (Rohbraunkohle) erzeugt wird. In Glauchau müssen ca. 11.500 Haushalte mit Wärme versorgt werden. Dies geschieht im wesentlichen durch drei Heizkraftwerke auf Rohbraunkohlebasis und Einzelfeueranlagen. In Werdau wird der Wärmegrad von 8.500 Wohnungen zu 73% durch Kohle und zu 20% durch Fernwärme (Rest: Stadtgas) gedeckt (vgl. Klein 1992).

Der Energiebedarf industrieller Produktionseinheiten, der aufgrund von Produktionsum- und -einstellungen nur sehr schwer prognostizierbar ist, wurde vorwiegend über feste Brennstoffe gedeckt.

Insgesamt betrachtet zeigt die Energieträgerstruktur ein deutliches Übergewicht der Braunkohle bei der Erzeugung von Energie. Ein relevanter Anteil fällt zusätzlich nur noch dem Stadtgas zu. Sowohl die Versorgungsnetze der Fernwärme als auch die Netze der Gasversorgung sind rekonstruktionsbedürftig. Gleiches gilt für die Energieerzeuger- und die Verteileranlagen, die im Rahmen einer Differenzierung der Energieträgerstruktur, insbesondere bei der Umstellung auf Erdgas, modernisiert werden und zu einer effizienteren Ausnutzung der eingesetzten Energie beitragen werden. So geht es im Fernwärmebereich um eine bessere Kraft-Wärme-Kopplung sowie um eine kundenzurechenbare Verbrauchsmessung. Mit der Dominanz der Braunkohle in der Energieträgerstruktur ist gleichzeitig eine hohe Schadstoffbelastung verbunden, da die Einzelfeuerstätten sowie Energieerzeugungsanlagen, die nicht mit schadstoffreduzierenden Anlagen ausgerüstet sind, für Emissionswerte verantwortlich sind, die 10-15 mal höher liegen, wie in westdeutschen Großstädten (vgl. Klein 1992 und folgende Übersicht).

Übersicht 14: Emission und Schadstoffbelastung in der Region Zwickau

	Staub	SO_2	NOx	CO_2
in t/Jahr 1989				
Zwickau	11.000	23.700	1.450	750.000
Glauchau	260	170	50	5.100
Werdau	290	150	25	3.950
t/Jahr 2005				
Zwickau	509	657	168	331.000
Glauchau	30-40	25	70	10.000
Werdau	100	50	50	2.000

Quelle: Klein 1992, eigene Darstellung.

Wasser:

Die Region ist wasserwirtschaftlich in das Pleiße-Einzugsgebiet, welches den Kreis Werdau und den Südosten des Landkreises Zwickau umfaßt, und in das Einzugsgebiet der Zwickauer Mulde zu unterteilen. Aufgrund fehlender zentraler und leistungsfähiger Abwasserreinigungsanlagen ist die Nutzungsfähigkeit der Hauptvorfluter[48] Zwickauer Mulde und Pleiße stark eingeschränkt. Derzeit ist die Nutzung nur nach aufwendigen Aufbereitungsverfahren möglich, wobei leistungsfähige Kläranlagen fehlen. Die Zwickauer Mulde erreicht den Kreis Zwickau bereits mit starker Verschmutzung, die sich bis unterhalb der Stadt Zwickau aufgrund der natürlichen Selbstreinigungskraft leicht abbaut. Im weiteren Verlauf tritt dann aufgrund der Aufnahme weiterer Fremdstoffe und einer

[48] Gefälle, welches dem Gewässer die Möglichkeit bietet, abzufließen.

nur mechanischen Abwasserreinigung wieder eine Verschlechterung der Wasserbeschaffenheit ein. Gleiches gilt im Bereich der Stadt Glauchau, wo die Wasserbeschaffenheit als "verschmutzt" im Sinne der Gewässergüteklasse eingeschätzt wird (vgl. Stephani 1992). Die Pleiße ist sogar als "sehr stark verschmutzt" zu bewerten. Dieser Zustand verschärft sich noch unterhalb der Stadt Werdau, da aufgrund der dichten (abwasserverursachenden) Besiedlung und fehlender Abwasserreinigungsanlagen keine Selbstreinigungsabschnitte auftreten.

Abfall:

Wie in allen Regionen der ehemaligen DDR hat das Haus- und Industriemüllaufkommen auch in der Region Zwickau seit 1990 erheblich zugenommen. Die Verwertungskapazitäten in der Region entsprechen aber keinesfalls den Anforderungen einer effektiven regionalen Abfallwirtschaft. Noch immer steht der klassische Entsorgungsweg "Deponie" im Vordergrund, "Abfallverwertung" und "-recycling" besitzen einen untergeordneten Stellenwert.

Deponiefläche ist im Landkreis Zwickau nach der Schließung zahlreicher ungeordneter Deponien äußerst knapp geworden, die bisherige Hausmülldeponie im Lohebachtal kann nur noch für ca. 3 Jahre beschickt werden (vgl. Sächsisches Staatsministerium für Umwelt und Landesentwicklung 1991). Gegenwärtig werden erhebliche Anstrengungen unternommen, alte Standorte auch weiter nutzbar zu machen, und neue zu suchen, wobei neben 6 Standorten im Landkreis Zwickau weitere 2 im Landkreis Werdau geprüft werden.

Die sich abzeichnende Überlastung der Region im Abfallbereich (siehe folgende Übersicht) hat 1991 zur Gründung einer "Interessengemeinschaft Abfallwirtschaftkonzept Südwest-Sachsen" geführt, an der die Landkreise Hohenstein-Ernstthal, Glauchau, Stollberg, Zwickau-Land, Schwarzenberg, Aue, Werdau sowie die Stadt Zwickau beteiligt sind.

Übersicht 15: Abfallaufkommen und Deponiekapazität in den Kreisen der Interessengemeinschaft: derzeitige Situation und langfristige Prognose ohne Vermeidungs- und Verwertungsmaßnahmen (Angaben in 1.000 m^3/Jahr)

	Situation 1992		Situation 2000	
Kreis	Bedarf	Kapazität	Bedarf	Kapazität
Glauchau	78	k.A.	245	0
Hohenstein/ Ernstthal	83	45	232	45
Stollberg	137	400	303	400
Schwarzenberg	118	525	220	0
Aue	172	200	43	0
Zwickau-Land	135	125	310	0
Zwickau-Stadt	294	0	459	90
Werdau	113	0	270	0

Quelle: Buder 1992, S.6.

Altlasten:

Während die Standorte von Altablagerungen in Form der ca. 40 geschlossenen kommunalen Mülldeponien bekannt sind, gibt es zu den Altlasten unvollständige Angaben, v.a. was den Gefährdungsgrad anbetrifft. Herausragend sind die Altlasten auf dem Betriebsgelände der Grubenlampe Zwickau in Form von schwermetallbelasteten Böden, die Altstandorte ehemaliger Steinkohleförderung und -veredelung mit ihren karbochemischen Belastungen und die Chrom- und Kupfer-kontaminierten Standorte der Textilbetriebe (vgl. Buder 1992). Aufgrund des großen Problempotentials sind die ökologischen Folgen des Uranbergbaus von besonderem Interesse. Naturzerstörung findet bei diesem Produktionsverfahren sowohl im Abbau, der Aufbereitung, des Transports und der Ablagerung statt (vgl. Gatzweiler 1993). Die Region Zwickau ist hier durch die radioaktiven Wismut-Altlasten in Form des Absetzbeckens in Oberrothenbach sowie der Abraumhalden in Crossen betroffen (siehe folgende Abbildung sowie Kapitel 4.3.).

Abbildung 13: Sächsisch-thüringsche Uranprovinz

Quelle: Gatzweiler 1993, S. 331.

4.2.6. Weiche Standortfaktoren

Neben den bereits dargestellten Entwicklungsengpässen spielen die sog. "weichen Standortfaktoren" in diesem Zusammenhang ebenfalls eine nicht zu unterschätzende Rolle. Allerdings ist festzuhalten, daß weiche Standortfaktoren ökonomisch nicht leicht zu fassen und auch nicht eindeutig definiert sind. Sie stellen sich z.B. für unterschiedliche Branchen (z.B. Kohle- versus Elektroindustrie), Unternehmensgrößen und Unternehmensfunktionen (z.B. Stamm- versus Zweigwerk) höchst unterschiedlich dar.

Die Tragweite der weichen Standortfaktoren ergibt sich - im Gegensatz zu den "harten Standortfaktoren", die einfacher in die Kostenrechnung der Unternehmen integrierbar sind, und somit Standortentscheidungen unmittelbar determinieren - aus der Erkenntnis, daß Wirtschaftssubjekte nicht nur leben um zu arbeiten, und daher auch Anforderungen an das Umfeld ihres Arbeitsplatzes stellen. So erwarten sie ein attraktives Wohn-, Kultur- und Bildungsangebot; sie wollen mit ihren Familien in einer relativ intakten Umwelt leben, sie wünschen sich ein städtebauliches Ensemble, indem man sich heimisch fühlen kann, etc. Kriterien dieser Art bestimmen das Image einer Region. Zu den weichen Standortfaktoren zählt sicherlich auch das wirtschaftspolitische Klima einer Region: flexible Verwaltungen, im Rahmen der Möglichkeiten unbürokratische Umgangsformen, eine aufgeschlossene Atmosphäre auch gegenüber Kleinunternehmen (vgl. Spitzer 1991, S. 223 f.). Natürlich sind qualifizierte Arbeitskräfte eher in der Lage, sich dieses Umfeld zu erschließen, da ihre Arbeitsmarktchancen besser sind. Umgekehrt heißt das auch, daß es Unternehmungen um so schwerer fällt, qualifiziertes Personal zu halten und zu finden, je unattraktiver die weichen Standortfaktoren sind (vgl. Weidenfeld 1990 b, S. 404 f.).

Die Bedeutung dieser schwer zu operationalisierbaren Faktoren darf andererseits auch nicht verabsolutiert werden: Sie können harte Parameter nicht ersetzen, sondern nur ergänzen. Eine Untersuchung der Wirtschaftswoche[49] mag als ein Eindruck über die weichen Standortfaktoren der ostdeutschen Großstädte an dieser Stelle genügen (vgl. folgende Übersicht).

49 Eine Beurteilung des Wirtschaftsklimas aus der Sicht von Jungunternehmern (BJU) anhand von acht Indikatorbündeln, die aus 41 Einzelindikatoren bestehen (vgl. Canibol/Stimpel 1990 und Weidenfeld 1990).

Übersicht 16: Ostdeutscher Städtevergleich bei den weichen Standortfaktoren[50]

Stadt	Gesamt	Wirtschafts-klima	Umfeld für Ansiedlungen	Lebensqualität
Leipzig	**5,427**	7,167	6,000	5,209
Jena	**5,226**	1,833	7,333	6,817
Dresden	**5,141**	7,833	3,333	5,443
Potsdam	**4,893**	6,000	7,000	6,175
Magdeburg	**4,845**	4,333	5,667	5,784
Erfurt	**4,780**	3,667	6,333	5,926
Chemnitz	**4,684**	3,000	5,000	4,525
Halle	**4,653**	5,500	5,333	4,475
Gera	**4,478**	2,333	7,333	5,346
Zwickau	**4,374**	3,500	3,333	5,169
Cottbus	**4,260**	4,333	5,000	4,870
Schwerin	**4,083**	5,000	6,667	6,306
Rostock	**3,903**	5,000	5,333	6,166
Dessau	**3,873**	1,500	6,333	4,033
Durchschnitt	**4,616**	4,357	5,714	5,466
Gewicht der Einzelnoten in %	100,0	13,5	12,3	13,6

Quelle: Weidenfeld 1990, S. 400 (eigene Darstellung).

50 Ein Indikatorbündel wurde in der Darstellung weggelassen, so daß die Summe der "Einzelnoten ungleich 100 ist. Bewertung von 10 = sehr gut bis 1.

4.2.7. Bewertung des Standortes Zwickau aus Sicht der Betriebe[51]

Eine überaus wichtige Rolle spielt die Wahrnehmung des Produktionsstandortes durch die in der Region ansässigen Unternehmen. Ihre Standortwahl und damit Investitionsentscheidung beruht in der Regel auf positive Erwartungen bezüglich der Herstellung und des Absatzes ihrer Produkte und Dienstleistungen. Dieser Einschätzungen befinden sich zwar auf einer anderen Ebene, als bei den "objektiv" erhobenen Tatsachen, sind für die hier vorzunehmende Potentialbetrachtung unerläßlich, weil sie die allgemeine Beurteilung der weichen Standortfaktoren ergänzen. In einer Befragung der in der Region Zwickau ansässigen Unternehmen wurden diese Erwartungen anhand von Fragestellungen über die

- Auftragslage
- Absatzmärkte
- Probleme im Betrieb und ergriffene Maßnahmen
- Personalentwicklung
- Beurteilung des Standortes
- Einschätzung der Engpaßfaktoren in der Region
- Beurteilung der Wirtschaftsstruktur erhoben.

Auftragslage:

Die Auftragslage wird von allen Betrieben als überwiegend befriedigend bewertet (51,1%), als gut von 31,9% und lediglich von 17,0% der Betriebe wird sie als schlecht eingeschätzt. Nach Branchen differenziert, ergibt sich folgendes Bild: Während das Baugewerbe die Auftragslage deutlich günstiger beurteilt als der Durchschnitt, wird sie von den Betrieben des verarbeitenden Gewerbes überdurchschnittlich als schlecht angesehen. Nach Größenklassen der Betriebe unterteilt ergibt sich in der Beurteilung kaum ein Unterschied.

51 Die Befragung ist von der IHK Zwickau 1992 im Rahmen des oben erwähnten Forschungsprojektes durchgeführt worden. Insgesamt wurden ca. 500 Fragebögen an die Betriebe verschickt. Die Ergebnisse beziehen sich auf die Antworten von 132 Betrieben (Rücklaufquote von 26,4%), die 15.877 (01/92) Arbeitnehmer beschäftigen. Befragt wurden Betriebe aller Wirtschaftsbereiche außer Banken und Versicherungen. Die antwortenden Betriebe waren zu zwei Drittel Neugründungen. Die Befragung kann als repräsentativ bezeichnet werden, da aus allen Branchen, Regionsteilen und Betreibsgrößengruppen auswertbare Antworten eingingen. Der Fragebogen ist als Anhang 2 am Ende angefügt.

Absatzmärkte:

Die regionale Struktur der Absatzmärkte der Betriebe in der Untersuchungsregion ist durch eine starke Ausrichtung auf die Neuen Bundesländer gekennzeichnet (siehe folgende Abbildung).

Abbildung 14:

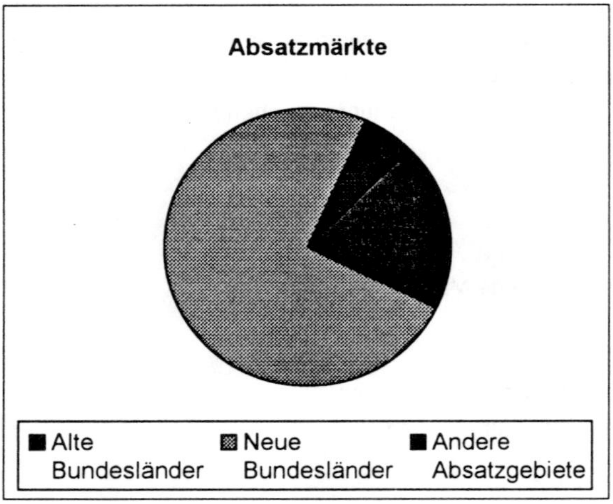

74,5% der Umsätze werden hier getätigt, 19,8% in den alten Bundesländern, lediglich 2,6% in Ost- und 2,2% in Westeuropa sowie 0,2% in Übersee. Branchenmäßig differenziert sind Baugewerbe, Groß- und Einzelhandel sowie Verkehr stark auf die unmittelbar umliegenden Absatzmärkte fixiert, während die Industriebranchen immerhin ein Viertel bis zu einem Drittel ihrer Umsätze in Westdeutschland tätigen.

Betriebliche Probleme

Laut Äußerungen der Betriebe[52] sind die häufigsten Probleme, mit denen sie konfrontiert werden: Mangel an Aufträgen (36,3%), Liquidität (25,2%), Eigentumsstruktur (24,4%) und sonstige Probleme (31,1%). Nicht zu erwarten war

52 Mehrfachnennungen waren möglich.

die nur als geringfügig eingeschätzte Problematik der Altschulden (14,1%) und der Ausgestaltung der Produktpalette (11,1%).

Ergriffene Maßnahmen der Betriebe zur Stärkung der Wettbewerbsfähigkeit

Bei diesem Fragekomplex stehen an vorderster Stelle Antworten zu Modernisierungsmaßnahmen, Erarbeitung neuer Marktstrategien und die Qualifizierung des Personals. Erst dann folgt die Entwicklung neuer Produkte, die Kooperation mit anderen Unternehmen und (mit deutlichem Abstand) die Beteiligung an anderen Unternehmen.

Personalentwicklung (01/90 bis 01/92)

Besonders deutlich wird die Entwicklung bei der Beschäftigung, wenn man sich die absoluten Zahlen vor Augen führt. Im Januar 1990 betrug der Personalstand in den erfaßten Betrieben 35.490 Personen, wovon über zwei Drittel im Bereich des Verbrauchsgütergewerbes beschäftigt waren. Bis zum Januar 1991 wurde der Personalstand auf 28.502 Personen abgebaut und erreichte im Januar 1992 den Stand von 15.877 Beschäftigten. Befragt nach den Aussichten erwarteten die Unternehmen eine Stabilisierung auf diesem niedrigen Niveau (14.197 Beschäftigte). Eine sektorale Betrachtung ergibt folgendes Bild:

Abbildung 15:

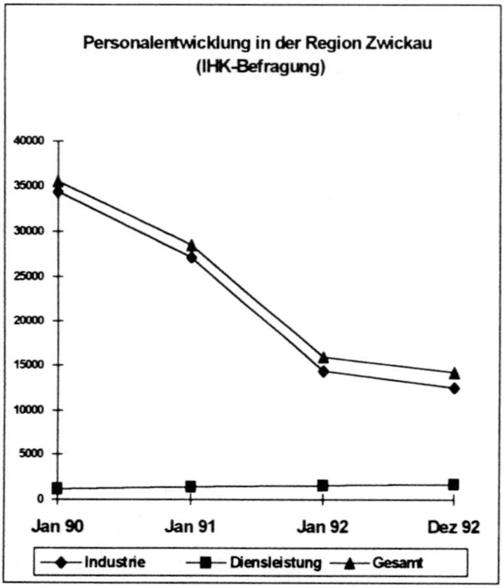

Beurteilung des Standortes

Während sowohl die Lage des Wirtschaftsraumes, das vorhandene Arbeitskräftepotential, die Bildungs- und Forschungseinrichtungen und die Situation in Bezug auf die Gewerbeflächen eindeutig als gut bzw. als überwiegend gut bis verbesserungswürdig eingeschätzt werden, liegen die Bereiche der Verkehrs- und Telekommunikationsinfrastruktur aus Sicht der Betriebe im Argen. Hinzu kommt für die Region die negative Beurteilung der ökologischen Situation sowie des Freizeit- und Erholungswertes. Der kommunalen Verwaltung wird kein gutes Zeugnis ausgestellt.

Übersicht 17: Beurteilung der Standortfaktoren

Standortfaktor	Bewertungsmerkmal	Nennungen in %
Wirtschaftsraum - Lage	gut	82,7
Arbeitskräftepotential	gut	76,2
Verkehrsinfrastruktur	verbesserungswürdig	54,8
	schlecht	40,5
Telekommunikation	verbesserungswürdig	37,9
	schlecht	59,7
Bildungseinrichtungen	gut	40,4
	verbesserungswürdig	57,8
Forschungseinrichtungen	gut	31,2
	verbesserungswürdig	54,8
Gewerbeflächen	gut	35,0
	verbesserungswürdig	46,7
Ökologie	verbesserungswürdig	48,7
	schlecht	50,4
kommunale Verwaltung	verbesserungswürdig	64,5
	schlecht	30,6
Freizeit und Erholung	verbesserungswürdig	55,5
	schlecht	40,3

Einschätzung der Engpaßfaktoren

Äquivalent zur Beurteilung des Standortes Zwickau werden aus Sicht der befragten Betriebe als entwicklungshemmende Faktoren für eine positive regionale Entwicklung v.a. folgende Faktoren genannt:

- Zustand Verkehrsinfrastruktur: 81,5 %
- Telekommunikation: 57,8 %
- kommunale Verwaltung: 47,4 %
- ungeklärte Eigentumsverhältnisse: 43,7 %

Beurteilung der Wirtschaftsstruktur

Befragt nach der Gefahr der Monostrukturierung der Region aufgrund des dominanten Engagements des Volkswagen-Konzerns, äußert lediglich ein Fünftel der Betriebe (v.a. größere Unternehmen und Betriebe aus dem Baugewerbe), daß sich hieraus negative Auswirkungen für die regionale Entwicklung ergeben könnten. Bezüglich der anzustrebenden Wirtschaftsstruktur (formuliert in Entwicklungsscenarien) wurden folgende Erwartungen/Wünsche vermittelt:

erstrebenswerte Wirtschaftsstruktur	Nennungen in %
Industriestandort Fahrzeugbau	32,6
Dienstleistungsstandort	13,3
Klein- und Mittelbetriebe	48,1
Euroregion (Zwickau-Bayreuth-Pilsen)	53,3
Tourismus und Erholung	14,8

Sowohl die Einschätzung der Engpaßfaktoren, als auch die Äußerungen bezüglich anzustrebender Wirtschaftsstruktur entsprechen rein subjektiver Vorstellungen. Obwohl die Auswertung der "Wunsch"-Scenarien aus regionalpolitischer Sicht schwierig sein dürfte, bilden diese Erhebungen doch Eckpunkte für eine Politik, die auf die regionalen Belange Rücksicht nehmen will.

4.2.8. Das Engagement der Volkswagen AG

Mit der Investitionsentscheidung der Volkswagen AG ist für die Region Zwickau ein positives Signal gesetzt worden. Das Engagement von VW wird aus dem Grund im Rahmen der Potentialüberlegungen berücksichtigt, weil eine regionalpolitische Strategie, die an den endogenen Potentialen einer Region ansetzen soll, nicht umhin kommt, die Wirkungen dieser Investition zu analysieren. Unmittelbar nach der Vereinigung der beiden deutschen Staaten, im Dezember 1989 wurde als Vorbereitungsgesellschaft die VW-IFA PKW GmbH gegründet. Und schon am 21.5.1990 lief der erste (noch per Hand montierte) VW-Polo "vom Band" - am gleichen Tag wurde der dreimillionste Trabant fertiggestellt. In den nächsten Jahren soll die Produktionskapazität des auf dem Gelände in Mosel enstandenen Werkes "Mosel II"[53] auf eine Stückzahl von 250.000 Fahrzeugen im Jahr gesteigert werden (vgl. Meißner 1993, S. 186). Mit der Fertigstellung des Werkes im Jahr 1995 sollen dann 5.000 Arbeitnehmer beschäftigt werden (ursprünglich wurden 6.800 Beschäftigte avisiert). Dieses Engagement hat in der Region zum Aufbau hoher Erwartungen an Beschäftigungs- und Einkommenserzielungsmöglichkeiten geführt, zumal die Automobilbranche ausgesprochen verflechtungsintensiv ist, was sich positiv auf den Aufbau und Erhalt regionaler Zuliefererstrukturen auswirkt. Die selbstbewusste Zielformulierung von VW bestätigt diese Einschätzung: "Ziel von VW Sachsen ist es, in Zusammenarbeit mit der IFA-PKW-Firmengruppe eine leistungsfähige, in die internationale Arbeitsteilung eingebundene, Automobilindustrie und Zulieferindustrie im Umkreis von etwa 50 Kilometern aufzubauen, um auf dem weltweiten Automolbilmarkt preislich und technologisch konkurrenzfähige Fahrzeuge zu produzieren." (Volkswagen AG 1990, S. 13) Die jüngsten Angaben des VW Konzerns belegen den Aufbau tragfähiger Verflechtungsbeziehungen. Danach bezieht VW bereits 1991 aus den neuen Bundesländern von 76 Unternehmen Zulieferungen im Wert von 750 Mio. DM, was einen Arbeitsplatzeffekt von ca. 11.000 Beschäftigten entspricht. Bei voller Auslastung der Produktionskapazität 1995 soll der Arbeitsplatzeffekt im Zusammenhang mit Lieferungen an VW 20.000 Beschäftigte betragen. Bezieht man die produktionsorientierten Dienstleistungen und weitere Sekundäreffekte mit ein, so wird die Beschäftigungswirkung auf 35.000 Arbeitsplätze taxiert (vgl. Freie Presse Zwickau, 26.5.1992, Olbricht 1992).

4.3. Ressourcennutzung und Entwicklungspotentiale in der Region Zwickau

Wie im 3. Kapitel herausgearbeit wurde, können "Endogene Entwicklungspotentiale" als die Gesamtheit der Entwicklungsmöglichkeiten einer Region gefasst werden. Entwicklungsmöglichkeiten ergeben sich a) durch das Zurückdrängen von Nutzungen (Passivierungsstrategie), b) durch eine andere Art der Nutzung (Konvertierungsstrategie) und c) durch eine neue Art der Nutzung der

53 Durch den Bau von Preßwerk, Rohbau, Lackiererei und Endmontage ein komplett neues Wek.

vorhandenen Ressourcen (Aktivierungsstrategie). Diese Strategien können sinnvollerweise nur aus der spezifischen Nutzung der regionalen Ressourcen abgeleitet werden. Zu diesem Zweck wurde im Kapitel 3 folgendes Schema entwickelt:

Abbildung 16: Ressourcennutzung[54]

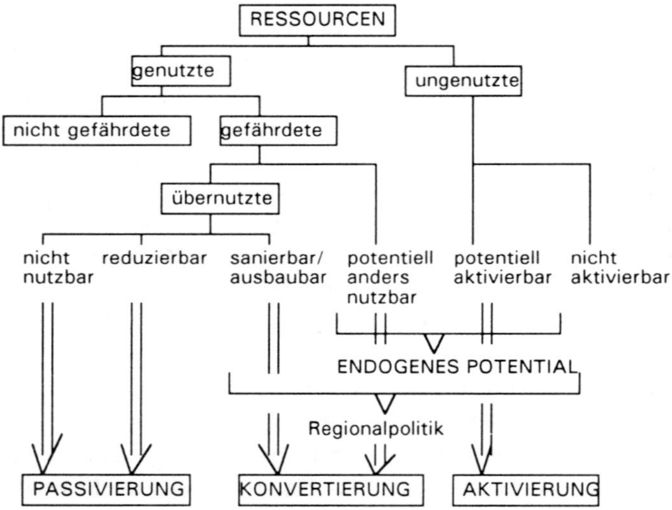

Als empirische Basis zur Analyse der spezifischen Nutzung der Ressourcen einer Region dienen die Ergebnisse des Forschungsprojektes, sowie die Befragungen durch die IHK, wobei nicht anzunehmen ist, daß die subjektive Sicht der Betroffenen zu systematischen Fehlinformationen über die Lage in Zwickau führt. Anhand der folgenden Arbeitsschritte[55] können nun die empirischen Ergebnisse zu einer Strategie der Nutzung Endogener Entwicklungspotentiale in Zwickau zusammengefaßt werden.

54 Identisch mit Abbildung 9.
55 Zur Begründung vgl. Kapitel 3.7.

1. Ermittlung der vorhandenen Engpässe (bottlenecks)
2. Ermittlung der ökologischen Fehlentwicklungen
3. Ermittlung der Potentiale, deren Förderung ökonomisch sinnlos ist
4. Bewertung der weichen Standortfaktoren
5. Ermittlung der marktfähigen Potentiale

Die Bewertung anhand dieser Arbeitsschritte führt zu einem Urteil über die Eignung der Ressourcen für die Erarbeitung regionalpolitischer Vorstellungen. Sind die Ressourcen nach Lage der Dinge:

- nicht nutzbar
- reduzierbar
- sanierbar/ausbaubar
- potentiell anders nutzbar
- potentiell aktivierbar

oder nicht aktivierbar?

Aus dieser Erkenntnis lassen sich dann die entsprechenden Strategien ableiten (siehe Abbildung).

<u>Erster Schritt: Bottlenecks erkennen:</u> Folgende bottlenecks limitieren die regionale Entwicklung in Zwickau:

<u>1. Engpaßfaktor: Zustand der Verkehrsinfrastruktur</u>

Die an sich günstige Lage des Raumes Zwickau wird durch den veralteten und überholungsbedürftigen Zustand der Verkehrsinfrastruktur extrem beeinträchtigt. Hinsichtlich des Schienennetzes wird von einer notwendigen Sanierung des Unterbaus und der Eisenbahnbrücken sowie dem Einsatz neuer Steuerungs- und Signaltechnik ausgegangen.

Im Bereich des Straßennetzes sind ebenfalls hohe Verschleißerscheinungen zu konstatieren. Sowohl die Autobahnanbindung in ost-westlicher Richtung (A 4) als auch in süd-östlicher Richtung (A 72) sind nur durch erhebliche Neu- und Ausbaumaßnahmen auf einen Standard zu bringen, der dem gestiegenen Motorisierungsgrad und dem zunehmenden Güterverkehr auf der Straße Rechnung trägt. Hinsichtlich des regional bedeutsamen Straßennetzes liegt ebenfalls ein Mißverhältnis zwischen vorhandener Dichte und tatsächlicher Leistungskraft vor. Schlechteste Verkehrsgüten werden auf der regional bedeutsamen B 93 (Zwickau-Leipzig) im Abschnitt Zwickau-Meerane (Autobahnab- und -zufahrt zur A 4) registriert. Diese Bundesstraße ist für den Fernverkehr die kürzeste Verbindung nach Leipzig und übernimmt für die Region regionale Verteil- und Sammelfunktionen. Sie ist sowohl in der Trassierung als auch im Ausbauquerschnitt auf Vorkriegsniveau. Gleiches gilt für die B 175 im Abschnitt Werdau-Zwickau-Glauchau.

Der dargestellte Engpaß resultiert aus einer Übernutzung der entsprechenden Infrastruktur, und ist daher im Rahmen einer Konvertierungsstrategie zu sanieren bzw. abzubauen. Dabei sollte es nicht einfach nur um den Ausbau der Verkehrsinfrastruktur gehen, sondern um eine gezielte Entwicklung der "Lagegunst". Ob nach der Beseitigung dieses bottlenecks diese Lagegunst zum tragen kommt, etwa durch die Ansiedlung weiterer Unternehmen, wobei dann u.U. ungenutzte Ressourcen (z.B. Erwerbsfähige) aktiviert werden könnten, kann an dieser Stelle nicht Gegenstand der Beurteilung sein.

2. Engpaßfaktor: Öffentliche Nahverkehrssysteme

Ohne Aufbau leistungsfähiger öffentlicher Nahverkehrssysteme wird der innerstädtische Verkehr zusammenbrechen (aufgrund Überlagerung von Fern- Regional- und Stadtverkehr). Ortsumgehungen und Tangenten zur Entlastung der Stadt und betroffener Gemeinden fehlen völlig. Der in der Region vorhandene Bedarf nach einem Nahverkehrssystem wird noch erhöht durch die zu erwartenden VW-Pendlerströme.

Auch dieser Engpaß ist Ergebnis einer Übernutzung der gegebenen Verkehrsinfrastruktur. Neben der unausweichlichen Lösung dieser Probleme im Rahmen einer Konvertierungsstrategie könnten beispielhafte Lösungsmodelle bei der Gestaltung innerstädtischer Verkehrsströme die Standortattraktivität Zwickaus erhöhen.

3. Engpaßfaktor: Mangelnder Informationsaustausch

Dieses Defizit stellt sich in Zwickau mehrdimensional dar: Erstens fehlt es aus Sicht der Unternehmen an ausreichenden Informationen und Informationsmöglichkeiten bezüglich neuer Märkte, Produkte, Konkurrenten, Partner etc. Zweitens ergeben sich aus Sicht der Kommunen interregionale Probleme durch einen unzureichenden Informationsaustausch. Dieses spiegelt sich drittens auch im Verhältnis Kommune-Bürger wieder: Mangelhaftes Verwaltungshandeln als Resultat einer nicht angemessenen Informationsbasis und -politik. Das in der Region vorhandene Informationsdefizit kann durch Messen, Wirtschaftsförderungsagenturen, Forschungskooperationen, Interregionalen Planungsgemeinschaften etc. abgebaut werden. Die Schaffung des Gründer- und Innovationscentrums BIC ist hier ein erster Schritt.

Bei diesem Engpaß wird davon ausgegangen, daß bisher ungenutzte Kooperationsmöglichkeiten bestehen. Durch die Schaffung der entsprechenden dienstleistungsorientierten Infrastruktur im Rahmen einer Aktivierungsstrategie besteht die Hoffnung, daß diese bisher ungenutzten Ressourcen entwickelt werden können. Damit würde ein realer Beitrag zum Aufbau (oder auch Erhalt) miteinander verflochtener Wirtschaftsstrukturen geleistet.

4. Engpaßfaktor: Arbeitskräftemangel im Bausektor

Die Region Zwickau verfügt im Vergleich zum westlichen Bundesgebiet und europäischen Ausland über eine unterdurchschnittliche Ausstattung mit Bau-Arbeitskräften (6% der erwerbstätigen Bevölkerung im Vergleich zu 12 % im Vergleichsgebiet. Vgl. Gesellschaft für Organisation, Planung und Ausbildung - GOPA-1991, S. 12).

Die in der Region vorhandenen arbeitslosen Menschen müßten in diesem Fall über entsprechende Qualifizierungs- und Umschulungsmaßnahmen "aktiviert" werden. Es ist abzuwarten, ob der in der Region vorhandene Bedarf dadurch befriedigt werden kann, oder ob dieser Engpaß durch die Zufuhr von Arbeitskräften aus dem osteuropäischen Ausland beseitigt wird.

5. Engpaßfaktor: Telekommunikation

Obwohl Sachsen bereits über die höchste Telefonanschlußdichte in den neuen Bundesländern verfügt, und eine Reihe von weiteren Investitionen geplant sind, übersteigt der Bedarf bei weitem das Angebot. Die Telekom beabsichtigt bis 1997 in einem 55.-Mrd.-Modernisierungsprogramm ein digitales Kommunikationsnetz aufzubauen (Projekt TELEKOM 2000). Von dem beabsichtigten Aufbau von 7,2 Mio. Fernsprechhauptanschlüssen, 360.000 Telefaxanschlüssen und 300.000 Mobilfunkanschlüssen entfielen knapp zwei Fünftel auf das Land Sachsen (vgl. Raumordnungsbericht 1991). Auch wenn zur Jahrtausendwende das modernste Telekommunikationsnetz auf dem Gebiet der FNL entstanden ist, ist die aktuelle Situation -das zeigt die Befragung der Betriebe in Zwickau- äußerst unbefriedigend.

6. Engpaßfaktor: Ungeklärte Eigentumsverhältnisse und unzureichende Liquiditätsbasis

Über diesen in der Diskussion häufig erwähnten bottleneck liegen für Zwickau widersprüchliche Daten vor. Einerseits sind auch in Zwickau eine Vielzahl von Verfahren zur Klärung von Eigentumsansprüchen anhängig, was vor allem bei kleinen und mittleren Unternehmen zu Verunsicherungen führen kann, andererseits haben Befragungen ergeben, daß sich Unternehmen bei der Wahrnehmung ihrer Marktchancen nicht in erster Linie durch ungeklärte Eigentumsverhältnisse abschrecken lassen. Problematisch wird es allerdings, wenn Kreditinstitute bei der Kreditvergabe ihr Handeln von der Klärung der Verhältnisse abhängig machen.

Falls unternehmerische Aktivitäten aus den dargelegten Gründen scheitern sollten, also ungenutzte Flächen oder Kapitalressourcen existieren, müßte die Öffentliche Hand über eine Aktivierungsstrategie diese Ressourcen erschließen. Denkbar wäre hierbei im Fall der ungeklärten Eigentumsverhältnisse eine "Investitionsvorrang-Verordnung" (gegenüber den Restitutionsansprüchen der Alteigentümer), bei einer unzureichenden Liquiditätsbasis bestünde die Möglichkeit, über Kreditbürgschaften Abhilfe zu schaffen.

Das Fazit der Überlegungen im ersten Schritt lautet: Engpässe, die die regionale Entwicklung limitieren, müssen beseitigt werden. Bei nochmaliger Betrachtung der wesentlichen Engpässe wird deutlich, daß bis auf die Situation bei den Bauarbeitern (hier ist von einer kurz- bis mittelfristigen Anpassungsreaktion auszugehen) alle bottleneck-Situationen in den Regelungsbereich der öffentlichen Hand fallen. Entwicklungshemmnisse der beschriebenen Art weisen die typischen Merkmale auf, wie sie im Bereich des Infrastrukturausbaus herangezogen werden. Aufgrund der Eigenschaft des "nichtrivalisierenden Konsums" und der unmöglichen Anwendung des "Auschlußprinzips" kommt es in den hier diskutierten Aufgabenbereichen typischerweise aufgrund fehlender Zahlungsbereitschaft zu keinem privaten Marktangebot (vgl. Musgrave u.a. 1975 und Frey 1979).

In dieser Situation ist die öffentliche Hand gefordert. Die nötigen Produktionsvoraussetzungen -hier in Form einer Beseitigung der Engpässe- können in Form der Aktivierungsstrategie geschaffen werden. Grundlage dieser Handlungsanweisung ist die Überlegung, daß bisher ungenutzte Resourcen potentiell aktivierbar sind, und somit nach Beseitigung der Entwicklungshemmnisse ein Endogenes Potential der Region darstellen (vgl. Kapitel 3.7.).

Neben dem Abbau von Entwicklungshemmnissen ist es unerläßlich, die ökologischen Fehlentwicklungen die einen Produktionsstandort gefährden, zu stoppen.

Zweiter Schritt: Ökologische Fehlentwicklungen stoppen:

Obwohl die Region Zwickau laut Umweltbericht noch recht gut dazustehen scheint, diskriminieren ihre umweltpolitischen Parameter sie gegenüber Wettbewerbsgebieten. Eine ökologische Sanierung ist zum einen zwingend notwendig, weil vergiftete Standorte perspektivisch keine Standorte mehr sind, und zum anderen weil ökologisch intakte Systeme einen relevanten weichen Standortfaktor darstellen. Die Lösung folgender ökologischer Probleme ist daher unausweichlich. Da sie in ähnlicher Form in vielen Regionen der Fünf Neuen Länder existieren, bietet sich hier eine Schwerpunktsetzung beim Aufbau von Produktions- und Dienstleistungskapazitäten an.

1. Ökologisches Problem: Altlasten

"Es deutet sich in den neuen Ländern an, daß Altlastenverdachtsflächen in Zukunft die regionale Entwicklung ... erheblich beeinträchtigen können." (Heinrich/Wiegand 1991, S. 213) Verunsicherungen treten durch fehlende Informationen über die Qualität des Bodens und durch ungeklärte Fragen der Haftung bei Bodenverunreinigungen auf. Das 1991 vom Landratsamt Zwickau (Amt für Abfallwirtschaft) erstellte Bodenkatasters ist geeignet, dieser Unsicherheit entgegenzuwirken. Dort sind die bekannten (!) Altstandorte und Altablagerungen hinsichtlich Zustand, Gefährungsabschätzung sowie notwendiger Sanierungsmaßnahmen aufgeführt. Insgesamt wird in der Region Zwickau v.a. infolge des Uranbergbaus von 1.200 m^2 verseuchter Fläche, 3.000 Halden, 280 Schächten und zahlreichen Schlammteichen ausgegangen, die einen Sanierungsaufwand von über 15 Mrd. DM darstellen (vgl. VDI-Nachrichten v. 4.10.1991). Als unzureichend ist die integrative Verknüpfung dieser Erhebungen mit spezifischen landesweiten Sanierungskonzepten und Flächennutzungsplänen einzuschätzen (vgl. Buder 1992).

2. Ökologisches Problem: Klärschlammentsorgung

Die Frage der Klärschlammentsorgung für alle Abwasseranlagen der Kreise Glauchau, Werdau und Zwickau Stadt, sowie auch der übrigen Kläranlagen im Regierungsbezirk Chemnitz, ist völlig offen und ungeklärt. Eine landwirtschaftliche Verwertung der Klärschlämme ist wegen der hohen Anteile an Schwermetallen nicht möglich. Flächen zur Deponie in diesem dichtbesiedelten Gebiet sind gleichfalls nicht vorhanden (vgl. Stephani 1992).

3. Ökologisches Problem: Abwasser-Kläranlagen

Im Landkreis sind teilweise kaum 30% der Haushalte an Kläranlagen angebunden. Lediglich in Zwickau und in Glauchau besteht eine Anschlußquote von über 99%, häufig sorgen Fäkaliengruben für die Abwasserentsorgung. Die Kläranlagen selbst funktionieren alle auf mechanischer Basis. Für die Stadt Zwickau, deren Kläranlage aus den dreißiger Jahren stammt, wird bereits eine umfassende Erneuerung und Erweiterung geplant (Dorsch-Consult: Zentrale Kläranlage Zwickau, 1990).

4. Ökologische Problem: Heizsysteme und Wärmedämmung in Wohnhäusern

Da das Stadtzentrum etwa zur Hälfte aus Neubausubstanz der 60/70er Jahre und Altbauten besteht, die dringend einer Rekonstruktion bedürfen, und die Beheizung der Wohnungen hauptsächlich mit festen Brennstoffen erfolgt, sind die Beeinträchtigungen durch Luftschadstoffe erheblich. Wärmetechnisch ist eine Dämmung mit Erneuerung der Fensterflächen, sowie der Einbau moderner Heizsysteme unumgänglich.

5. Ökologisches Problem: Abfallentsorgung

Die vorhandene Nachfrage nach regionalen Verwertungskapazitäten verdeutlichte eine 1991 unter Verantwortung von VW Sachsen am Standort Mosel durchgeführte Entsorgungskonferenz. Sowohl die Entsorgungsstruktur, als auch die -kapazitäten, sowie die zu erwartenden anwachsenden Abfallströme verdeutlichen hier Handlungsnotwendigkeiten (vgl. die Ausführungen im Kapitel 4.2.5.).

Das Fazit der Überlegungen im zweiten Schritt lautet: Ökologische Fehlentwicklungen, die den Produktionsstandort auf lange Sicht gefährden, sind zu stoppen. Bei nochmaliger Betrachtung der beschriebenen Problembereiche ergeben sich zwei regionalpolitische Handlungsanweisungen. Die spezifische Form der Nutzung der natürlichen Ressourcen hat zu ihrer Gefährdung geführt. Dort, wo eine "Übernutzung" zu konstatieren ist (Abwasser, Luftbelastung, Bodenbelastung) sollte im Sinne der Passivierungsstrategie der Gebrauch gestoppt, bzw. reduziert werden. An jener Stelle, wo sich im Zuge der Sanierung spezielle Fertigkeiten entwickeln (denkbar wäre hier die Herausbildung einer spezifischen Qualifikation im Handling mit Altlasten), oder andere potentielle Nutzungsmöglichkeiten ergeben (z.B. bei der Verwendung des anfallenden Klärschlamms), können im Sinne einer Konvertierungsstrategie die entsprechenden regionalpolitischen Empfehlungen erarbeitet werden. Falls diese zweite Strategie zum Erfolg führt, kann von einem Endogenen Potential der Region ausgegangen werden (vgl. Kapitel 3.7.).

In der Diskussion um den Standort Zwickau und dessen Zukunft, werden Vorschläge entwickelt, deren Entwicklungsdynamik für die Region noch nicht absehbar ist. Aus regionalpolitischer Sicht ist es wichtig, zu erkennen, welche Potentiale keine Marktchance haben, bzw. nur mit Hilfe überdimensionierter Finanztransfers entwickelt werden können.

Dritter Schritt: Erkennen von Potentialen, deren Förderung ökonomisch sinnlos ist, bzw. die in Zwickau aufgrund geringer Dynamik nicht nutzbar zu machen sind:

Aufgrund knapper finanzieller Mittel ist eine Schwerpunktsetzung erforderlich. Potentiale, die nicht, oder nur mit hohem finanziellen Aufwand nutzbar zu machen sind, sollten diskriminiert werden.

1. Potential mit geringer Dynamik: Management buy out

In dem vorläufigen Bericht der Gesellschaft für Organisation, Planung und Ausbildung (GOPA)[56] wird "die geringe Zahl von Übernahmen durch das Management" beklagt, weil dieses doch eine Möglichkeit darstelle, "der drohenden Dominanz "westlichen Kapitals" und damit der Verlagerung von Entscheidungen außerhalb der Region entgegenzuwirken" (vgl. GOPA 1991, S. 5). Diese Position verkennt m.E. die bereits diskutierten Voraussetzungen für Investitions- und Beteiligungsentscheidungen von Unternehmen. Es mutet eher voluntaristisch an, die allgemeine Beteiligungs-Unlust zu beklagen, anstatt Kriterien und Bedingungen für Investitionsprozesse zu benennen, wobei sicherlich auch zu berücksichtigen ist, daß die Treuhandanstalt aufgrund ihrer Skepsis gegenüber Mitarbeiterbeteiligungsmodellen dazu beigetragen hat, daß eine Reihe dieser Initiativen über die Gründungsphase nicht hinausgekommen sind (vgl. Priewe1992). Die nachlassende Euphorie bezüglich des Aufbaus von Management-Buy-Out- (MBO) und Management-Buy-In- (MBI) Betrieben zeugt von der geringen Dynamik dieser Alternative[57].

56 Vom Landratsamt Zwickau mit der Erarbeitung von regionalen Entwicklungskonzepten beauftragt.

57 So hat der Wirtschaftssenat von Berlin in einer Zwischenbilanz des MBO-Förderprogramms in Berlin zugegeben, daß Zwei Drittel dieser Ausgründer in existentiellen ökonomischen Schwierigkeiten stecken (vgl. Der Tagesspiegel vom 25.5.1993).

2. Potential mit geringer Dynamik: Forschung

Viele Signale in der Region Zwickau legen den Schluß nahe, daß die Forschungstätigkeit im Raum Zwickau zum Erliegen kommt: a) die Ingenieurschule Glauchau betreibt nur noch wenig Eigenforschung, b) durch die Umwandlung der Technischen Hochschule in eine Fachhochschule ist auch dort Forschungskapazität verlorengegangen; c) die geplante Ansiedlung eines Fraunhofer-Institutes ist bereits gescheitert, da hierfür ein Universitätsstandort Voraussetzung ist (vgl. GOPA 1991, S. 7; Staatsministerium für Umwelt und Landesentwicklung 1993, S. B 3 und B 109). Die Bedeutung von Forschungs- und Entwicklungskapazitäten für die Entwicklung einer Region darf zwar nicht unterschätzt werden, es stellt sich allerdings die Frage, ob der Aufbau von Forschungskapazitäten "eine regionalpolitische Aufgabe ersten Ranges ist" (vgl. GOPA 1991, S. 7), oder ob es nicht vielmehr darauf ankommt, die momentan marktfähigen Potentiale zu entwickeln, und in diesem Prozeß begleitend die Forschungskapazitäten aufzubauen (z.B. im Bereich Altlasten-Sanierung) und Kooperationsmöglichkeiten zu suchen (z.B. mit der TU Chemnitz). Durch die Einrichtung eines Fachbereichs Kraftfahrzeugtechnik an der neuen Fachhochschule für Technik und Wirtschaft erhofft man sich den Aufbau von Kooperationsprojekten mit Zulieferbetrieben (vgl. Meißner 1993, S. 192). Da die Stammsitze dieser Unternehmen regelmäßig in den alten Bundesländern wiederzufinden sind, und die FH Wolfenbüttel (Nähe zum VW-Stammsitz Wolfsburg) ebenfalls ein Institut für Fahrzeugtechnik eingerichtet hat, ist nicht davon auszugehen, daß F&E-Abteilungen attrahiert werden können.

3. Potential mit geringer Dynamik: Landwirtschaft

"Der künftige Arbeitskräftebedarf in der regionalen Landwirtschaft ... wird sich auf etwa 1.200 bis 1.300 Vollzeit-Arbeitskräfte belaufen. Dem gegenüber stehen derzeit noch 4.000 in der Landwirtschaft Beschäftigte, was einen Abbau von rund 2.700 Arbeitskräften erwarten läßt" (vgl. GOPA 1991, S. 18). Ausbau- und Rettungsvorschläge können auch hier nicht überzeugen, da nicht die Bedingungen für die Entwicklungsfähigkeit im landwirtschaftlichen Sektor diskutiert werden. Viele Signale, wie der Zustand der Produktionsanlagen, oder politische Entscheidungen (Schlachthofstrukturplan) sprechen eher gegen die Ausbauwürdigkeit dieses Bereiches.

4. Potential mit geringer Dynamik: Tourismus

Die Untersuchungen der GOPA zeigen, "daß für eine eigenständige touristische Entwicklung der Region Zwickau ein nur unzureichendes natürliches Potential vorhanden ist. So fehlt es an konkurrenzfähigen Erholungslandschaften und für die Region bedeutsamen kulturhistorischen Sehenswürdigkeiten" (vgl. GOPA 1991, S. 19). Eine regionalpolitische Schwerpunktsetzung im Bereich Touristik, die über die Schaffung von ausreichenden Übernachtungs- und Versorgungskapazitäten (z.B. für Geschäftsreisende) hinausgeht, erscheint daher ökonomisch suboptimal. Die Entwicklung eines "thematisch orientierten Tourismus", wie im Landesentwicklungsplan angedacht (Zwickau würde am "Tal der Burgen" gelegen sein) kann aktuell auch noch nicht überzeugen (vgl. Staatsministerium für Umwelt und Landesentwicklung 1993, S. 43).

Das Fazit der Überlegungen im dritten Schritt lautet: In den Bereichen wo geringe Wachstumsimpulse zu erwarten sind, oder diese nur mit erheblichen finanziellen Aufwand entwickelt werden können, wäre eine Förderung angesichts knapper finanzieller Ressourcen ökonomisch suboptimal, da es Potentiale gibt, deren Entwicklung sinnvoller erscheint. Dort, wo bisher ungenutzte Ressourcen auch zukünftig eine geringe Dynamik versprechen, existieren zwar Potentiale, die aber -ökonomisch betrachtet- momentan nicht aktivierbar sind. Da es im weiteren Verlauf ökonomischer Prozesse durchaus dazu kommen kann, daß eine Aktivierung bisher ungenutzter Ressourcen ökonomisch sinnvoll wird (z.B. Potential "Forschung" nach einer strategischen Neuausrichtung des VW-Konzerns) ist eine ungenutzte Ressource zwar immer ein "Potential", wird aber erst im Zuge einer Aktivierungsstrategie zu einem "Endogenen Potential" (vgl. Kapitel 3.7.).

Vierter Schritt: Beachtung "weicher Standortfaktoren"

In der Wahrnehmung des Produktionsstandortes durch die in der Region ansässigen Unternehmen (Kapitel 4.2.7.: IHK-Befragung) bilden sich auf diesem

Terrain ähnliche Problemkomplexe heraus, wie in der bereits vorgstellten Befragung regionsexterner Unternehmen (vgl. Weidenfeld 1990). Die Region Zwickau hat bei den "weichen" Standortfaktoren in folgenden Bereichen Probleme afzuweisen:

1. Allgemein schlechte Wohnungsqualität
2. Mängel bei Übernachtungs- und Bewirtungskapazitäten (v.a. für Geschäftsreisende)
3. Einbindung in das Verkehrskonzept der Bahn (kein Anschluß an das Hochgeschwindigkeitsnetz vorgesehen).
4. Wirtschaftsklima/Kommunale Verwaltung
5. Freizeit- und Erholungsmöglichkeiten.

Diskrepanzen in der Wahrnehmung zwischen den befragten Grundgesamtheiten lassen sich in den Bereichen "Forschung" und "Lage des Wirtschaftsraums" feststellen: Die in der Region ansässigen Unternehmen beurteilen die Region hierbei durchweg positiver (siehe oben).

Das Fazit der Überlegungen im vierten Schritt lautet: Bei der Entwicklung der Wirtschaftsregion spielen Maßnahmen zur Image-Verbesserung eine komplementäre Rolle. Sie können zwar die Förderung regionaler Potentiale ebensowenig ersetzen, wie sie Nachteile bei "harten" Standortfaktoren ausgleichen können, sollten aber integrativ mit der Förderung der Endogenen Potentiale verknüpft sein. Diese Einschätzung gilt v.a. für die Bereiche, die durchweg negativ beurteilt werden. Hier gilt es, ähnlich wie bei der Engpaßbeseitigung, das negative Image, das sich zu einem Entwicklungshemmmnis entwickeln kann, zu beseitigen.

Nach der notwendigen Beseitigung der Engpässe, der ökologischen Fehlentwicklungen und der Beachtung weiterer Nebenbedingungen ist der regionale Aufschwung mitnichten vorprogrammiert. Hierzu müssen in einem nächsten Schritt regionale Potentiale eruiert werden, die grundsätzliche Marktchancen besitzen und so tragfähig für die weitere Entwicklung der Region sind.

Fünfter Schritt: Marktfähige Potentiale erkennen:

Folgende regionale Potentiale sind für die Region Zwickau grundsätzlich als "marktfähig" einzuschätzen, und können Ansatzpunkte einer regionalen Entwicklungsstrategie sein:

1. Marktfähiges Potential: Lagegunst

Die Lagegunst Zwickaus bezüglich der Bahn stellt sich folgendermaßen dar: a) Eisenbahnknotenpunkt sowohl in west-östlicher als auch in nord-südlicher Richtung, b) Zwickau-HBF und Chemnitz-Kappel verfügen über leistungsfähige Rangierbahnhöfe. Verkehrspolitisch ist es in der Zukunft unerläßlich, daß die Straße entlastet wird und deutliche Signale zugunsten der Bahn gesetzt werden. Beispielhafte Lösungen im Zuge der Aufnahme der VW-Produktion würden einerseits künftige Umschlags-Kapazitäten und andererseits neue Unternehmen attrahieren (z.B. Logistische Dienstleister). Als problematisch in diesem Bereich erweist sich der Standard der technischen Ausrüstung: Eine Umstellung auf neue europäische Normen ist erforderlich. Das von den Unternehmen der Region favorisierte Entwicklungsmodell "Euroregion Zwickau-Bayreuth-Pilsen" ist allerdings nicht im Selbstlauf zu erreichen. Bedeutsam ist in diesem Zusammenhang die Ausgestaltung der räumlichen Nähe zur bundesdeutschen Entwicklungsregion Chemnitz, bzw. zur großräumigen Entwicklungsachse "Dresden-Chemnitz-Bayern"[58] (z.B. durch den Aufbau von Logistikzentren).

2. Marktfähiges Potential: Know How im Bereich Altlastensanierung

Die Region Zwickau verfügt über einen ausdifferenzierten und qualifizierten Arbeitsmarkt. Arbeitskräfte z.B. aus der Wismut-AG können in gezielten Qualifizierungs- und Umschulungsmaßnahmen zu Fachkräfte für Altlastensanierungen (Schwerpunkt radioaktive Abfälle) geschult werden. Nach einem dem Bundeswirtschaftsministerium vorgelegten Sanierungsgutachten der Wismut AG wird für die Demontage von stillgelegten Förderanlagen und die Aufbereitung von kontaminierten Böden ein Zeitraum von 10 - 15 Jahren angesetzt. Die ausgelaufene Förderung des Urans führt jedoch nicht zum Verschwinden der Wis-

58 Siehe Kapitel 2.5.

mut AG, sondern dieses Unternehmen wird die umweltorientierte Liquidation des Uranbergbaus abwickeln (Wismut I: Bergbaualtlasten, Wismut II: Dienstleistungbetriebe und Bergbauzulieferfirmen). Die Teilbetriebe sind in der Regel modern ausgestattet und verfügen über qualifiziertes Personal und sollen ca. 10.000 Beschäftigte umfassen (vgl. Neue Züricher Zeitung v. 6.9.1991). So können Altlasten-Sanierungsgesellschaften aufgebaut werden, die regionale und überregionale Wachstumsimpulse initiieren. Dabei liegt es auf der Hand, daß eine Spezialisierung für das Gebiet der Entsorgung radioaktiver Abfälle erfolgt.

3. Marktfähiges Potential: Kraftfahrzeugrecycling/Stoffgewinnung

Bei erfolgreicher Durchführung von Konzepten der Sächsischen Aufbau- und Qualifizierungsgesellschaft (SAQ) werden zukünftig Kapazitäten zum Kraftfahrzeugrecycling nutzbar gemacht (vgl. Bach 1992, S. 22). Hierdurch könnten wichtige Stoffe wiedergewonnen werden. Auf dem Gebiet des KFZ-Recyclings entwickelt sich zunehmend ein Anbieter-, bzw. Nachfragepotential. Im thüringischen Rohr beschäftigt ein Unternehmen, welches sich auf die Trabant-Verwertung spezialisiert hat, nach einer einjährigen Anlaufphase bereits 30 Arbeitskräfte bei1,5 Mio. DM Jahresumsatz. Die Produktpalette reicht dort von Pflastersteinen, Parkbänken bis hin zu Palisadenzäunen, die aus den behandelten Phenolharzen des "Trabbis" gewonnen werden (vgl. Der Tagesspiegel v. 30.1.1994). Das Prinzip der Stoffgewinnung aus Alt-Produkten ist auf andere Güter übertragbar, und es ist abzusehen, daß das Marktpotential tendenziell wächst (z.B. Personal Computer, Elektronik-Schrott etc.).

4. Marktfähiges Potential: Industrielle Verflechtung

Trotz der beschriebenen ökonomischen Prozesse im Zuge der Transformation (Deindustrialisierung, Wanderungen etc.) bilden die in der Region noch vorhandenen oder durch die VW-Ansiedlung hinzukommenden Unternehmen und Arbeitskräfte mitsamt der "industriellen Tradition" einen weiteren Ansatzpunkt einer regionalen Entwicklungsstrategie. Der Schwerpunkt könnte hierbei im Ausbau und Erhalt der Verflechtungsstrukturen, die sich aus der räumlichen Konzentration einer Vielzahl kleiner und mittlerer Betriebe aus den Bereichen Industrieforschung, Maschinenbau und Elektrotechnik/Elektronik und den sich daraus ergebenden Kombinationsmöglichkeiten, bestehen. Ob sich die Produktpalette dabei lediglich auf den Bereich Fahrzeugbau beschränkt, wie das Beispiel Sachsenring mit der Entwicklung von Elektroautos (vgl. Der Tagesspiegel v. 13.12.1993) zeigt, ist nebensächlich.

Das Fazit der Überlegungen im fünften Schritt lautet: Die Potentiale, denen eine gewisse Marktfähigkeit zugebilligt werden kann, sind so zu entwickeln, bzw. auszubauen, daß ein auf die Region Zwickau bezogenes Know-How entsteht. Dort, wo an die spezifische Nutzung der Ressourcen der Region angeknüpft werden kann (Altlastensanierung, Stoffgewinnung und industrielle Tradition) liegt die Konvertierungsstrategie als regionalpolitische Handlungsempfehlung auf der Hand. Bei der Nutzung des Potentials "Lagegunst" bietet sich die Aktivierungsstrategie an. Im Zuge des Aufbaus Zentraler Orte und großräumig bedeutsamer Entwicklungsachsen bilden sich gerade auf dem Gebiet der FNL in relativ kurzen Zeiträumen neue Hierarchien heraus, in die es sich einzugliedern gilt.

Ob sich aus dieser Problemlösungskapazität in Zukunft Wachstumsimpulse für die Region ergeben, ist von mehreren Faktoren abhängig. Zunächst ist natürlich offen, welche konkreten Anstrengungen unternommen werden, um ein Produktionspotential zu entwickeln. Zu berücksichtigen ist der Umstand, daß die Region Zwickau in direkter Konkurrenz mit anderen Regionen steht, die ihrerseits daran interessiert sind, die sich ihnen bietenden Marktchancen zu nutzen. Bei der Frage der Dimensionierung der Mittelvergabe ist desweiteren zu beachten, daß sich die Problemlagen, wie sie sich in Zwickau darstellen, u.U. an anderen Orten so oder ähnlich wiederfinden (z.B. Altlasten). Wenn es also gelingt, wirklich beispielhafte Lösungen zu entwickeln, könnten im Zuge einer zukünftigen Markterweiterung größere Produktions- und Dienstleistungskapazitäten in Zwickau entstehen.

4.4. Bewertung der empirischen Ergebnisse

Die Systematisierung der empirischen Erhebungen gemäß dem im Kapitel 3.7. vorgestellten Entscheidungsschema hat ergeben, daß sich aus der spezifischen Form der Nutzung der Ressourcen in der Region Zwickau konkrete regionalpolitische Handlungsstrategien ableiten lassen: Passivierungs-, Konvertierungs- und Aktivierungsstragtegie. Abgesehen von der Passivierungsstratie, die lediglich bei der Beseitigung ökologischer Fehlentwicklung zur Anwendung kommt, ohne für die Region nutzbare Endogene Potentiale hervorzubringen, ergeben sich aus der Praktizierung der beiden anderen Strategien alternative Nutzungsmöglichkeiten. Die Region Zwickau verfügt aufgrund der Sanierung übernutzter und gefährdeter Ressourcen, der potentiell andersartigen Nutzung gefährdeter Ressourcen und potentiell zu aktivierender Ressourcen über Endogene Potentiale (vgl. Abbildung 8 in Kapitel 3.7.).

Es ist allerdings auch deutlich geworden, daß die Region Zwickau vor ähnlichen Anpassungserfordernissen im Zuge der ökonomischen Transformation steht, wie die übrigen Fünf Neuen Länder auch. Damit stellt sich die Frage, inwieweit die Region Zwickau über Wettbewerbsvorteile gegenüber den anderen Regionen der FNL verfügt. Oder, regionaltheoretisch formuliert: Ist davon auszugehen, daß die Region Zwickau nach der Beseitigung der Entwicklungsengpässe und unter der Beachtung der diskutierten Nebenbedingungen[59] mittels Nutzung der "Endogenen Entwicklungspotentiale" in der Lage ist, den ökonomischen Gesundungsprozeß einzuleiten. Das Plazet dieser Anfrage muß aus folgenden Gründen erhebliche Skepsis erzeugen:

Nach der bisherigen Praxis und den Absichtsbekundungen ist davon auszugehen, daß auf absehbare Zeit die noch vorhandenen Entwicklungsengpässe im Bereich der Telekommunikation, des Verkehrssektors, der sonstigen Infrastruktur und der Umweltbelastung beseitigt werden. Die damit geschaffenen Produktionsvoraussetzungen garantieren jedoch mitnichten eine Ressourcennutzung: Infrastrukturausbau stellt lediglich die notwendige aber nicht hinreichende Bedingung für private Investitionstätigkeit dar. Jede realistische Prognose bezüglich künftiger Investitionsströme ergibt das Dilemma, daß nahezu alle Regionen der FNL um knappe Invetitionsvolumina konkurrieren (vgl. z.B. Deutsches Institut für Wirtschaftsforschung u.a. 1993). Konkret heißt das für Zwickau: Nach Beseitigung der Entwicklungshemmnisse und der ökologischen Fehlentwicklungen verfügt die Region zwar über ungenutzte Ressourcen, de-

59 Ökologische Fehlentwicklungen stoppen, Vermeidung suboptimaler Förderung und die Beachtung weicher Standortfaktoren.

ren Ausbeutung aber -abgesehen von öffentlicher Nachfrage- völlig ungewiß bleibt, da Zwickau nicht über spezifische komparative Vorteile verfügt, die eine Akquisition externer Investoren herbeiführen würde. Es genügt eben nicht, wenn die Region Zwickau über freie Ressourcen (wie Arbeitskräfte oder Freiflächen) verfügt, denn ohne erwartete Marktchancen werden diese nicht von Investoren genutzt werden. Das bedeutet, daß eine ökonomische Stabilisierung neben der Konkurrenz zu anderen Regionen vor allem von den allgemeinen makroökonomischen Rahmenbedingungen abhängig ist.

Da die Region offensichtlich bei den "weichen" Standortfaktoren gegenüber anderen Räumen wenig attraktiv erscheint, und es ratsam ist, Entwicklungsfelder mit geringer Wachstumsdynamik zu meiden, verbleiben nur noch wenige Potentiale, die eine gewisse Marktchance versprechen. Es ist ohne weiteres einsichtig, daß die herausgearbeiteten Potentiale allerdings maßgeblich von staatlicher Alimentation abhängig sind. Sie fallen entweder in den Bereich des klassischen Infrastrukturausbaus (Lagegunst entwickeln) oder würden private Investoren ohne garantierten Markt (noch) überfordern, da der Marktzutritt hohe und zudem unsichere Anfangsinvestitionen erfordern würde. Damit sind diese Potentiale nur mittels Subventionierung (z.B. langfristiges Sanierungsprogramm) oder Gesetzesänderungen (Recyclingquoten) entwickelbar. Unerläßlich bleibt es, mittels Bestandspflegepolitik, die vorhandenen intraregionalen Kreisläufe und Verflechtungen zu stützen. Sie bilden das Milieu für künftige Entwicklungsstrategien und die Fähigkeit, eine Nischenstrategie zu erarbeiten.

<u>Fazit:</u> Obwohl die Region Zwickau günstige Ausgangsbedingungen bezüglich einer positiven ökonomischen Entwicklung vorweisen kann, ist eine wirtschaftliche Gesundung vor allem abhängig von privaten Investitionen und öffentlichen Subventionen, oder anders formuliert: von <u>externen finanziellen</u> Ressourcen. Eine ökonomische Gesundung ist allein über die Bereitstellung materieller Ressourcen nicht zu erreichen. Damit steht die Tragfähigkeit des Konzeptes der "Endogenen Entwicklungspotentiale" zur Disposition.

5. Kapitel: Zusammenfassung und Perspektiven

Ausgehend von der Forderung, daß regionalpolitische Strategien und Konzepte dazu beitragen sollen, die Entwicklungsunterschiede zwischen den Teilräumen der BRD abzubauen, ist abschließend die Frage zu erörtern, inwieweit das Konzept zur Nutzung der Endogenen Entwicklungspotentiale hierzu einen Beitrag leistet. Dabei geht es in erster Linie nicht darum, die raumplanerischen Aspekte hervorzuheben und weiterzuentwickeln, also etwa die Planungsschritte, -abläufe und Implementationsmaßnahmen zu verfeinern. Vielmehr steht die "ökonomische Reichweite" im Mittelpunkt der Ausführungen. Mit Hilfe eines geeigneten Erhebungsschemas wurden aus der spezifischen Form der Nutzung der Ressourcen in der Region Zwickau entsprechende "Endogene Potentiale" identifiziert. Diese Region bot sich aus mehreren Gründen besonders an. Zum einen verfügt sie aufgrund ihrer "industriellen Tradition" über entsprechende Potentialansätze; regionale Entwicklungsstrategien müssen hier nicht "bei null" anfangen. Zum anderen ist die ökonomische Situation in Zwickau von der Problemlage her (Zerstörung der Verflechtungsstrukturen) ähnlich gelagert, wie in sog. altindusriellen Regionen der alten Bundesländer, und der vieler Räume in den neuen Bundesländern. Bevor nun die Erhebungsergebnisse aus Zwickau einer allgemeinen Bewertung unterzogen werden, muß das ökonomische Grundproblem der FNL (was sich für die meisten peripheren Regionen ähnlich darstellt), näher bestimmt werden.

5.1. Das ökonomische Grundproblem der FNL

Die Region der Fünf neuen Länder befindet sich mittlerweile im fünften Jahr der Transformation in Richtung kapitalistische Marktwirtschaft. Im Zuge dieser Entwicklung sind wesentliche ökonomische Prozesse abgeschlossen oder ihr weiterer Verlauf prognostizierbar. Diese Aussage bezieht sich v.a. auf den Ausbau der Infrastruktur, die Verfügung über die Produktionsfaktoren Boden und Arbeit in quantitativ und qualitativ ausreichenden Dimensionen, sowie das Ausscheiden alter Anlagevermögen durch Kapitalvernichtung[60]. Aus regionalökonomischer Sicht läßt sich die Situation folgendermaßen fassen: Es

60 In Form einer ökonomischen Schrumpfung des Kapitalstocks, die in der Regel dann auch eine physische Vernichtung nach sich zieht.

existieren sowohl regionale Disparitäten innerhalb der fünf neuen Länder, als auch ein starkes ost-westdeutsches-Gefälle. Vor dem Hintergrund der geltenden Zielstellungen der Wirtschaftspolitik im allgemeinen und der Regionalpolitik im besonderen, sollen die regionalpolitischen Aktivitäten diese Erscheinungen abmildern, indem Investitionen zum einen induziert und zum anderen räumlich distribuiert werden. Das ökonomische Hauptproblem der Fünf Neuen Länder besteht also darin, Investitionen zu akquirieren.

Wenn man dem neoklassischen Paradigma folgt, dann besteht Anlaß zu optimistischen Prognosen, da in Ostdeutschland aufgrund der knappen Ausstattung mit Kapital eine hohe Investitionsrentabilität besteht. "Der Osten ist arm an Kapital, doch reich an qualifizierter, oder zumindest schnell qualifizierbarer Arbeit. Lukrative Investitionschancen gibt es zuhauf. ... Daß die Investitionschancen nach der Schaffung stabiler marktwirtschaftlicher Rahmenbedingungen ... genutzt werden, gehört zu den sichersten Prognosen, die Volkswirte abgeben können. Über Jahre hinaus wird es zu einem gewaltigen Kapitalstrom nach Osteuropa kommen, der aus Ersparnissen des Westens gespeist und dort rivalisierenden Verwendungen vorenthalten wird. ... Trotz aller Probleme wird auch Ostdeutschland einen erheblichen Teil des nach Osteuropa fließenden Kapitals absorbieren. ... Das Kapital fließt ja nicht bloß deshalb nach Ostdeutschland, weil es dort gebraucht wird, sondern weil es dort knapp ist und rentabler als anderswo arbeiten kann. ... Wegen dieses (Kapitalnachfrage-) Überhangs muß es zu Zinssteigerungen kommen, die das Kapital rivalisierenden Verwendungen im Westen entziehen, aber auch die Kapitalnachfrage im Osten reduzieren." (Sinn/Sinn 1991, S. 54f.)

Die Ableitung einer hohen Investitionsrentabilität aus der -aufgrund der relativen Knappheit- gestiegenen Grenzproduktivität des Kapitals läßt sich allerdings bisher <u>empirisch</u> nicht belegen; eine Tatsache, die auch der "Sachverständigenrat zur Begutachtung der gesamtwirtschaftlichen Lage" konstatieren mußte: "Was sich bisher entwickelt hat, ist von staatlicher Unterstützung geprägt; ein vom privaten Sektor, vor allem von den Investitionen getragener Aufschwung ist noch nicht in Gang gekommen." (Sachverständigenrat 1992, Zf. 267) An früherer Stelle wurde beschrieben, daß das Niveau der laufenden Investitionstätigkeit in den Neuen Ländern die Vergrößerung der Entwicklungsunterschiede im Anlagekapitalbestand nicht verhindern kann, trotz des -bedingt durch die Transformationskrise- geringen Kapitalstocks in den neuen Bundesländern (vgl. auch Nolte/Ziegler 1994, S. 64f.).

Auch die theoretische Ableitung der optimistischen Einschätzung ist nicht hinnehmbar, da der zugrundeliegende Zusammenhang zwischen Grenzproduktivität des Kapitals und der erwarteten Rentabilität desselben methodisch unangemessen ist (vgl. dazu die Ausführungen im Kapitel1). Zum einen setzt diese Betrachtung einen bestimmten Verlauf der makroökonomischen Produktionsfunktion voraus, und zum anderen die Vollbeschäftigung des jeweils anderen Produktionsfaktors. Die daraus abgeleitete Diskussion von Faktoreinsatzverhältnissen stellt aber allenfalls ein produktionstheoretisches und nicht ein investitionstheoretisches Problem dar. Bei "der Investitionsentscheidung (geht es) in der Praxis stets um das Kalkül der erwarteten Rentabilität zusätzlicher Kapital- und Arbeitseinheiten. Die entscheidende Frage ist dabei realistischerweise in erster Linie die Aufnahmefähigkeit des Absatzmarktes, während auf der Beschaffungsseite im allgemeinen eine Mengenanpassung, also Verfügbarkeit von Faktoren unterstellt ist" (Spahn 1993, S. 38). Angesichts unterausgelasteter Kapazitäten in den relevanten Branchen scheint eine optimistische Prognose unangebracht, und die Entwicklung der FNL eher in Richtung "verländerter Ladentisch" zu verlaufen.

Die Bestimmung regionaler Potentiale einer Region hat ein weiteres ökonomisches Problem aufgezeigt. Wenn man den Begriff Ökonomie einmal in einer weiten Fassung als rationelles Haushalten mit Ressourcen übersetzt, dann ergibt sich in den Fünf Neuen Ländern aus folgendem Grund eine widersprüchliche Situation. In der Frage der Beurteilung der Nutzung natürlicher Ressourcen fällt positiv ins Gewicht, daß im Zuge der Transformationsprozesse viele naturzerstörende Produktionen und Produktionsverfahren stillgelegt werden. Andererseits ist nicht zu verkennen, daß mit der Übernahme der westdeutschen Produktionslogik qualitativ neue Ressourcenbelastungen zu erwarten sind: Die einzelwirtschaftliche Optimierung des Produktionsprozesses in einer Konkurrenzökonomie hat bekanntlich als Ziel die Erarbeitung von Konkurrenz- bzw. Preisvorteilen mittels Steigerung der Arbeitsproduktivität. Die einzelwirtschaftliche Sichtweise hat zu -historisch gesehen- einzigartigen Stoff- und Energieumsätzen mit entsprechenden Nutzungen und Belastungen der menschlichen und natürlichen Potentiale geführt (vgl. Tjaden 1990): Z.B. hat ein Joghurt, der in Neustrelitz verkauft wird, bei der momentanen Anbieterlage auf dem Lebensmittelmarkt, mehrere tausend Transportkilometer inkorporiert. Eine gesamtwirtschaftliche Produktionsbilanz dieses Produktes müßte neben den externen Effekten durch die Zunahme des Verkehrs sowohl die Marktverdrängung von regionalen Endproduzenten als auch der Zulieferer durch den überregionalen Produzenten berücksichtigen. Gerade diese Verdrängungseffekte belegen, daß neben der Überbeanspruchung von Produktionsfaktoren gleichzeitig auch unterausgelastete Ressourcen sich als problematisch erweisen.

Mit der Übertragung der westdeutschen Produktionslogik auf das Gebiet der FNL werden auch die bekannten Folgen der einzelwirtschaftlichen Dominanz übernommen. Regionale Disparitäten und ökologische Fehlentwicklungen sind eben nicht den Bedingungen eines unvollkommenen Marktmechanismus geschuldet, sondern Folge der Marktlogik. Die Kapitalrendite in den agglomerierten Regionen ist trotz der dort bereits vorgenommenen Investitionen höher, als in peripheren Regionen. Eine Tatsache, die dann nicht überrascht, wenn die beschriebenen positiven externen Effekte der Verflechtungszusammenhänge (Kooperation, Synergie, Infrastruktur etc.) berücksichtigt werden (vgl. Heine/Schikora 1992). Das bedeutet allerdings, daß die einer Investition folgenden monetären Ströme (Einkommen, Steuern, Ersparnisse etc.) in den peripheren Regionen ebenfalls ausbleiben, was ökonomische Prozesse induziert, die Myrdal als "circulus vitiosus" bezeichnet hat (vgl. Myrdal 1959). Solche kumulativen Prozesse lassen sich auch bei der Nutzung natürlicher Ressourcen ausmachen und sind hinlänglich bekannt (vgl. Commoner 1977; Tjaden 1992). Solange negative externe Effekte nicht in die einzelwirtschaftliche Kalkulation Einlaß finden (müssen), werden sich die jeweils benötigten Stoff- und Energieströme weiterhin überlinear entwickeln. Bekanntlich verbessert sich aber dadurch nicht die Konkurrenzsituation der peripheren Regionen, die zudem als Anbieter tendenziell niederwertigerer Güter eine kontinuierliche Verschlechterung ihrer terms of trade hinnehmen müssen (vgl. Bade 1984).

Wie ist es zu erklären, daß die unoriginelle Erkenntnis, des unter ökologischen Gesichtspunkten perspektivlosen Umgangs mit natürlichen Ressourcen, kaum einen Eingang in die Regionalpolitik gefunden hat? Dort dominiert nach wie vor eine nachsorgende Umweltpolitik. Trotz der lang anhaltenden Diskussion um

"Nachhaltige Nutzung von Ressourcen" oder einer Notwendigkeit von "geschlossenen Kreisläufen" (vgl. Kapitel 3.4.5.) besteht offensichtlich eine große Diskrepanz zwischen Forderungen, bzw. wünschenswerten Entwicklungszuständen und der realen Entwicklung. Es ist sogar absehbar, daß auf dem Gebiet der Fünf Neuen Länder im Zuge einer "nachholenden Entwicklung" in kürzester Zeit durch die Zunahme des Straßenverkehrs, der Übernahme von westdeutschen Konsummustern, sowie einer überproportionierten Flächenversiegelung (v.a. Gewerbeflächen und Straßenverkehr) die Einheitlichkeit der Lebensverhältnisse beim Ressourcenverbrauch zuallererst erreicht wird.

Das Dilemma liegt m.E. nicht nur darin, daß die "ökologische Karte" erst dann gezückt wird, wenn alle anderen regionalen Entwicklungsfaktoren ausgereizt sind (vgl. Hesse/Lucas 1991, S. 6), sondern in einer Überschätzung der Gestaltbarkeit der Produktivkraftentwicklung. So werden z.B. im Zuge des Trends zur Dienstleistungsgesellschaft die "Gratiseffekte" der Tertiärisierung (v.a. Bedeutungsverlust industrieller Produktion) positiv registriert (vgl. Jänicke/Mönch 1990), sowie konstatiert, daß der Abbau des Gefälles in der Arbeitsproduktivität zwischen den alten und neuen Bundesländern die Voraussetzung für die Gestaltung ökologischer Parameter ist (vgl. Roske/Stratmann-Mertens 1992). Die relative Zunahme der Beschäftigten im tertiären Sektor und die Steigerung der Arbeitsproduktivität sind jedoch Ergebnisse des Marktprozesses, oder genauer formuliert, abhängige Resultante privater Investitionsentscheidungen. Die Schaffung institutioneller Rahmenbedingungen, um diese Marktprozesse zu beeinflussen, ist hierbei anscheinend um ein vielfaches problematischer, als die Durchsetzung der Hegemonie des Marktes selbst. Die Unternehmen und öffentlichen Haushalte tragen der "ökonomischen Budgetrestriktion" zuallererst Rechnung, bevor sie ökologische Schranken berücksichtigen (vgl. Altvater 1992, S. 20f.). Unter den Bedingungen eines kapitalistischen Marktes, der v.a. auch Weltmarkt ist, orientieren sich die Unternehmen in ihren Renditeerwartungen einer Realinvestition an den Verwertungsbedingungen der monetären (Welt-) Märkte. Durch dieses einzelwirtschaftlich rationale Verhalten scheint die ökologische Perspektive der FNL vorprogrammiert, solange nicht insitutionelle Regelungen greifen, die die ökonomischen Marktprozesse beeinflussen.

Damit läßt sich zusammenfassend festhalten, daß es einerseits nicht überrascht, daß es in Ostdeutschland bislang nicht zu einem "Investitionsboom" gekommen ist, andererseits aber zu befürchten ist, daß sich bestimmte Standortparameter durch Übernahme neuer Produktionsmuster noch verschlechtern werden. Beide Erscheinungen finden ihre Ursachen aber nicht in bestimmten Stigmata der FNL, sondern sind Folgen der Marktlogik kapitalistischer Konkurrenzökonomien und hinlänglich bekannt aufgrund der Erfahrungen einer vier Jahrzehnte währenden Regionalförderung in den alten Bundesländern. Lediglich unter Bedingungen eines dynamischen Wirtschaftswachstums in den 50er und 60er Jahren konnten auch die strukturschwachen Räume relativ hohe Wachstumsraten erzielen, und in der Tendenz Entwicklungsrückstände aufholen. Engpässe -insbesondere auf den Arbeits- und Grundstücksmärkten- veranlaßten zahlreiche Unternehmen weniger komplex strukturierte Betriebstypen aus den Ballungsräumen zu verlagern. Mit der Verlangsamung des Wirtschaftswachstums und einer Zunahme der Arbeitslosigkeit auch in den Agglomerationen haben sich die regionalen Disparitäten eher verfestigt. Insbesondere großräumige Betriebsverlagerungen kommen nur noch in seltenen Ausnahmefällen vor, ein Umstand, auf den Bade in seinen Untersuchungen über die Mobilitätsbereitschaft von Betrieben kontinuierlich und beharrlich hingewiesen hat (vgl. z.B. Bade 1979 und 1984). Vor diesem Hintergrund werden den Überlegungen zu einer Nutzung der regionsendogenen Entwicklungspotentiale große Bedeutung beigemessen.

5.2. Lösungsansatz Entwicklung der "Endogenen Entwicklungspotentiale"?

Ein wichtiges Ergebnis der umfangreichen empirischen Erhebungen bezüglich der Region Zwickau im vierten Kapitel dieser Arbeit war die Feststellung, daß trotz erheblicher ungenutzter Ressourcen, regionale Entwicklungsprozesse bislang nicht initiiert werden konnten. Für die Nicht-Nutzung der endogenen Ressourcen einer Region können bei unterstellter "best practice" des vorhandenen regionalpolitischen Instrumentariums vor allem drei Gründe verantwortlich sein. Erstens ist es vorstellbar, daß eine unzureichende Infrastruktur eine Nutzung dieser Potentiale verhindert. In diesem Fall müßten mit Hilfe von Infrastrukturinvestitionen diese bottlenecks beseitigt werden. Für einen weiteren denkbaren Fall, in dem regionale Akteure Marktlücken nicht erkennen, bietet sich eine Politik der Informationsvermittlung an. Beide Restriktionen können grundsätzlich und auch konkret in Zwickau von Relevanz sein, stellen aber m.E. nicht das Hauptproblem regionaler Entwicklung dar.

Von zentralerer Bedeutung scheint nämlich ein dritter Aspekt zu sein: In kapitalistischen Marktwirtschaften werden Investitionen v.a. anhand ihrer Rentabilität bewertet. Da als alternative Anlagemöglichkeit grundsätzlich der Geldmarkt zur Verfügung steht, werden Realinvestitionen c.p. nur bei günstigerer Verzinsung vorgenommen. Während physische Ressourcen nur in Ausnahmefällen die Produktionsmöglichkeiten begrenzen, bilden demnach Geldvorschüsse für Realinvestitionen die eigentliche Restriktion für die regionale Entwicklung mittels Nutzung endogener Potentiale. Nach Lage der Dinge scheint es so zu sein, daß das einzelwirtschaftliche Kalkül in Form der Renditeerwartung, momentan eine Beschäftigung der Ressourcen -vermittelt über Investitionen- verbietet. Oder anders formuliert: Endogene Potentiale in Form ungenutzter Ressourcen begründen keine regionalen Wachstumsaussichten.

Somit kann die Nutzung dieser brachliegenden Ressourcen faktisch nur durch staatliche Subventionsmaßnahmen erfolgen. Die Hoffnungen liegen sowohl in Zwickau, als auch in vielen anderen Regionen, in eben diesem öffentlichen Engagement begründet. Die Investitionstätigkeit in den Fünf Neuen Ländern wird momentan durch staatliche Maßnahmen getragen (vgl. Kapitel 5.1.), und Entwicklungsperspektiven, die sich auf Endogene Potentiale beziehen, sind ohne dieses öffentliche Bemühen kaum vorstellbar. Die Endogenen Potentiale Zwickaus a) Lagegunst, b) Altlastensanierung, c) Stoffrecycling und d) industrielle Verflechtung bedürfen allesamt der staalichen Unterstützung bzw. Absicherung. Dies kann durch langfristige Programme (wie bei der Sanierung der Wismut AG), dem Infrastrukturausbau (etwa zur Entwicklung der Lagegunst), Veränderung der gesetzlichen Rahmenbedingungen (z.B. Rücknahmequoten bei Produkten) oder sonstiger Bereitstellung staatlicher Hilfen (Erhalt und Aufbau der industriellen Verflechtung) geschehen. Staatliche Subventionen sind allerdings in hohem Maße konjunkturreagibel, und insbesondere in Zeiten hoher Staatsverschuldung stets vom Abbau bedroht.

Das vorläufige Ergebnis ist demnach, daß im Rahmen der gültigen Wirtschaftsverfassung dem Konzept der Nutzung der endogenen Potentiale sehr enge Grenzen gesetzt sind. Diese offensichtliche Diskrepanz von praktisch-politischen Erfordernissen und ökonomischer Reichweite des Konzeptes zur Nutzung Endogener Potentiale konnte allerdings der Attraktivität des Ansatzes nichts anhaben.

Dabei war es durchaus naheliegend, daß vor dem Hintergrund der Erfolglosigkeit der Regionalpolitik (gemessen an ihren Zielvorstellungen) die Suche nach regionalpolitischen Alternativen an Intensität zunahm. Wenn die exogene Hilfe nicht zu dem gewünschten regionalen Wachstumsprozessen geführt hat, kann die Ursache dieser Fehlentwicklung wohl nur in der mangelnden Berücksichtigung der regionalen Stärken und Ausgangsbedingungen liegen. Die konsequente Schlußfolgerung kann daher nur lauten, daß regionale Entwicklungsstrategien an den endogenen Potentialen der Region anknüpfen müssen.

Im dritten Kapitel dieser Arbeit sind die Etappen der Diskussion um die Nutzung der endogenen Potentiale herausgearbeitet worden. Die theoretische Erörterung dauert mittlerweile drei Jahrzehnte, wobei seit ca. 10 Jahren konkret an der Erstellung von Politikkonzepten gearbeitet wird. Umso erstaunlicher ist es, daß bis heute keine in sich konsistente Theorie über die Nutzung der Endogenen Entwicklungspotentiale aufgestellt wurde. Tatsächlich ist nicht einmal wirklich geklärt, was man unter einem endogenen Entwicklungspotential zu verstehen hat. In der Auseinandersetzung um eine "entwicklungspotentialorientierte" Reform der GRW hieß es jüngstens: "Die Entwicklungsfähigkeit und Entwicklungswürdigkeit einer Region beruht ... auf der Gesamtheit der in ihr befindlichen Potentiale. ... (Die) Implementierung einer entwicklungspotentialorientierten Regionalpolitik setzt ... die gezielte Aufdeckung der momentan vorliegenden wie auch der zukünftig absehbaren Engpässe im regionalen Potentialbestand voraus." (Scharff 1993, S. 191, Ergänzung A.S.)

Mit der Vorstellung, daß über die Beseitigung von entwicklungshemmenden Engpässen auf die endogenen Potentiale im Sinne eines "nur noch zu bergenden Schatzes" zugegriffen werden kann, verbleiben diese aktuellen Überlegungen auf einem längst bekannten Stand der theoretischen Auseinandersetzung: Alle Ressourcen einer Region sind gleichzeitig als ihr endogenes Potential anzusehen; eine Gleichsetzung, die methodisch ungenügend ist (vgl. Kapitel 3.6.1.) weil sie u.a. nicht die Frage klären kann, warum eventuell vorhandene Potentiale bisher noch nicht genutzt wurden. Es sind nämlich in der Regel nicht physische Barrieren, die einen regionalen Wachstumsprozess limitieren, sondern monetäre Restriktionen (mangelnder Kapitalzufluß), die sich negativ auf die Entwicklungschancen von Regionen auswirken. Das zeigt die Erfahrung mit dem Ausbau der Infrastruktur in den westdeutschen Fördergebiete: Eine (notwendige) Engpaßbeseitigung stellt keine hinreichende Nebenbedingung für regionales Wachstum dar. Der angemessene Bezugsrahmen zur Bewertung endogener Potentiale wird nicht durch physische, sondern durch ökonomische Kategorien gebildet. Im Rahmen der bestehenden Eigentumsordnung kann auf der Beschaffungsseite die Möglichkeit zur freien Mengenanpassung unterstellt werden, womit die Verfügbarkeit über Ressourcen gegeben ist. Unsicher sind vielmehr die zu erwartenden Kapitalrückflüsse. Erst positive Erwartungen bezüglich der Rentabilität des eingesetzten Kapitels ermöglichen damit die Nutzung der Ressourcen einer Region.

Angesichts der methodischen Inkonsistenzen stellt sich allerdings die Frage nach den Gründen der Attraktivität des Ansatzes aus Sicht der verschiedenen theoretischen Paradigmen. Die zur Ausschöpfung endogener Entwicklungspotentiale notwendige Engpaßbeseitigung deutet auf zentrale neoklassisch orientierte Bezüge hin. Engpässe führen in dieser Diktion zu suboptimaler Ausschöpfung der Produktionsfaktoren. Die Beseitigung vorhandener bottlenecks erlaubt einen maximalen Output bei gegebener regionaler Produktionsfunktion, die wiederum auf eine vorgegebene Ausstattung mit Ressourcen basiert. Überlegungen dieser Art sind an die methodische Vorgabe der Erstausstattung geknüpft, auf deren Grundlage die optimalen Produktionspläne (Wahl der Technologie in Abhängigkeit von der physischen Grenzproduktivität) aufgestellt werden. In dieser Sicht werden allenfalls Substitionsprozesse beim Einsatz der Produktionsfaktoren, also unterschiedliche Kapitalintensitäten, und nicht die Vornahme von Investitionen erörtert. Die die Überlegungen begründende Produktionsfuntion, sowie die Ableitung monetärer Größen aus physischen Grenzproduktivitäten, stellen dabei allenfalls Sonderfälle dar (vgl. Kapitel 1). Dabei spielt nicht einmal die Existenz steigender Skaleneffekte die entscheidende Rolle. Positive externe Effekte räumlicher Zusammenballungen fallen in Form niedrigerer Produktionskosten an, und beeinflussen somit Renditeerwartungen und Investitionsverhalten privater Unternehmen.

Ein weiteres Appeal aus neoklassischer Sicht besteht in der Perspektive, aus der regionale Entwicklungsprozesse begleitet werden sollen. Die Betonung der "Regionssicht" ist durchaus kompatibel mit der Forderung nach Subsidiarität (vgl. Lecheler 1993). Die Region ist demnach als untergeordnete soziale Einheit in der Lage, ohne den Staat und dessen exogene Hilfe die eigene Entwicklung zu steuern, da der Markt für eine optimale Allokation der Ressourcen sorgen wird. Daß hier keine verstaubten Lehrbuchweisheiten wiedergegeben werden, beweist ein Blick in neueste Veröffentlichungen: "Im marktwirtschaftlichen System sollen die Marktpreise die optimale Verwendung der Produktions- bzw. Einsatzstoffe lenken." (Bergmann u.a. 1991, S. 5) Dort, wo der Markt versagt, kann die übergeordnete Einheit eingreifen: "Wo allerdings die Marktpreise nicht genügend Anreiz zur sparsamen Verwendung natürlicher Ressourcen und drastischer Verminderung der Emissionen geben (Marktversagen), sollte der Staat zur vorsorglichen Vermeidung von Umweltschäden ... durch Abgaben ... die notwendigen privatwirtschaftlichen Anreize zur Verminderung der Umweltbelastung und ihrer Kosten schaffen" (Bergmann u.a. 1991, S. 43f.). Diese Sicht vernachlässigt m.E. die Probleme, die mit der Internalisierung der externen Effekte untrennbar verbunden sind. Die Erfassung und Quantifizierung kumulativer Entwicklungen, potentieller Risiken, sowie die Bewertung natürlicher Potentiale und der in der Natur ablaufenden Prozesse erfordern überaus hohe methodische und empirische Anstrengungen. Die in der neoklassichen Umweltökonomie (vgl. Baumol/Oates 1988; Siebert 1992) übliche Zielfunktion (individuelle Nutzenfunktion oder gesellschaftliche Wohlfahrtsfunktion) die den Maßstab für Optimierungs- und Internalisierungsbemühungen bildet, liefert ein einfaches und logisch stringentes Entscheidungsportfolio. Der Preis dieses Modells ist freilich die Negation des Faktors "Zeit" (Unterstellung fixer Produktions- und Nutzenfunktion) sowie des hilflosen Umgangs mit Irreversibilitäten (z.B. Generosion). Hier ist nicht der Ort, die neoklassische Umweltökonomie ausführlich abzuhandeln (vgl. dazu z.B. Söllner 1993). Die Ausführungen sollten lediglich die Zweifel begründen, mit denen den politischen Entscheidungsträgern in dynamischen Marktprozessen die Kompetenz einer Politik der "vorsorglichen Vermeidung von Umweltschäden durch Internalisierungsbemühungen" zugewiesen wird.

Interessanterweise stellt die neoklassische Forderung nach Subsidiarität einen Berührungspunkt zu den "alternativen" Kritikern der Regionalökonomie dar.

Vertreter aus dem theoretisch-ideologischen Umfeld der ökologisch-alternativen Bewegung -und damit ein weiterer Movens für die Attraktivität des Potentialgedankens- forcierten ihrerseits -wenn auch aus anderen Beweggründen- die Diskussion um Nutzung endogener Entwicklungspotentiale. Es ging ihnen dabei vornehmlich um neue, an die regionalen Bedürfnisse angepaßte, von eigenen Werten bestimmte Strategien der regionalen Selbstentfaltung. Abgeleitet wurden diese Zielvorstellungen aus der Kritik an einer exogen und global orientierten Regionalpolitik, die im Zuge der europäischen und weltweiten Integration eher die Sicherung des Standortes Bundesrepublik Deutschland zum Ziel hat (vgl. Ewringmann/Kortenkamp 1986; Dannecker 1983).

Auch für diesen Strang der Diskussion um die Nutzung endogener Potentiale gilt die Feststellung, daß eine theoretische Ableitung der Ursachen einer ausbleibenden Potentialnutzung unzureichend vorgenommen wird. Bei allen Arbeiten (vgl. hierzu die ausführliche Analyse im 3. Kapitel) wird unterstellt, daß die Region über brachliegende Produktionskapazitäten verfügt, die im Zuge einer regionalen Entwicklungsstrategie nutzbar gemacht werden können. Es wird davon ausgegangen, daß "oft Teile der Bevölkerung noch über Produktionsmittel ... (wie z.B. Grund und Boden, Maschinen), entsprechende Fertigkeiten und Begabungen, teilweise auch über Kapital" verfügen (Baumhöfer 1985, S. 547), das ungenutzt bleibt, da die bisherige Regionalpolitik eine "Ausgrenzung einzelner Produktionsfaktorenpotentiale" beinhaltet (Scharff 1993, S. 190). Die begrüßenswerten Forderungen nach einer demokratischeren Ausrichtung der Regionalpolitik im Sinne einer stärkeren Gewichtung der Mitsprache der Region, nach der Anpassung von regionalen Hilfen an die wirklichen Erfordernisse aus Sicht der Region, und nach Beachtung ökologischer Parameter kommen nicht umhin, die ökonomischen Gesetzmäßigkeiten zu analysieren, die diese Fehlentwicklungen sowie die Nichtnutzung der Ressourcen hervorrufen.

Mit den Bezügen zu den dargestellten Paradigmen ist ein Grund benannt, der für die Attraktivität des Konzeptes -trotz der offensichtlichen Schwächen- bürgt. Ein weiterer Aspekt bildet m.E. die dort ungeklärte Position zu Aspekten gesellschaftlicher Regulierung, die im folgenden diskutiert werden sollen.

5.3. Notwendigkeit einer staatlichen Steuerung

Das zentrale regionale Problem für die Entwicklung Ostdeutschlands, wie für alle peripheren Regionen, stellt sich so dar, daß das eigentliche Entwicklungspotential in der Zuführung von Investitionsvolumina besteht. Ausbleibende Kapitalströme in die relativ armen Regionen stellen dabei keinen Betriebsunfall der ökonomischen Entwicklung dar, sondern sind Folge des Rationalitätskalküls der Unternehmen, und dadurch zu erklären, daß agglomerierte Räume und Regionen trotz höherer Faktorkosten aufgrund von externen Effekten (Agglomerationsvorteile) über Standortvorteile gegenüber peripheren Regionen verfügen. Die gesetzlich geforderte Angleichung der Lebensverhältnisse in der Bundesrepublik Deutschland ist somit -vor dem Hintergrund der skizzierten ökonomischen Rahmenbedingungen und den regionalpolitischen Erfahrungen- weder empirisch abzusehen, noch theoretisch zu begründen.

Es ist in dieser Situation m.E. nicht legitim, gebetsmühlenartig Positionen zu wiederholen, die andere Entwicklungspfade prognostizieren, allerdings ohne ausreichende theoretische Begründung. So hat z.B. der Beirat für Raumordnung in einer der jüngsten Stellungnahmen die Orientierung aus den frühen 80er Jahren (vgl. Beirat für Raumordnung 1984) bekräftigt, wonach "der ländliche Raum ... eine stärkere Ausrichtung der Hilfe zur Selbsthilfe durch Aktivierung des Eigenentwicklungspotentials" benötigt (Beirat für Raumordnung 1990, S. 5 f.). Wenn das gesamtwirtschaftliche Interesse an einer Angleichung der Lebensverhältnisse besteht, diese Entwicklung gleichzeitig wegen der zu erwartenden negativen Effekte nicht über eine "passive Sanierung" erfolgen soll, dann sind auch gesamtwirtschaftliche Lösungen gefragt, die das einzelwirtschaftliche Rationalitätskalkül ergänzen.

Unter gesamtwirtschaftlicher Überlegung kann hier die Einlösung des Sozialstaatspostulates[61] in Bezug auf regional ungleich verteilte Investitionen verstanden werden. M.E. ist hierbei davon auszugehen, daß eine Angleichung der Lebensverhältnisse nur erreicht werden kann, wenn staatliche Umverteilungsmaßnahmen greifen. Der Staat ist aus dem Grund der richtige Adressat für diese Aufgabe, weil er in letzter Instanz für die optimale Allokation der Pro-

61 Siehe hierzu ROG für den Bereich der Raumordnung und Gesetz über die GRW für die Regionalpolitik und die Ausführungen im 2. Kapitel.

duktionsfaktoren und Distribution des Einkommens verantwortlich ist (vgl. z.B. Musgrave u.a. 1975). Daß diese Tätigkeit nur subsidiären Charakter hat, spielt eine untergeordnete Rolle. Überaus wichtiger ist die ökonomische Begründung für die Staatstätigkeit, die im allgemeinen über Marktunvollkommenheiten oder Marktversagen hergeleitet wird, und hier exemplarisch anhand des öffentlichen Infrastrukturausbaus dargestellt werden soll.

Die öffentliche Bereitstellung von produktionsrelevanter Infrastruktur wurde v.a. aus institutionellen und ökonomischen Erfordernissen dem Regelungsbereich privater Unternehmen entzogen (vgl. Frey 1979, S. 19 f.). In institutioneller Hinsicht weist die Infrastruktur Merkmale, wie das

- Fehlen von Marktpreisen;
- tendenziell defizitäre Betriebsführung;
- politische/nichtmarktmäßige Entscheidungsmechanismen auf.

Die ökonomischen Merkmale sind v.a. die folgenden:

- ausgeprägte Kostendegression und Sprungkosten;
- hoher Fix- und Gemeinkostenanteil;
- ausgeprägte externe Effekte;
- Kollektivgutcharakter und
- hohes Risiko.

Es ist weitgehend unumstritten, daß eine qualitativ und quantitativ hochwertige Bereitstellung von Infrastruktur in den meisten Fällen eine notwendige (wenn auch keine hinreichende) Voraussetzung für ökonomische Aktivitäten darstellt. Aufgrund der beschriebenen Merkmale infrastruktureller Maßnahmen und der Tatsache, des "nichtrivalisierenden Konsums" und der nicht möglichen Anwendung des "Ausschlußprinzips", kommt es aufgrund fehlender Zahlungsbereitschaft zu keinem oder zu einem unzureichendem Angebot. In dieser Situation ist es im Rahmen der gültigen Wirtschaftsverfassung gerechtfertigt, über steuerliche Umlagen die benötigten finanziellen Ressourcen zu erschließen, da der "Markt" diese Leistungen grundsätzlich nicht bewerkstelligen kann.

Das geltende Sozialstaatsprinzip findet seine Anwendung aber nicht nur in der Durchsetzung der objektiven Erfordernisse aus Sicht der privaten Unternehmen. Ökonomische Aktivitäten, die im Ergebnis zum Entstehen und zur Persistenz regionaler Disparitäten führen (überlagert durch Ost-West-Disparitäten aufgrund der Vereinigung der beiden deutschen Staaten), tangieren unmittelbar die zentralen Erwerbs-, Siedlungs- und Einkommensmöglichkeiten der Bevölkerung. Durch die regional ungleichgewichtige Verteilung von Art und Dichte des Unternehmensbesatzes werden Quantität und Qualität der Erwerbsmöglichkeiten vorgegeben und somit die Einkommenschancen verteilt (vgl. Väth 1980, S. 49 f.). Im Ergebnis kommt es sowohl zu den bekannten Erscheinungen in peripheren Gebieten, als auch zu negativen Verdichtungsfolgen in den Ballungsgebieten. Raumordnungs- und regionalpolitische Maßnahmen sollen -v.a. über die Setzung von Mindeststandards- aus diesem Grunde dazu beitragen, hier kompensatorisch zu wirken.

Damit ist der zentrale Widerspruch staatlicher Interventionsmaßnahmen in den ökonomischen Prozeß umschrieben: Der ordnungspolitisch gesehen unproblematische Staatseingriff in Form der Beseitigung von Entwicklungsengpässen führt gleichzeitig zur Perpetuierung regionaler Disparitäten. Die einseitige Konzentration auf unternehmerische Anpassungsprozesse hat zu überproportionaler Ausstattung mit Infrastruktur (im weiteren Sinne) in den Agglomerationen geführt. Diese Tatsache ist auch nicht verwunderlich, da unabhängig vom ökonomischen Niveau einer Region immer (neue) Engpässe unternehmerischer Tätigkeit bestehen. Die ökonomische Begründung dieser einseitigen Orientierung findet sich in der Dominanz der Wachstumsorientierung in der regionalpolitischen Diskussion, und in der Erwartung, daß die peripheren Regionen von dem Spillover-Effekt profitieren. Diese Hoffnung ist vor dem Hintergrund der empirischen Erfahrungen in der Alt-Bundesrepublik trügerisch, und sollte angesichts des neu entstandenen Ost-West-Gefälles dringend überprüft werden.

Von daher kann die Forderung nach staatlichen Umverteilungsmaßnahmen in der Regional- und Raumordnungspolitik mit einer stärkeren Betonung der gesamtwirtschaftlichen Sicht begründet werden. Jede einzelwirtschaftliche Aktion, sei es nun eine Investition oder eine Standortverlagerung hat soziale Effekte, die in einer gesamtwirtschaftlichen Bilanz, die die sozialen Nutzen und Kosten berücksichtigt, bewertet werden müssen. So führt z.B. die Schaffung von überregional bedeutsamen Einkaufszentren im Land Brandenburg, direkt an der Grenze zu Berlin, zu einer Gefährdung von Einzelhandelsbetrieben in dem Einzugsbereich dieser Zentren. Es soll an dieser Stelle betont werden, daß nicht allein die Existenz externer Effekte die Notwendigkeit einer staatlichen Steuerung begründet (vgl. hierzu Junghans 1976), sondern die Analyse der Investitions- und Standortentscheidungen von privaten Unternehmen hierbei viel bedeutsamer ist.

Danach sind die Ziele von Raumordnungs- und Regionalpolitik unter den gegebenen Prämissen nur durch eine Umverteilung von knappen Entwicklungspotential -sprich Investitionen- zu Lasten der verdichteten Räume und zugunsten der peripheren Räume erreichbar. Im Rahmen der gegebenen Wirtschaftsverfassung können die Eingriffsmaßnahmen nur auf die einzelwirtschaftliche Kalkulation bei Investitions- und Standortentscheidungen einwirken. Die Palette der direkten und indirekten Maßnahmen reicht hierbei von der Erhebung von speziellen Ballungsabgaben bis zu Ansiedlungsverboten (vgl. hierzu ausführlich Kapitel 1).

Die hier vorgenommene Argumentation ist nicht neu, und im Kern bereits in den 70er Jahren geführt worden (vgl. Kapitel 2.1.). Trotz der heftigen Auseinandersetzungen und Angriffe auf das herrschende System der Raumordnungs- und Regionalpolitik (vgl. z.B. Ronge/Schmieg 1973; Scharpf 1976; Scharpf/Schnabel 1977 und Väth 1980), und trotz der Perpetuierung der regionalen Disparitäten in der Bundesrepublik Deutschland, kam es zu keiner entsprechenden Überprüfung des Instrumentariums. Diese Tatsache läßt auf zentrale politische und ökonomische Restriktionen schließen, die eine stärkere staatliche Steuerung illusionär erscheinen lassen.

5.4. Aktualität und Illusion staatlicher Planung

Die herausgearbeitete Forderung nach stärkerer staatlicher Einflußnahme auf einzelwirtschaftliche Investitionsentscheidungen konfligiert zum einen mit dem aktuellen politischen Mainstream in der Bundesrepublik, zum anderen sind ökonomisch motivierte Bedenken bezüglich der Steuerbarkeit ökonomischer Prozesse im Rahmen kapitalistisch-marktwirtschaftlicher Systeme anzubringen.

Aufgaben und Rolle des Staates haben subsidiären Charakter und sind ordnungspolitisch gesehen eindeutig bestimmt. Im dynamischen Verlauf ökonomischer Prozesse kommt es allerdings immer wieder zu Neuinterpretationen dieses ordnungspolitischen Korsetts. Vor dem Hintergrund der ökonomischen Probleme im Zuge der Vereinigung der beiden deutschen Staaten zielen aktuelle Forderungen z.B. in Richtung eines öffentlich geförderten Beschäftigungssektors (vgl. z.B. Bergmann 1993; Buttler 1993). Die hierbei formulierten Forderungen nach Bildung -bzw. Ausdehnung- des "zweiten Arbeitsmarktes", stoßen unmittelbar an ihre Grenzen und Randbedingungen. Gegner der Ausweitung fiskalpolitischer Maßnahmen verweisen in diesem Zusammenhang gerne auf zu befürchtende crowding-out- und Mitnahmeeffekte. Neben dieser hinlänglich bekannten Auseinandersetzung sei an dieser Stelle auf die in jüngster Zeit forcierte Diskussion um das regional- und raumordnungspolitische Ziel der "Gleichwertigkeit der Lebensverhältnisse" hingewiesen.

Die Diskussion um das Leitbild der Gleichwertigkeit ist beileibe nicht neu (vgl. z.B. Hübler u.a. 1980), hat aber in jüngster Zeit eine neue Dimension bekommen. Stand bisher eher die Interpretation dieser Orientierung im Mittelpunkt[62], so wird nun sogar die Forderung nach einer Angleichung infrage gestellt (vgl. Biedenkopf 1992 und Miegel 1991). In einer von der Bertelsmann-Stiftung in Auftrag gegebenen vergleichenden Untersuchung durch das Institut für Wirtschaft und Gesellschaft (IWG) in Bonn, wird das Postulat gleicher materieller Lebensbedingungen "neubestimmt" (Miegel 1991, S. 125), was sich bei genauerer Betrachtung allerdings nur als eine -wenn auch sehr antiquierte- Version des Subsidiaritätsprinzips entpuppt: "Die Politik darf erst dann in das Erwerbsverhalten von Bevölkerungsgruppen eingreifen, wenn regionale Wirtschafts- und Beschäftigungsgefälle die Stabilität des Gemeinwesens zu gefährden drohen." (Miegel 1991, S. 125) Nach ausführlichen Analysen der Neigungen und Verhaltensweisen der Bevölkerung, kommen die Wissenschaftler

62 Etwa die Interpretation von Gleichwertigkeit als Annäherungsziel, oder eine "positive" Aufhebung dieser Zielformulierung im Sinne einer Einschränkung aus Gründen der "langfristigen Sicherung der natürlichen Lebensgrundlagen" (vgl. Hübler u.a. 1980, S. 76f.).

zu dem Schluß, daß hier erhebliche Unterschiede festzustellen sind, und somit "nicht nur fraglich (ist), ob das Postulat gleicher materieller Lebensbedingungen verwirklicht werden *kann*, sondern mehr noch, ob es überhaupt verwirklicht werden *soll*." (Miegel 1991, S. 122) Angesicht der sehr verschiedenen Prägungen (sic!) der Menschen sollten regionale Disparitäten "nicht durch Transfers ausgeglichen werden" (Miegel 1991, S. 126).

Daß solche Positionen nicht nur intellektuelle Anstrengungen hinsichtlich des steigenden Haushaltsdefizits darstellen, sondern vielmehr Ausdruck des momentan herrschenden politischen Klimas sind, zeigt der Transfer der Thesen durch den Gründer des IWG in die Sphäre der politischen Auseinandersetzung. Angesichts der unrealistischen Perspektive einer ökonomischen Aufholjagd Ostdeutschlands, sollte diese Region "eigene Wege" gehen, und nicht den Trampelpfad des westdeutschen Wachstumsmodells nachlaufen. Da das Ziel einer Annäherung der BSP-Ausstattung pro Kopf der Bevölkerung nicht das "Gebot unserer Verfassung" sein kann, sollte die Zielformel der Gleichheit in die der "Vergleichbarkeit der Lebensverhältnisse" transformiert werden (vgl. Biedenkopf 1992, S. 634). Bei der Suche nach Kriterien um die "Vergleichbarkeit zu objektivieren" (sic!), sollten auch außerökonomische Zielvorgaben berücksichtigt werden: Die unterschiedlichen "soziokulturellen Befindlichkeiten" und die "regionalen Andersartigkeiten" sind Ausdruck eines selbstgewählten Niveaus an Lebensqualität, und sollten nicht anhand "harter" ökonomischer Parameter[63] eingeebnet werden: "Bei aller Freude am steigenden Lebensstandard wird diese "Ökonomisierung", das heißt die Konzentration auf im wesentlichen meßbare wirtschaftliche Fortschritte von den Menschen in den östlichen Bundesländern als ein Phänomen empfunden, mit dem sie sich nur schwer vertraut machen können." (Biedenkopf 1992, S. 635)
Die hier dargelegte zynische Version des Lebensmottos "Aus der Not eine Tugend machen" widerspricht zwar der herrschenden Interpretation der gesetzlichen Normen, ist als Diskussionsbeitrag aber Beleg für die oben formulierte These, daß ein stärkerer Einsatz regional- und raumordnungspolitischer Instrumente, mit dem politischen Mainstream unvereinbar scheint. Daneben sind auch <u>ökonomische</u> Aspekte zu berücksichtigen, die die Grenzen staatlicher Einflußnahme darlegen.

63 So z.B. Einkommen oder BIP pro Kopf der Bevölkerung.

Trotz der krisenhaften Zerstörung des Produktionspotentials in den neuen Ländern infolge der Transformationskrise, ist der Glaube an die Omnipotenz der Wirtschaftspolitik, und damit an die grundsätzliche Möglichkeit der Steuerbarkeit marktwirtschaftlich-kapitalistischer Systeme, eine weit verbreitete Überzeugung. Dieses auch als "teleologisch" bezeichnete Vorgehen (vgl. Riese 1988, S. 93 f.) äußert sich aktuell in der Forderung nach dem "Erhalt industrieller Kerne" in Ostdeutschland (vgl. Arbeitsgruppe Alternative Wirtschaftspolitik 1993). Das konsensstiftende Moment zwischen allen politischen Lagern besteht in dem Dogma, daß wirtschaftspolitische Ziele auch realisierbar sind; eine Auseinandersetzung findet lediglich um Art und Modellierung der Instrumente selbst statt. Diese -angesichts der theoretischen und empirischen Ausführungen- überraschende Feststellung, konfligiert mit einigen wichtigen Aspekten, die eine Zielerreichung (auch) der Regional- und Raumordnungspolitik erschweren, wenn nicht gar verhindern.

Wenn die hier vertretene theoretische Ansicht valid ist, nach der regionale Disparitäten zwangsläufiges Ergebnis einzelwirtschaftlich motivierter Investitions- und Standortentscheidungen sind[64], dann müßten wirtschaftspolitische Maßnahmen, die diese Entwicklungsunterschiede abbauen wollen, zumindestens die positiven externen Effekte kompensieren, über die Agglomerationen "verfügen". Damit stellt sich die Frage nach dem Subventionsniveau peripherer Regionen, die, angesichts der Tatsache, daß keine ökonometrisch sinnvollen Verfahren existieren, um die externen Effekte zu quantifizieren, zunächst unbeantwortet bleibt. Das selbst die Förderung nach dem BerlFG, die zuletzt ca. 9 Mrd. DM jährlich betrug, die strukturellen Defizite West-Berlins nicht beseitigen konnte (vgl. Brenke/Geppert 1992), stellt ein Indiz[65] dafür dar, daß ein vielleicht wünschenswertes Subventionsniveau vor dem Hintergrund der Haushaltssituation unrealistisch ist, v.a. aber unklar bleibt, ob es überhaupt zum Erfolg führt[66].

64 Auf Basis der v.a. durch die Industialisierung und natürlicher Produktionspotentiale entstandenen Standort- und Raumstruktur (vgl. Kapitel 1).

65 Wenngleich auch die Art der Förderung, die eine Schwerpunktorientierung vermissen ließ, zu kritisieren ist.

66 Verwiesen sei an dieser Stelle nur auf die Diskussion der "qualitativen Subordination", und dabei v.a. auf die Schranken staatlicher Steuer- und Kreditfinanzierung (vgl. Ronge/Schmieg 1973, S. 157f.).

Diese Unsicherheit gilt auch für die herausgearbeitete Forderung nach einer Investitionslenkung. Eine Politik, die über Ansiedlungsge- und -verbote Investitionen in entwicklungsschwache Regionen lenken möchte, muß neben makroökonomischen Auswirkungen auch einzelwirtschaftliche Reaktionen in das Kalkül einbeziehen. Zum einen ist zu befürchten -den Erfolg der Politik vorausgesetzt- daß sich die Produktionskosten der Unternehmen aus ihrer Sicht negativ verändern[67] und somit sich auch die Wettbewerbssituation der bundesdeutschen Unternehmen insgesamt verschlechtert, was weiterhin Auswirkungen auf den Außenwert der Währung hätte. Zum anderen ist völlig unklar, ob es den Unternehmen nicht gelingt, sich dem Zugriff der Maßnahmen, z.B. durch Investitionsverweigerung oder Kapitalflucht, zu entziehen. In jedem Fall würde sich externes Kapital unter den neuen wirtschaftspolitischen Bedingungen nur unter großen Vorbehalten, und überproportional hohen Gewinnerwartungen auf eine Vornahme von Investitionen einlassen. Die hiermit angesprochenen Grenzen gesellschaftlicher Regulierung sind beileibe noch nicht ausdiskutiert (vgl. zur Bedeutung von Kohärenzprinzipien z.B.: Herr/Westphal 1990). Möglichkeiten und Grenzen der Regulationsfähigkeit können hier nicht ausgelotet, sollen aber als ein grundsätzliches Problem markiert werden.

Insgesamt ist wohl deutlich geworden, daß die Forderung nach staatlicher Steuerung aus politischen und ökonomischen Erwägungen heraus, derzeit als illusionär zu kennzeichnen ist. Trotz der dargestellten Unzulänglichkeiten und Grenzen des Ansatzes der Nutzung Endogener Entwicklungspotentiale soll im letzten Abschnitt dieser Arbeit auf Aspekte und Zusammenhänge hingewiesen werden, die dazu beitragen können, die Diskussion um den Abbau regionaler Disparitäten zu forcieren.

5.5. Zweckdienlichkeit des Ansatzes der Förderung der Endogenen Potentiale

Die vielschichtige Auseinandersetzung um die Möglichkeiten der Nutzung regionseigener Potentiale befruchtet die Beschäftigung mit regionalen Entwicklungsstrategien m.E. v.a. durch die Betonung der naturräumlichen Kreislaufzusammenhänge, der Bedeutung von Verflechtungsstrukturen und das Aufzeigen

[67] Das gilt z.B. für den Fall, daß sie nicht mehr den einzelwirtschaftlich optimalen, d.h. v.a. kostengünstigsten, Standort wählen können.

der strategischen Grenzen des Ansatzes (wobei wohl die zuletzt genannte Interpretation nicht unbedingt von den Verfassern intendiert ist).

Die Überlegungen zur Nutzung Endogener Potentiale erhielten einen wichtigen Impuls durch die gravierenden Fehlnutzungen der Naturpotentiale und den daraus resultierenden ökologischen Problemen. Vor allem Hübler und Tjaden haben durch die Reflexion über eine nachhaltigere Nutzung regionaler Potentiale bzw. regionaler Reproduktionspotentiale (vgl. Kapitel 3.4.5.) dazu beigetragen, die Idee geschlossener Kreisläufe zuungunsten linearer Prozesse zu vertiefen. Dadurch wurde auch ein wesentliches Manko deutlich: Eine zentrale Ursprungsvorstellung war ja das "Vertrauen auf die eigene Kraft" (self reliance) und das Erschließen ungenutzter Potentiale. Wenn allerdings ein erstrangiges Problem die Übernutzung von Ressourcen ist, und demnach ein Nutzungsverbot bzw. die Nutzungseinschränkung geboten wäre, stellt sich umgehend die Frage nach der ökonomischen Überlebensfähigkeit einer Region bzw. nach den notwendigen <u>externen</u> Transfers für die betreffende Region.

Andererseits bietet sich gerade auf der regionalen Ebene die Möglichkeit der Erfassung der Nutzung der jeweiligen Ressourcen. Einmal ungeachtet der Schwierigkeiten der Regionsabgrenzung bei der Bilanzierung relevanter Ströme, können regionale Entwicklungsstrategien sinnvollerweise nur im ökonomischen Gesamtzusammenhang erstellt werden. Das bedeutet die Stärkung der Regionssicht bei der Erarbeitung einer Globalstrategie, die die Übernutzung von natürlichen Ressourcen verhindern möchte. Ob die Möglichkeit besteht, hier nationalstaatliche Lösungen zu finden, kann an dieser Stelle nicht erörtert werden (vgl. dazu Kasper/Schikora 1991), es soll nur darauf verwiesen werden, daß das Konzept zur Nutzung endogener Potentiale -im Sinne ungenutzter Produktionsmöglichkeiten- hierbei in jedem Fall zu kurz greift.

Die erforderliche Abkehr von einer funktionalen Raumsicht hin zu einer konkreten Sicht bei der Erarbeitung regionaler Entwicklungsstrategien reflektiert sich desweiteren in der Betonung von Verflechtungsstrukturen. Die Tatsache, daß Agglomerationen trotz höherer Faktorkosten ökonomische Vorteile in Form von externen Nutzen-Effekten bieten, stellt sich aus Sicht peripherer Regionen durchaus zwiespältig dar. Einerseits ist es ihnen nicht gelungen -und es ist überhaupt nicht abzusehen, daß dies in Zukunft gelingen sollte- über Kostenvorteile die Externen Effekte der Agglomerationen zu kompensieren, andererseits bilden gerade diejenigen Unternehmen, die nicht an den Agglomerationsvorteilen partizipieren, das mobile Ansiedlungspotential. Die Kategorisierung dieser Unternehmen als "footloose industries" deutet jedoch darauf hin, daß mit ihnen kaum tragfähige, miteinander verflochtene und differenzierte Wirtschaftsstrukturen entwickelbar sind.

Da das zentrale ökonomische Problem peripherer Regionen aber in den mangelnden Verwertungsmöglichkeiten aus Sicht potentieller Investoren besteht[68], sollte das Leitbild des Aufbaus und der Förderung intraregionaler Verflechtungszusammenhänge Grundlage aller regional- und raumordnungspolitischen Maßnahmen sein. Die Umsetzung dieser Orientierung hätte eine Reihe von Konsequenzen: Zuallererst müsste der unhaltbare Zustand der "programmities" beendet werden. Gegenwärtig existieren kaum integrierte Gesamtkonzepte, sondern vielmehr unverbundene Einzelprogramme und Politiken wie die der GRW, der Arbeitsmarkt-, F&E- und Umweltpolitik. Diese Zersplitterung ökonomischer Kräfte muß zugunsten kompakter Leitorientierungen abgebaut und das gesamte System regionalpolitischer Hilfen transparenter gestaltet werden, um Informationskosten zu minimieren. Desweiteren sollte die Investitionsförderung stärker an Kriterien ausgerichtet sein, die "regionale Belange" berücksichtigen, wie z.B. Staffelung nach betrieblichen Größenordnungen (relativ stärkere Förderung von Klein- und Mittelbetrieben), Kompatibilität mit intraregionalen Verflechtungszusammenhängen oder Beachtung ökologischer Parameter. Da das Ansiedlungspotential insgesamt abgenommen hat (vgl. Schliebe/Hillesheim 1980 und Bade 1984), muß schließlich die Bestandspflegepolitik gegenüber der Ansiedlungspolitik aufgewertet werden. Eine solche Umorientierung würde den stärkeren Einsatz sogenannter Realtransfers wie Beratungsdienstleistungen, Informations- und Kommunikationsvermittlung, sowie die nicht-monetäre Unterstützung in betrieblichen Notlagen implizieren. Nicht zuletzt erscheint auch die institutionelle Reform der sehr zentralisiert ausgerichteten Regionalpolitik geboten. Sofern die Erarbeitung regionaler Entwicklungsstrategien und die Förderung intraregionaler Verflechtungszusammenhänge eine reale Option darstellen soll, müßten die Gestaltungs- und Finanzierungskompetenzen der untersten Gebietskörperschaften gestärkt wer-

68 Ähnliches gilt -wie dargelegt- für einen Großteil der Regionen der FNL und insbesondere Zwickau, wie die getätigten Investitionen zeigen.

den. Denn dort verorten sich die Kenntnisse über relevante Standortparameter wie Produktionsmöglichkeiten und Gefährdungspotentiale.

Gerade dieser letzte Gedanke der Berücksichtigung der "regionalen Belange"[69] scheint mit der geäußerten Kritik am Subsidiaritätsprinzip zu konfligieren. Darum sei noch einmal betont, daß ohne externe Transfers keine positiven Entwicklungspfade für periphere Regionen begründbar sind. Diese Erkenntnis ist u.a. ein wesentliches Ergebnis der Auseinandersetzung mit dem Ansatz der Endogenen Entwicklungspotentiale. Die Diskussion um die "strategischen Grenzen" der Orientierung auf die intraregionalen Potentiale hat notwendigerweise die Sensibilität dafür geschaffen, sich -vor dem Hintergrund des räumlichen Agglomerationsprozesses in seiner kapialistischen Form- stärker mit staatlichen Eingriffsmaßnahmen auseinanderzusetzen. Dabei müssen allerdings vielfältige Grenzen und Unsicherheiten berücksichtigt werden, die als "Vollzugsdefizite" in die regionalpolitische Diskussion eingegangen sind (vgl. Väth 1980, S. 262 f.), wonach "das planende System wichtige Determinanten der regionalen Entwicklung und die Beziehungen zwischen ihnen überhaupt nicht kennt" (Buttler u.a. 1977, S. 165 f.)

Nach wie vor sind die theoretischen Versuche, regionale Entwicklungsprozesse umfassend zu erklären, äußerst unbefriedigend. Wesentliche Parameter, wie einzelwirtschaftliche Entscheidungsmuster, makroökonomische Abhängigkeiten und externe Effekte werden unzureichend oder gar nicht berücksichtigt. Insofern verwundert es nicht, daß die Ende der 70er Jahre anzutreffende Unsicherheit, ob überhaupt die regionale Entwicklung zu beeinflussen ist, dazu führte, stärker auf die Eigenentwicklungspotentiale zu setzten; finden sich hier doch entscheidende Affinitäten zu bekannten Theorieansätzen. Das kann allerdings nicht darüber hinweg täuschen, daß der Ansatz aufgrund der beschriebenen Mängel zu kurz greift. Die theoretische Unsicherheit führt im Ergebnis zwangsläufig zu politischen Forderungen, die trotz oder gerade ob ihres Hilferuf-Charakters voluntaristisches Ziel-Mittel-Denken belegen: "Ein Aufbaukonzept für die neuen Bundesländer, welches auf eine sich selbst tragende Wirtschaftsentwicklung und mittelfristig kalkulierbare und finanzierbare

69 Welcher sich auch in offiziellen Stellungnahmen, wie z. B. des Beirates für Raumordnung wiederfindet, wenn dort von der Beachtung regionaler Bedürfnisse und Wünsche der Teilräume gesprochen wird (vgl. Beirat für Raumordnung 1990, S. 12).

Transferleistungen von West- nach Ostdeutschland orientiert, muß deshalb vor allem den industriellen Standort sichern und damit gleichzeitig die entscheidenden Voraussetzungen für einen tragfähigen gewerblichen Mittelstand sowie einen modernen unternehmens- und haushaltsbezogenen Dienstleistungssektor schaffen." (Nolte u.a. 1993, S. 639)

So richtig und wichtig alle diese Wünsche auch sind, bleibt es unbefriedigend, wenn abzusehen ist, daß vor dem Hintergrund des aktuellen Theorie- und Politikverständnisses bezüglich regionaler Entwicklungsprozesse, ein Abbau regionaler Disparitäten nicht zu erreichen ist. So sind die durch die Vereinigung verstärkten Entwicklungsunterschiede nicht der Preis, der für die Einheit zu zahlen ist. Zum Problem werden diese ja erst durch die mangelhafte theoretische Durchdringung regionaler Prozesse, die zu den entsprechenden Politikimplikationen führen. Vielmehr deutet die Persistenz regionaler Disparitäten darauf hin, daß diese der Preis sind, der für einzelwirtschaftlich gesteuerte Marktökonomien gezahlt werden muß.

Mit diesen Überlegungen soll in keiner Weise dem Fatalismus Vorschub geleistet oder die Regionalpolitik auf ihre sozialpolitische Komponente limitiert werden. Die Auseinandersetzung um die Angriffspunkte einer Weiterentwicklung des Ansatzes der Nutzung endogener Entwicklungspotentiale, hat sowohl die Möglichkeit als auch die Notwendigkeit einer stärkeren theoretischen Durchdringung regionaler Prozesse aufgezeigt. Ob dies gelingt, hängt nicht zuletzt davon ab, ob regionalpolitische Maßnahmen weiterhin vornehmlich ihr Selbstverständnis aus dem Reflex auf vorgefundene Problempotentiale generieren, oder wichtige Determinanten regionaler Entwicklungsprozesse, wie einzelwirtschaftliche Entscheidungsmuster, makroökonomische Abhängigkeiten und externe Effekte bei der Konzeption raumordnungs- und regionalpolitischer Maßnahmen berücksichtigt werden.

Anhang 1:

Allgemeine Grundsätze für die Arbeit des Planungsausschuses im Rahmen der GRW

"a) Abgrenzung der Fördergebiete (§ 5 Nr. 1 GRW).

Zu den Aufgaben des Planungsausschusses gehören:
- Festlegung einheitlicher Kriterien für die Beurteilung der Förderbedürftigkeit der Regionen
- Festlegung der Gebietseinheiten
- Festlegung der Förderbedürftigkeit

Zu den Aufgaben der Länder gehören:
- Beschreibung und räumliche Abgrenzung der Fördergebiete

b) Konzentration der Förderung auf räumliche Schwerpunkte (§ 2 Abs. 2 Satz 3 GRW)

Zu den Aufgaben des Planungsausschusses gehören:
- Aufstellung eines Rahmens für die Auswahl von Schwerpunktorten und zu den Schwerpunktorten gehörenden Orten (Mitorte)

Zu den Aufgaben der Länder gehören:
- Benennung der Schwerpunktorte und der Mitorte im Rahmen der Beschlüsse des Planungsausschusses
- Räumliche Abgrenzung von Schwerpunktorten

c) Nennung der Ziele, die in den Fördergebieten erreicht werden sollen (§ 5 Nr. 2 GRW)

Zu den Aufgaben des Planungsausschusses gehören:
- Benennung von Zielen und Grundsätzen für ihre Regionalisierung
- Aufstellung von Zielen für die Förderung gewerblicher Investitionen und die Förderung der wirtschaftsnahen Infrastruktur
- Entwicklung von Methoden für die Erfolgskontrolle

Zu den Aufgaben der Länder gehören:
- Quantifizierung und regionale Aufteilung der Zielvorgaben
- Durchführung der Erfolgskontrolle

d) Aufführung von Maßnahmen und Mitteln, getrennt nach Haushaltsjahren und Ländern (§ 5 Nr. 3 GRW)

Zu den Aufgaben des Planungsausschusses gehören:
- Festlegung eines Schlüssels zur Verteilung der Bundesmittel auf die Länder
- Benennung der förderfähigen Maßnahmegruppen

Zu den Aufgaben der Länder gehören:
- Aufteilung des Mittelbedarfs und der Mittel in regionalen Förderprogrammen auf einzelne Maßnahmegruppen

e) Art, Intensität und Voraussetzungen der Förderung bei den verschiedenen Maßnahmen (§ 5 Abs. 4 GRW)

Zu den Aufgaben des Planungsausschusses gehören:
- Festlegung der Fördertatbestände, der Förderart (z.B. Investitionszuschüsse und Bürgschaften), der Förderhöchstsätze sowie Festlegung der sonstigen Fördervoraussetzungen (z.B. Voraussetzungen der Bauleitplanung und Umweltrichtlinien)

Zu den Aufgaben der Länder gehören:
- Zuordnung der Förderhöchstsätze zu der vom Planungsauschuß festgelegten Gesamtzahl der Schwerpunktorte und deren Aufteilung."
(22. Rahmenplan der GRW 1993, S.12).

Anhang 2:

Fragebogen der Befragung der in der Region Zwickau ansässigen Unternehmen durch die IHK Zwickau (1992)

1. Produkt und Markt

Was sind die Hauptprodukte bzw. Dienstleistungen/Branchen Ihres Betriebes und wie sehen die jeweiligen Umsatzanteile aus?

Produkt	Anteil in % vom Umsatz
a)...................................	....
b)...................................	....
c)...................................	....

Wo liegen Ihre Absatzmärkte?

	Anteil in % vom Umsatz
a) neue Bundesländer	....
b) alte Bundesländer	....
c) Osteuropa	....
d) Westeuropa	....
e) Übersee	....

Wie ist die Auftragslage zu beurteilen? (Bitte ankreuzen)

a) gut O
b) befriedigend O
c) schlecht O

2. Betriebsprobleme und Entwicklungsabsichten

Was sind Schwierigkeiten Ihres Betriebes?
(Auch Mehrfachnennungen möglich)

a) Altschulden O
b) Liquidität O
c) Auftragsmangel O
d) Eigentumsstruktur O
e) Betriebsstruktur/Fertigungstiefe/Flexibilität O
f) Produktpalette O
g) keine bedeutenden Probleme O
h) andere Probleme/welche: ....

Welche betrieblichen Maßnahmen sind eingeleitet oder kurzfristig geplant? (Auch Mehrfachankreuzungen möglich)

a) Modernisierung des Maschinenparks O
b) Kooperation mit Partnern aus den alten O
Bundesländern bzw. ausländischen Partnern O
c) Beteiligungen von Partnern aus den alten O
Bundesländern bzw. ausländischen Partnern O
d) Qualifizierung O
e) neue Produkte oder Dienstleistungen O
f) neue Marketingstrategien O

3. Personalentwicklung

Wie ist die Personalentwicklung seit Anfang 1990? (Bitte Beschäftigungszahlen einschließlich Kurzarbeitern in gerundeten Zahlen angeben!)

a) Stand 01/90 ....
b) Stand 01/91 ....
c) Stand 01/92 ....
d) Perspektive 12/1992 ....

Falls Reduzierungen 1990/91 vollzogen worden sind, mit welchen Mitteln wurde reduziert?

(Bitte ungefähre prozentuale Anteile angeben, Bezugsbasis Beschäftigtenzahl Januar 1990)

a) Vorruhestand ....
b) Entlassungen ....
c) Ausgliederung von Betriebsteilen ....

Wurde in Ihrem Unternehmen Kurzarbeit durchgeführt?
(Bitte ungefähren prozentualen Anteil angeben!)

a) Juli 1990 ....
b) Januar 1991 ....
c) Januar 1992 ....

4. Beurteilung der westsächsischen Region

Wie beurteilen Sie den Standort Westsachsen hinsichtlich
(mögliche Antworten: 1 = positiv, 2 = verbesserungswürdig
3 = schlecht. Bitte eintragen)

a) Lage des Wirtschaftsraums ☐
b) Arbeitskräftepotential ☐
c) Infrastruktur: - Verkehr ☐
- Telekommunikation ☐
- Bildungseinrichtungen ☐
- Forschungseinrichtungen ☐
d) Gewerbeflächen ☐
e) Ökologie ☐
f) Verwaltungsarbeit der Kommunen ☐
g) Freizeit- und Erholungspotentiale ☐

Wo sehen Sie konkrete Engpaßfaktoren in der Region, die schnell beseitigt werden sollten?
(Nennen Sie bitte konkrete Maßnahmen!)

a) Verkehrsinfrastruktur
- Straße ....
- Schiene ....
- Fluganbindung ....

b) Energieversorgung
- Elektro ....
- Gas ....
- Wärme ....

c) Wasserversorgung ....
d) Abwasser ....
e) Entsorgung/Abfall ....
f) Kommunikation ....
g) Qualifikation der Arbeitskräfte ....
h) Arbeit der örtlichen Verwaltung..
i) Klärungder Eigentumsverhältnisse..
j) sonstiges ....

Sehen Sie die Gefahr einer monostrukturierten Automobilregion?

Ja: O
Nein: O

Welche Wirtschaftsstruktur halten Sie für Westsachsen auf längere Frist für erstrebenswert? (Bitte ankreuzen!)

a) Industriestandort mit Dominanz des Fahrzeugbaus und Zulieferfirmen O
b) Dienstleistungsstandort mit Ausprägung bei produktionsorientierten Dienstleistungen O
c) Region mit vorherrschenden spezialisierten Klein- und Mittelbetrieben, Hochschulen und Technologiezentren O
d) Industrie- und Dienstleistungstandort in einer Euroregion (Zwickau - Bayreuth - Piulzen) mit Verflechtungsbeziehungen in die CSFR und den süddeutschen Raum O
e) Tourismus und Erholung O

Welche Industriebranchen sollten Ihrer Meinung nach stärker belebt werden?

....

....

....

Angaben zu Ihrem Unternehmen:

Branchenzuordnung:

Bergbau	O
Grundstoff- und Produktionsgüterindustrie	O
Investitionsgüterindustrie	O
Verbrauchsgüterindustrie	O
Nahrungs- und Genußmittelindustrie	O
Bauhauptgewerbe	O
Baunebengewerbe	O
Großhandel	O
Einzelhandel	O
Verkehrsgewerbe	O

Standort
(örtliche Zuordnung)

Stadt Zwickau	O
Landkreis Zwickau	O
Landkreis Werdau	O

Literatur:

1. Rahmenplan der GRW, vom 29.6.1971, Bt-Drucksache VI/2451, Bonn 1971.

3. Rahmenplan der GRW, vom 11.2.1974, Bt-Drucksache 7/1769, Bonn 1974.

14. Rahmenplan der Gemeinschaftsaufgabe "Verbesserung der regionalen Wirtschaftsstruktur" für den Zeitraum 1985 bis 1988 (1989), Bt-Drucksache Nr. 10/ 3562, Bonn 1985.

18. Rahmenplan der GRW, vom 25.8.89, BT-Drucksache 11/5099, Bonn 1989.

20. Rahmenplan der GRW, vom 3.7.1991, Bt-Drucksache 12/895, Bonn 1991.

21. Rahmenplan der GRW, vom 13.5.92, BT-Drucksache 12/2599, Bonn 1992.

22. Rahmenplan der GRW, für den Zeitraum 1993 bis 1996 (1997), BT-Drucksache 12/4850, Bonn 1993.

Ahlers, E./Baumhöfer, A. (1980): Wirkungen regionaler Wirtschaftsförderung, in: Informationen zur Raumentwicklung, Nr. 11/1980.

Akademie für Raumforschung und Landesplanung (Hg.)(1975): Ausgeglichene Funktionsräume. Grundlage für eine Regionalpolitik des mittleren Weges, Hannover.

Akademie für Raumforschung und Landesplanung (Hg.)(1981): Funktionsräumliche Arbeitsteilung. Teil 1: Allgemeine Grundlagen, Hannover.

Akademie für Raumforschung und Landesplanung (Hg.)(1982): Grundriss der Raumordnung, Hannover.

Akademie für Raumforschung und Landesplanung (1986): Anforderungen an die Raumordnungspolitik in der Bundesrepublik Deutschland, in: Raumforschung und Raumordnung, Nr. 2/3/1986.

Albert, W. (1964): Voraussetzungen für die Entwicklung neuer Industriestandorte, in: Institut für Raumforschung (Hg.): Informationen, Nr. 19/1964.

Albert, W. (1966): Bundesbauorte, in: Institut für Raumforschung (Hg.): Informationen, Nr. 18/1966.

Albert, W. (1968): Regionale Wirtschaftspolitik im Konjunkturzyklus, in: Institut für Raumforschung (Hg.): Informationen, Nr. 13/1968.

Albert, W. (1970): Zielgewinnung und Entscheidungsfindung für Infrastrukturprogramme - Das Beispiel des Regionalen Förderungsprogramms der

Bundesrepublik, in: Jochimsen, R./Simonis, U.E. (Hg.): Theorie und Praxis der Infrastrukturpolitik, Berlin.

Albert, W. (1971): Die Entwicklung der regionalen Wirtschaftspolitik, in: Eberstein, H.H. (Hg.)(ab 1971): Handbuch der regionalen Wirtschaftsförderung, Köln.

Altvater, E. (1992): Eine Chance für die Umwelt? Die Transformation der Gesellschaft der ehemaligen DDR, in: Arbeitskreis "Kritische Ökologie" des BdWi (Hg.): Umweltsanierung in den neuen Bundesländern, Marburg.

Arbeitsgruppe Alternative Wirtschaftspolitik (1993): Memorandum '93: Beschäftigungspolitik statt Sozialabbau - industrielle Kerne sichern, Köln.

Arbeitsgruppe Ökologische Wirtschaftspolitik (Hg.) (1992): Ökologische Probleme regionaler Strukturpolitik, Marburg.

Asmacher, Ch. (u.a.)(1986): Wirkungsanalyse der regionalen Strukturpolitik, in: Informationen zur Raumentwicklung, Nr. 9/10/1986.

Bach, E. (1992): Beschäftigungsgesellschaften als Instrument regionaler Beschäftigungssicherung und Weiterqualifizierung, in: Arbeitsgruppe ökologische Wirtschaftspolitik (Hg.): Ökologische Probleme regionaler Strukturpolitik, Marburg.

Bade, F.-J. (1979): Eine kritische Bilanz der Regionalen Wirtschaftsförderung, in: SRL-Information, Nr. 1/1979 und in: discussion papers des Wissenschaftszentrum Berlin, Nr. IIM/dp 79-93.

Bade, F.-J. (1983): Räumliche Anpassungsprozesse, funktionale Arbeitsteilung und unternehmerisches Standortverhalten, in: discussion papers des Wissenschaftszentrums Berlin, Nr. IIM/IP 83-16.

Bade, F.-J. (1984): Die funktionale Struktur der Wirtschaft und ihre räumliche Arbeitsteilung, in: discussion papers des Wissenschaftszentrum Berlin, Nr. IIM/IP 84-27.

Barro, R.J./Sala-I-Martin, X. (1991): Convergence across States and Regions, in: Brookings Papers on Economic Activity, Nr. 1/1991.

Bartels, D. (1975): Die Abgrenzung von Planungsregionen in der Bundesrepublik Deutschland - eine Operationalisierungsaufgabe, in: ARL (Hg.)(1975): Ausgeglichene Funktionsräume, Hannover.

Baumhöfer, A. (1985): Regionalentwicklung - Leben in Stadt und Land, in: Institut für Marxistische Studien und Forschung (Hg.): Jahrbuch Nr. 9, Frankfurt/M.

Baumol, W.J./Oates, W.E. (1988): The Theory of Environmental Policy, Cambridge.

Beckenbach, F. (1988): Die regionale Wirtschaftsförderung - Bestandsaufnahme und Alternativen, in: Schriftenreihe des IÖW, Nr. 10/88, Berlin.

Becker, W. (1991): Aufgaben und organisatorische Einbindung der kommunalen Wirtschaftsförderung, in: Stauder, J. (Hg.): Grundlagen der kommunalen Wirtschaftsförderung, Marburg.

Beirat für Raumordnung (1976): Gesellschaftliche Indikatoren für die Raumordnung, Empfehlungen vom 16.Juni 1976.

Beirat für Raumordnung (1984): Selbstverantwortete regionale Entwicklung im Rahmen der Raumordnung, Empfehlungen vom 18.3.1983, in: Informationen zur Raumentwicklung, Nr. 1/2/1984.

Beirat für Raumordnung (1990): Stellungnahme des Beirats für Raumordnung zum Thema "Perspektiven für die Entwicklung ländlicher Räume, 7.2.1990, ohne Ort.

Bender, D. (1984): Außenhandel, in: Vahlens Kompendium der Wirtschaftstheorie und Wirtschaftspolitik, Bd. 1, München.

Bergmann, Ch. (1993): Initiative für einen öffentlich geförderten Beschäftigungssektor (Zweiten Arbeitsmarkt), in: WSI Mitteilungen, Nr. 10/1993.

Bergmann, E. (1992): Raumordnung, Umweltschutz und die Wahl der Instrumente, in: Informationen zur Raumentwicklung, Nr. 2/3/92.

Bergmann, H. (u.a.)(1991): Probleme von Raumordnung, Umwelt und Wirtschaftsentwicklung in den neuen Bundesländern, Hannover.

Biedenkopf, K. (1992): Die baldige Angleichung der Lebensverhältnisse ist weder erreichbar noch sinnvoll. Rede des sächsischen Ministerpräsidenten auf dem Forum Deutschland am 18.3.1992, in: Blätter für deutsche und internationale Politik, Nr. 5/1992.

Biehl, D. (u.a.)(1974): Bestimmungsgründe des regionalen Entwicklungspotentials, in: Die Weltwirtschaft, Nr. 1/1974.

Biehl, D. (u.a.)(1975): Bestimmungsgründe des regionalen Entwicklungspotentials, in: Kieler Studien (Hgg. von Giersch, H.), Bd. 133, Tübingen.

Blanchard, O.J./Katz, L.F. (1992): Regional Evolutions, in: Brookings Papers on Economic Activity, Nr. 1/1992.

Bobek, H./Schmithüsen, J. (1949): Die Landschaft im logischen System der Geographie, in: Erdkunde, Nr. 3/1949.

Böhret, C. (u.a.)(1982): Handlungsspielräume und Steuerungspotential der regionalen Wirtschaftsförderung: Eine empirische Untersuchung anhand von Programmen in 2 Bundesländern, Baden-Baden.

Bömer, H. (u.a.)(1975): Zur Kritik der Regional- und Raumwissenschaft in der BRD, in: Gewerkschaftliche Monatshefte, Nr. 1/75.

Borts, G.H./Stein, J.L. (1964): Economic Growth in a Free Market, New York, London.

Boustedt, O. (1982): Raumanalyse: Statistische Grundlagen, in: Akademie für Raumforschung und Landesplanung (Hg.): Grundriß der Raumordnung, Hannover.

Böventer, E. v.(1962): Theorie des räumlichen Gleichgewichts, Tübingen.

Böventer, E. v.(1979): Standortentscheidung und Raumstruktur, Hannover.

Böventer, E. v. (u.a.)(1982): Theoretische Ansätze zum Verständnis räumlicher Prozesse, in: Akademie für Raumforschung und Landesplanung (Hg.): Grundriß der Raumordnung, Hannover.

Braybrooke, D./Lindblom, Ch.E. (1972): Zur Strategie der unkoordinierten kleinen Schritte (Disjointed Incrementalism), in: Fehl, G. (u.a.)(Hg.): Planung und Information, Gütersloh.

Brenke, K./Geppert, K. (1992): Die Wirtschaft im Raum Berlin, in: Moser, H. (Hg.): Berlin-Report: Eine Wirtschaftsregion im Aufschwung, Wiesbaden.

Brösse, U. (1977): Zur begrifflichen Klärung und Abgrenzung des Konzepts funktionsräumlicher Arbeitsteilung, in: Raumforschung und Raumordnung, Nr. 3/1977.

Brösse, U. (1982): Raumordnungspolitik, Berlin.

Brücker, H. (1991): Von der Planwirtschaft zum postsozialistischen Mezzogiorno, in: Die Mitbestimmung, Nr. 2/1991.

Brugger, E. A. (1984): "Endogene Entwicklung": Ein Konzept zwischen Utopie und Realität, in: Informationen zur Raumentwicklung, Nr. 1/2/1984.

Buder, T. (1992): Zur Abfallsituation in der Region Zwickau, Studien der TH Zwickau, Zwickau.

Budde, R. (u.a.)(1991): Übertragung regionalpolitischer Konzepte auf Ostdeutschland, Essen.

Bundesforschungsanstalt für Landeskunde und Raumordnung (Hg.)(1993): Regionalbarometer neue Länder, in: Materialien zur Raumentwicklung, Heft 50, Bonn.

Bundesminister für Arbeit und Sozialordnung (1982): Die Standortwahl der Betriebe in der Bundesrepublik Deutschland und Berlin (West) - Neuerrichtete, verlagerte und stillgelegte Betriebe, Bonn.

Bundesminister für Wirtschaft (1968): Intensivierung und Koordinierung der regionalen Strukturpolitik, in: BMWI-Texte, Bonn.

Bundesministerium für Bauwesen, Raumordnung und Städtebau (Hg.)(1985): Programmatische Schwerpunkte der Raumordnung, Schriftenreihe des BMBau, Nr. 06.057, Bonn.

Bundesministerium für Raumordnung, Bauwesen und Städtebau (Hg.)(1991): Raumordnerisches Konzept für den Aufbau in den neuen Ländern, in: Bundesbaublatt, Nr. 12/1991.

Bundesministerium für Raumordnung, Bauwesen und Städtebau (Hg.)(1993): Raumordnungspolitischer Orientierungsrahmen: Leitbilder für die räumliche Entwicklung der Bundesrepublik Deutschland, Bonn.

Bundesministerium für Umweltschutz, Naturschutz und Reaktorsicherheit (Hg.)(1992): Umweltpolitik - Stellungnahme des Beirats Umweltökonomische Gesamtrechnung beim BmU zur Konzeption und zu Entwicklungserfordernissen des Statistischen Bundesamtes, Bonn.

Bundesministerium für Wohnungswesen, Städtebau und Raumordnung (1962): Grundsätze für die raumbedeutsamen Maßnahmen des Bundes und ihre Koordination, in: GMBl. vom 4.8.1962.

Bundesraumordnungsprogramm (BROP)(1975): Raumordnungspolitik für die großräumige Entwicklung des Bundesgebietes (Bundesraumordnungsprogramm), in: Schriftenreihe "Raumordnung" des BmBau, Nr. 06.002, Bonn.

Bundesrechnungshof (1993): Bemerkungen des Bundesrechnungshofes 1993 zur Haushalts- und Wirtschaftsführung, Bt-Drucksache 12/5650 v. 17.9.1993, Bonn.

Bundesregierung (1967): Grundsätze der regionalen Wirtschaftspolitik, Bundestagsdrucksache V/2469, Bonn.

Bundesregierung (1976): Umweltpolitik - das Umweltprogramm der Bundesregierung, 5. ergänzte Auflage, Stuttgart (1. Auflage 1971).

Büro für Territorialplanung (1991): Regionalbericht Chemnitz, Chemnitz.

Buttler, F. (1973): Entwicklungspole und räumliches Wirtschaftswachstum, Tübingen.

Buttler, F. (1993): Ein zweiter Arbeitsmarkt ist unverzichtbar, in: Wirtschaftsdienst, Nr. 6/1993.

Buttler, F. (u.a.)(1977): Grundlagen der Regionalökonomie, Reinbek.

Canibol, H.-P./Stimpel, R. (1990): Städtevergleich: Woran den Unternehmern liegt, in: Wirtschaftswoche, Nr. 44/1990.

Christ, P./Neubauer, R. (1991): Kolonie im eigenen Land. Die Treuhand: Bonn und die Wirtschaftskatastrophe der fünf neuen Länder, Berlin.

Christaller, W. (1933): Die zentralen Orte in Süddeutschland, Jena.

Clemens-Ziegler, B. (1992): Unternehmen und Umweltschutz: Spannungsfeld zwischen Adaption und Persistenz, in: Schikora, A. (u.a.)(Hg.): Politische Ökonomie im Wandel, Marburg.

Commoner, B. (1977): Energieeinsatz und Wirtschaftskrise, Reinbek.

Cornelsen, D. (u.a.)(1992): Struktur und Entwicklungschancen in der Region Westsachsen, in: Beiträge zur Strukturforschung des DIW, Heft 129, Berlin.

Damkowski, W./Elsholz, G. (1990): Abfallwirtschaft, Theorie und Praxis, Opladen.

Danielzyk, R./Krüger, R. (1990): Ostfriesland: Regionalbewußtsein und Lebensformen, Oldenburg.

Danielzyk, R./Oßenbrügge, J. (1993): Perspektiven geographischer Regionalforschung, in: Geographische Rundschau, Nr. 4/93.

Dannecker, R. (1983): Entwicklungsarbeit und endogene Entwicklung, in: Heintz, P. v. (Hg.): Endogene Entwicklung: Wirklichkeit und Ideologie, Dissenhofen.

Deutscher Bundestag (1993): Lage der Kommunen in der Bundesrepublik Deutschland unter besonderer Beachtung der Situation der Städte, Gemeinden und Landkreise in den neuen Bundesländern, Antwort der Bundesregierung auf eine große Anfrage der Gruppe PDS/Linke Liste, Bt-Drucksache 12/6223 vom 24.11.1993, Bonn.

Deutscher Industrie- und Handelstag (1990): Die neuen Bundesländer: Produktionsstandort Sachsen, Bonn.

Deutsches Institut für Wirtschaftsforschung (u.a.) (1993): Die Lage der Weltwirtschaft und der deutschen Wirtschaft im Herbst 1993, in: DIW-Wochenbericht, Nr. 43/1993.

Die Grünen im Ruhrgebiet/Die Grünen NRW (1989): Umbauprogramm für eine Ökoregion Ruhrgebiet, Essen.

Dittrich, E. (1962): Raumordnung und Leitbild, in: Schriftenreihe des Instituts für Städtebau, Raumplanung und Raumordnung an der TH Wien, Wien.

Dorsch-Consult (1990): Zentrale Kläranlage Zwickau, Zwickau.

Dyck, S. (1988): Umfang und Problem des Wasserdargebotes, in: Geographische Berichte, Nr. 4/1988.

Eberstein, H.H. (1972): Grundlagen der Regionalpolitik und ihre wesentlichen Grundsätze, in: Eberstein, H.H. (Hg.)(ab 1971): Handbuch der regionalen Wirtschaftsförderung, Köln.

Eckey, H.-F. (1978): Grundlagen der regionalen Strukturpolitik, Köln.

Eckey, H.-F. (1991): Zukünftige Wettbewerbsfähigkeit der Regionen in der ehemaligen DDR, in: Informationen zur Raumentwicklung, Nr. 9/10/1991.

Eckey, H.-F. (1991 b): Ansatzpunkte und Möglichkeiten der regionalen Strukturpolitik, in: Bundesforschungsanstalt für Landeskunde und Raumordnung (Hg.): Materialien zur Raumentwicklung Heft 40, Bonn.

Eckey, H.-F. (1991 c): Komponenten einer Neuordnung der Raumordnungspolitik angesichts veränderter Rahmenbedingungen, in: Informationen zur Raumentwicklung, Nr. 11/12/1991.

Eichhorn, W. (1972): Die Begriffe Modell und Theorie in der Wirtschaftswissenschaft, in: Wirtschaftsstudium, Jg. 1972.

Eigenständige Regionalentwicklung Baden Württemberg (1988): Eine Perspektive für den ländlichen Raum, Ulm.

Einem, E. v. (1993): Die Illusion der Berlin-brandenburgischen Landesplanung, in: Raumforschung und Raumordnung, Nr. 2-3/1993.

Einigungsvertragsgesetz, Gesetz zum Vertrag vom 31.8.1990 zwischen der BRD und der DDR über die Herstellung der Einheit Deutschlands - Einigungsvertragsgesetz und der Vereinbarung v. 18.9.1990, BGBL. II, S. 885.

Engelbrech, G. (1991: Vom Arbeitskräftemangel zum gegenwärtigen Arbeitskräfteüberschuß: Frauen und Erwerbsarbeit in den neuen Bundesländern, in: Mitteilungen aus der Arbeitsmarkt- und Berufsforschung, Nr. 24/1991.

Eucken, W. (1952): Grundsätze der Wirtschaftspolitik, Tübingen.

Ewers, H.-J./Wettmann, R. W. (1978): Innovationsorientierte Regionalpolitik, in: Informationen zur Raumentwicklung, Nr. 7/1978.

Ewringmann, D./Kortenkamp, L. (1986): Veränderte Rahmenbedingungen für die regionale Wirtschaftspolitik, in: Informationen zur Raumentwicklung, Nr. 9/10/1986.

Ewringmann, D. (u.a.)(1986): Die Gemeinschaftsaufgabe "Verbesserung der regionalen Wirtschaftsstruktur" unter veränderten Rahmenbedingungen, Berlin.

Feess-Dörr, E. (1991): Mikroökonomie, Marburg.

Fege, B. (u.a.)(Hg.)(1990): Regionalreport DDR - 1990, Berlin, Hannover.

Felderer, B./Homburg, S. (1991): Makroökonomik und neue Makroökonomik, Berlin Heidelberg.

Finke, L. (1984): Umweltpotential als Entwicklungsfaktor der Region, in: Informationen zur Raumentwicklung, Nr. 1/2/1984.

Flassbeck, H. (1993): Soziale und wirtschaftliche Lage in den neuen Bundesländern, in: Jablonowski, H.W./Simons, R. (Hg.): Strukturpolitik in Ost und West, Köln.

Forschungsgruppe Produktivkraftentwicklung Nordhessen (FPN) (1986): Energie- und Strukturkonzept Schwalm-Eder-Kreis, Bd. 1 und 2, Kassel.

Forschungsgruppe Produktivkraftentwicklung Nordhessen (FPN) (1987): Potentiale regionaler Reproduktion, Kassel.

Frey, R.L. (1979): Die Infrastruktur als Mittel der Regionalpolitik, Bern-Stuttgart.

Friedmann, J. (1986): Regional development in industrialized countries: Endogenous or self-reliant?, in: Bassand, M. (u.a.)(Hg.): Self Reliant Development in Europe, Aldershot.

Fücks, R. (1987): Alternative Regionalökonomie, in: PROKLA, Nr. 67.

Fuest, W./Kroker, R. (1994): West-Ost-Transfers, in: iwd, Nr. 2/1994 vom 13.1.1994.

Fürst, D./Hesse, J.J. (1981): Landesplanung, Düsseldorf.

Fürst, D./Ritter, E.-H. (1993): Landesentwicklungsplanung und Regionalplanung, Düsseldorf.

Ganser, K. (1979): Raumordnung von der Programmatik zum Programmvollzug, in: Informationen zur Raumentwickung, Nr. 1/79.

Gatzweiler, C. (1993): Die ökologischen Folgen des Uranbergbaus in Thüringen und Sachsen - Eine Erblast für die Zukunft, in: Geographische Rundschau, Nr. 6/1993).

Gatzweiler, H.-P. (u.a.)(1991): Regionalpolitik als Infrastrukturpolitik, in: Informationen zur Raumentwicklung, Nr. 9/10/1991.

Gesellschaft für Organisation, Planung und Ausbildung (GOPA) (1991): Wirtschaftsförderung in der Kreisgemeinschaft Werdau/Glauchau/Zwickau Stadt und Land, Bad Homburg.

Gesetz über die GRW (GGRW), v. 6.10.1969, BGBl. I, S. 1861; zuletzt geändert durch das Gesetz v. 24.6.1991, BGBl I, S. 1336.

Gesetz zur Förderung der Stabilität und des Wachstums der Wirtschaft (Stabilitätsgesetz) vom 8.6.1967, Bundesgesetzblatt III, S. 707.

Giel, W. (1954): Hilfsmaßnahmen der Bundesregierung für die von der Not besonders betroffenen Gebiete, in: Institut für Raumforschung (Hg.): Informationen, Jg. 1954, S. 577f.

Giel, W. (1964): Die Grundsätze der regionalen Wirtschaftspolitik in der Bundesrepublik, in: Raumforschung und Raumordnung, Nr. 3/4/1964.

Giel, W./Wegge, G. (1970): Regionale Wirtschaftspolitik in der Bundesrepublik Deutschland, in: ARL (Hg.): Handwörterbuch der Raumforschung und Raumordnung, Hannover.

Giersch, H. (1961): Allgemeine Wirtschaftspolitik, Wiesbaden.

Giersch, H. (1964): Das ökonomische Grundproblem der Regionalpolitik, in: Jürgensen, H. (Hg.): Gestaltungsprobleme der Weltwirtschaft, Göttingen.

Glatz, H./Scheer, G. (1981): Autonome Regionalentwicklung, in: Österreichische Zeitschrift für Regionalentwicklung, Nr. 10/1981.

Glaubitz, J./Priewe, J. (1976): Effizienzanalyse der Gemeinschaftsaufgabe "Verbesserung der regionalen Wirtschaftsstruktur", in: WSI-Mitteilungen, Nr. 12/76.

Gleich, A. v. (1989): Von der Konjunktur zur Struktur, in: Die Mitbestimmung, Nr. 12/89.

Gleich, A. v. (1991): Regionale Wege zum "guten Leben"?, in: Jürgens, U./Krumbein, W. (Hg.): Industriepolitische Strategien, Berlin.

Gleich, A. v. (u.a.)(1988): Chancen und Risiken einer auf regionale Bedürfnisse ausgerichteten Technologiepolitik, ohne Ort.

Göb, R. (1992): Neuorientierung der Raumordnungspolitik in Deutschland, in: Akademie für Raumforschung und Landesplanung (Hg.): Perspektiven der Raumentwicklung in Europa, Hannover.

Görgens, E. (1987): Strukturpolitik, in: Dichtl, E./Issing, O. (Hg.): Vahlens Großes Wirtschaftslexikon, München.

Görmar, W. (u.a.) (1993): Regionale Aspekte des Strukturwandels in den neuen Ländern, in: Pfeifer, W. (Hg.): Regionen unter Anpassungsdruck, Marburg.

Gornig, M. (1992): Perspektive Ostdeutschland: Zweites Wirtschaftswunder oder industrieller Niedergangsprozeß?, in: Konjunkturpolitik, Nr. 1/1992.

Günther, K. (1988): Das umweltbewusste Unternehmen - Fallbeispiele umweltorientierter Unternehmenspolitik, Tutzing.

Hahn, W. (1991): Verkehrsinvestitionen im Aufholprozeß Ostdeutschlands, in: ifo-Schnelldienst, Nr. 28/1991.

Hahne, U. (1985): Regionalentwicklung durch Aktivierung intraregionaler Potentiale, München.

Hall, P. (1974): Urban and Regional Planning, Harmondsworth.

Hamm, R. (1991): Umstrukturierungsprobleme in den neuen Bundesländern und Erfahrungsmuster altindustrieller Regionen, in: Raumforschung und Raumordnung, Nr. 2-3/1991.

Hamm, R. /Wienert, H. (1990): Strukturelle Anpassung altindustrieller Regionen im internationalen Vergleich, Berlin.

Hamm, W. (1977): Strukturpolitik, sektorale, in: HdWW, Bd. 7, Stuttgart.

Häußermann, H. (1989): Lebenskulturelle Leitbilder oder: die unerträgliche Leichtigkeit des Seins, in: Die Mitbestimmung, Nr. 12/89.

Häußermann, H./Siebel, W. (1993): Die Kulturalisierung der Regionalpolitik, in: Geographische Rundschau, Nr. 4/93.

v.d. Heide, H.-J. (1993): Raumordnungspolitischer Orientierungsrahmen des Bundes, in: Raumforschung und Raumordnung, Nr. 1/1993.

v.d. Heide, H.-J. (u.a.)(1992): Konzeptionelle Überlegungen zur räumlichen Entwicklung in Deutschland, Hannover.

Heidemann, C./Rieß, H.O. (1979): Raumordnung, Regional- und Stadtentwicklung, Eschborn.

Heine, M. (1989): Von der Peripherie zur Wirtschaftsmetropole - und zurück. Grundzüge einer Theorie räumlicher Agglomerationsvorteile am Beispiel Berlins, Berlin.

Heine, M./Schikora, A. (1990): Kann da was zusammenwachsen? - Regionalentwicklung im Lichte zweier Raumordnungsberichte, in: Kommune, Nr. 12/1990.

Heine, M./Schikora, A. (1992): Gestaltungsspielräume der Regionalpolitik in den neuen Ländern, in: Arbeitsgruppe Ökologische Wirtschaftspolitik (Hg.): Ökologische Probleme regionaler Strukturpolitik, Marburg.

Heine, M./Walter, D. (1990): Sektorale und räumliche Auswirkungen der Strukturanpassung in der DDR, in: Wirtschaftsdienst, Nr. VIII/1990.

Heinrich, R./Wiegand, C.C. (1991): Altlasten - Restriktion für die räumliche Entwicklung in den neuen Bundesländern?, in: Raumforschung und Raumordnung, Nr. 4/1991.

Hellstern, G.-M./Wollmann, H.: Die Raumordnungsberichte der Bundesregierung, in: Leviathan, Nr. 4/1976.

Hemmer, H.-R. (1978): Wirtschaftsprobleme der Entwicklungsländer, München.

Herr, H./Westphal, A. (1990): Die Transformation von Planwirtschaften in Geldwirtschaften - ökonomische Kohärenz, Mindestschwelle der Transformation, außenwirtschaftliche Strategien, in: discussion papers des Wissenschaftszentrums Berlin, Nr. FS I 90-9, Berlin.

Hesse, M./Lucas, R. (1991): Ökologische Regionalentwicklung, IÖW-Diskussionspapier, Nr. 8/91, Berlin.

Heuer, H. (1985): Instrumente kommunaler Gewerbepolitik, Stuttgart.

Hickel, R./Priewe, J. (1994): Nach dem Fehlstart. Ökonomische Perspektiven der deutschen Einigung, Frankfurt/M.

Hirsch, J. (1985): Fordismus und Postfordismus. Die gegenwärtige gesellschaftliche Krise und ihre Folgen, in: Politische Vierteljahresschrift, Nr. 2/1985.

Hirschmann, A.O. (1967): Die Strategie der wirtschaftlichen Entwicklung, Stuttgart.

Hopfenbeck, W. (1990): Umweltorientiertes Management und Marketing: Konzepte - Instrumente - Praxisbeispiele, Landsberg/Lech.

Hoppe, W./Appold, W. (1987): Vorschläge und Überlegungen zur Novellierung des ROG unter Berücksichtigung der Entstehungsgeschichte des Gesetzes - Zusammenfassende Übersicht, in: Deutsches Verwaltungsblatt, Nr. 5/6/1987.

Hrubesch, P./Volz, J. (1992): Einfluß des EG-Binnenmarktes auf die deutschen Bundesländer, in DIW-Wochenbericht; Nr. 43/1992.

Hübler, K.-H. (1981): Ländliche Entwicklung - Anmerkungen zu entwicklungspolitischen Konzeptionen für Länder der dritten Welt aus der Perspektive der Regionalentwicklung und des Ressourcenschutzes, in: Schriftenreihe des FB 14 der TU Berlin, Berlin.

Hübler, K.-H. (1985): Regionales Entwicklungspotential, in: Raumforschung und Raumordnung, Nr. 1/1985.

Hübler, K.-H. (1990): Ökologischer Umbau der Industriegesellschaft, in: Akademie für Raumforschung und Landesplanung (Hg.): Regional- und Landesplanung für die 90er Jahre, Hannover.

Hübler, K.-H, (1991): Die Bundesraumordnung von 1965 bis 1989, in: Akademie für Raumforschung und Landesplanung (Hg.)(1991): Zur geschichtlichen Entwicklung der Raumordnung, Landes- und Regionalplanung in der Bundesrepublik Deutschland, Hannover.

Hübler, K.H. (u.a.)(1980): Zur Problematik der Herstellung gleichwertiger Lebensverhältnisse, Hannover.

Hübler, K.-H./Cassens, H.-J. (Hg.)(1993): Naturschutz in den neuen Bundesländern, Taunusstein.

Institut für Arbeitsmarkt und Berufsforschung (1991): Vom Plan zum Markt, in: Materialien aus der Arbeitsmarkt- und Berufsforschung, Nr. 2/1991.

Institut für Umweltschutz (Hg.)(1990): Umweltbericht der DDR, Berlin.

Internationale Bauausstellung Emscher Park (1991): Arbeiten im Park, Gelsenkirchen.

Irmen, E. (1992): Regionale Infrastrukturausstattung - ein Engpaßfaktor, in: Geographische Rundschau, Nr. 3/1992.

Irmen, E./Sinz, M. (1991): Regionale Entwicklungspotentiale und -engpässe in den neuen Ländern, in: Informationen zur Raumentwicklung, Nr. 11/12/1991.

Jaeger, K. (1980): Wachstumstheorie, Stuttgart.

Jahresbericht der Wasserwirtschaft (1991), Gemeinsamer Bericht der mit der Wasserwirtschaft befaßten Bundesministerien, in: Wasser und Boden, Nr. 6/7/1991.

Jänicke, M./Mönch, H. (1990): Ökologische Dimension wirtschaftlichen Strukturwandels, FFU rep 90-10, Berlin.

Jochimsen, R. (1966): Theorie der Infrastruktur, Tübingen.

Jochimsen, R./Gustafsson, K. (1970): Infrastruktur, in: Handwörterbuch der Raumforschung und Raumordnung, Hannover.

Junghans, H.J. (1976): Regionale Strukturpolitik - Heute und in Zukunft, in: Wirtschaft und Standort, Nr. 9/1976.

Kaether, J. (1994): Perspektiven der Regionalentwicklung in den ländlichen peripheren Regionen im Norden Brandenburgs, Berlin.

Kapp, K.W. (1958): Volkswirtschaftliche Kosten der Privatwirtschaft, Tübingen.

Kapp, K.W. (1988): Soziale Kosten der Marktwirtschaft, Frankfurt/M. (Neuauflage von Kapp 1958).

Kasper, A./Schikora, A. (1991): Umweltdumping als Folge der geplanten EG-Integration?, in: Heine, M./Kisker, K.P./Schikora, A. (Hg.): Schwarzbuch EG-Binnenmarkt. Die vergessenen Kosten der Integration, Berlin.

Kirchgässer, G. (1993): Vom Nutzen der Wirtschaftstheorie für die Wirtschaftspolitik, in: Konjunkturpolitik, Nr. 4/1993.

Kisker, K.P. (1991): Krise des Sozialismus?, in: initial, Nr. 1/1991.

Kisker, K.P. (1993): Wohin entwickelt sich der Kapitalismus?, in: Butenschön, R. (u.a.)(Hg.): Gegen die soziale Lüge, Braunschweig.

Kistenmacher, H. (1982): Ziele und Konzeptionenfür die Raumordnung und Landesplanung, in: Akademie für Raumforschung und Landesplanung (Hg.): Grundriss der Raumordnung, Hannover.

Kistenmacher, H. (1991): Ansätze zu einer konzeptionellen Weiterentwicklung der Raumordnungspolitik in Deutschland und Europa, in: Informationen zur Raumentwicklung, Nr. 11/12/1991.

Klaus, J. (1985): Stellungnahmen an den Ausschuß für Wirtschaft des Deutschen Bundestages, Öffentliche Anhörung von Sachverständigen zur Fortentwicklung der Regionalpolitik, Bonn.

Klein, H. (1992): Studie zur Energieversorgung der Region Zwickau, Institut für Wärmetechnik der TH Zwickau, Zwickau.

Klemmer, P. (1988): Regionalpolitik und Umweltpolitik, Veröffentlichungen der Akademie für Raumforschung und Landesplanung: Beiträge, Bd. 106, Hannover.

Klemmer, P. (1991): Übertragbarkeit regionalpolitischer Konzepte auf die neuen Bundesländer, in: Informationen zur Raumentwicklung, Nr. 9/10/1991.

Klemmer, P./Kraemer, D. (1975): Regionale Arbeitsmärkte - Ein Abgrenzungsvorschlag für die Bundesrepublik Deutschland, Bochum.

Klemmer, P. (u.a.)(1978): Zur Konsistenz von Agrar- Energie- und Verkehrspolitik mit der regionalen Wirtschaftspolitik, Beiträge zum Siedlungs- und Wohnungswesen und zur Raumordnung, Bd. 49-51, Münster.

Klemmer, P./Schrumpf, H. (1990): Probleme einer ökonomischen Umstrukturierung der DDR aus regionalpolitischer Sicht, in: RWI-Mitteilungen, Nr. 1/2-1990.

Kloten, N. (1967): Utopie und Leitbild im wirtschaftspolitischen Denken, in: KYKLOS, Vol. XX.

Kloten, N. (1968): Alternative Konzeptionen der Regionalpolitik, in: Schneider, H.K. (Hg.): Beiträge zur Regionalpolitik, Berlin.

Knemeyer, F.-L. (1981): Möglichkeiten und Grenzen kommunaler Wirtschaftsförderung, in: Knemeyer, F.-L. (u.a.)(1981): Kommunale Wirtschaftsförderung der Gemeinden und Kreise, Stuttgart, München, Hannover.

Koch, H. (1988): Eigenständige Regionalentwicklung in Hessen, in: Österreichische Arbeitsgemeinschaft für eigenständige Regionalentwicklung (Hg.): Peripherie im Aufbruch, Eigenständige Regionalentwicklung in Europa, Wien.

Kommission für wirtschaftlichen und sozialen Wandel (1977): Gutachten, Göttingen.

Kreikebaum, H. (1989): Strategische Unternehmensplanung, Stuttgart.

Kuhn, A. (u.a.)(1991): Untersuchung der externen Verkehrsinfrastruktur für das Werk VW-Sachsen Mosel II - Untersuchung des Fraunhofer-Institutes für Materialfluß und Logistik im Auftrag der Volkswagen AG, Dortmund.

Kunzmann, K. (u.a.)(1991): Auswirkungen des europäischen Binnenmarktes auf Raum- und Siedlungsstruktur in Westdeutschland, Bonn.

Läpple, D. (1973): Staat und allgemeine Produktionsbedingungen, Westberlin.

Läpple, D. (1986): Trendbruch in der Raumentwicklung Auf dem Weg zu einem neuen industriellen Entwicklungstyp?, in: Informationen zur Raumentwicklung, Nr. 11/12/86.

Läpple, D. (1989): Neue Technologien in räumlicher Perspektive, in: Informationen zur Raumentwicklung, Nr. 4/89.

Lange, K. (1970): Regionen, in: ARL (Hg.): Handwörterbuch der Raumforschung und Raumordnung, Hannover.

Lange, K. (1981): Möglichkeiten und Grenzen gemeinschaftlicher Wirtschaftsförderung, Köln.

Lecheler, H. (1993): Das Subsidiaritätsprinzip, Berlin.

Maretzke, S./Möller, F.-O. (1992): Wirtschaftlicher Strukturwandel und regionale Strukturprobleme, in: Geographische Rundschau, Nr. 3/1992.

Lösch, A. (1940): Die räumliche Ordnung der Wirtschaft, Jena.

Marx, D. (1966): Wachstumorientierte Regionalpolitik, Göttingen.

Marx, D. (1975): Zur Konzeption ausgeglichener Funktionsräume als Grundlage einer Regionalpolitik des mittleren Weges, in: ARL (Hg.)(1975): Ausgeglichene Funktionsräume, Hannover.

Matthes, F.C. (1991): Die Energiewirtschaft in der ehemaligen DDR, in: Öko-Mitteilungen des Institutes für angewandte Ökologie, Nr. 1/1991.

Mayer-Tasch, P.C. (1986): Die internationale Umweltpolitik als Herausforderung für die Nationalstaatlichkeit, in: Mayer-Tasch, P.C. (Hg.): Die Luft hat keine Grenzen. Internationale Umweltpolitik, Frankfurt/M.

Meffert, H./Kirchgeorg, M. (1989): Umweltschutz als Unternehmensziel, in: Meffert, H./Wagner, H. (Hg.): Arbeitspapiere der Wissenschaftlichen Gesellschaft für Marketing und Unternehmensführung e.V., Münster.

Meißner, H.-R. (1993): Lean Production und Regionalentwicklung: Das Beispiel VW Mosel, in: Strutynski, P. (Hg.): Schlanke Produktion, Regionalentwicklung und Industriepolitik, Düsseldorf.

Mettler-Meibom, B. E. (1980): Grundzüge einer regionalen Regionalpolitik, in: Informationen zur Raumentwicklung, Nr. 5/1980.

Miegel, M. (1991): Wirtschafts- und arbeitskulturelle Unterschiede in Deutschland. Zur Wirkung außerökonomischer Faktoren auf die Beschäftigung, Hrsg. von der Bertelsmann Stiftung Gütersloh, Bonn.

Mildner, R. (1980): Die Nutzen-Kosten-Analyse als Entscheidungshilfe für die Stadtentwicklungsplanung, Schwarzenbek.

MKRO (1968): Fragen der Verdichtungsräume, Entschließung vom 21.11.1968.

MKRO (1972): Raumordnung und Umweltschutz, Entschließung vom 15.6.1972.

MKRO (1993): Neuabgrenzung der Verdichtungsräume, Beschluß vom 7.9.1993.

Mose, I. (1989): Eigenständige Regionalentwicklung - Chance für den peripheren ländlichen Raum?, in: Geographische Zeitschrift, Nr. 3/1989.

Müller-Armack, A. (1966): Wirtschaftsordnung und Wirtschaftspolitik, Freiburg i. Br.

Musgrave, R.A. (u.a.)(1975): Die öffentlichen Finanzen in Theorie und Praxis 1, Tübingen.

Myrdal, G. (1959): Ökonomische Theorie und unterentwickelte Regionen, Stuttgart.

Nerb, G. (u.a.)(1992): Großräumige Entwicklungstrends in Europa und wirtschaftspolitischer Handlungsbedarf, in: ifo-Schnelldienst, Nr. 17-18/1992.

Neufischer, H. (1993): Arbeitsmarktpolitik in Sachsen - ein Überblick, in: Kaiser, M. (u.a.)(Hg.): Regionale Arbeitsmärkte und Arbeitsmarktpolitik in den neuen Bundesländern, Nürnberg.

Neumann, K. (1976): Strukturwandel und Strukturpolitik - Wirtschaftlicher und gesellschaftlicher Wandel sowie Möglichkeiten und Grenzen der Strukturpolitik, Köln, Frankfurt/M.

Niethammer (1991): Strategien für alte Industrieregionen, Diskussionsbeitrag auf IBA-Kongreß, 20./21.6.1991 in Essen, belegt nach: Häußermann, H./Siebel, W. (1993): Die Kulturalisierung der Regionalpolitik, in: Geographische Rundschau, Nr. 4/93.

Nohlen, D./Nuscheler, F. (Hg.)(1982): Handbuch der Dritten Welt, Hamburg.

Nolte, D. (u.a.)(1993): Ein Aufbauprogramm für Ostdeutschland, in: WSI Mitteilungen, Nr. 10/1993.

Nolte, D./Ziegler, A. (1994): Regionen in der Krise - Regionale Aspekte des Strukturwandels in den neuen Bundesländern, in: WSI Mitteilungen, Nr. 1/1994.

Österreichische Arbeitsgemeinschaft für Eigenständige Regionalentwicklung (ÖAR) (1992): ÖAR-Regionalberatung GmbH, Innovationsberatung für Landwirtschaft, Tourismus, Gewerbe und Industrie, Energiealternativen und Gemeindeentwicklung, Werbebroschüre, Wien.

Olbricht, C. (1992): Chancen und Risiken der Entwicklung in der Automobilregion Zwickau, Konferenzbeitrag. Konferenz veranstaltet von FAST e.V., FU Berlin und TH Zwickau, 28.4.1992.

Ostwald, W. (1990): Die räumliche Situation in den DDR-Regionen, in: Raumforschung und Raumordnung, Nr. 4-5/1990.

Ostwald, W. (Hg.)(1990b): Raumordnungsreport '90: Daten und Fakten zur Lage in den ostdeutschen Ländern, Berlin.

Peschel, K. (1984): Über die Unmöglichkeit endogener regionaler Entwicklung in hochindustrialisierten Volkswirtschaften, in: Jahrbuch für Regionalwissenschaft, Nr. 5.

Presse- und Informationsamt der Bundesregierung (Hg.)(1990): Vertrag zwischen der Bundesrepublik Deutschland und der Deutschen Demokratischen Republik über die Herstellung der Einheit Deutschlands - Einigungsvertrag-, Bulletin Nr. 104, Bonn.

Priewe, J. (1992): Treuhandreform: Von der Kritik der Treuhandanstalt zu industriepolitischen Alternativen, in: Schulz, W./Volmer, L. (Hg.): Entwickeln statt abwickeln, Berlin.

Priewe, J./Hickel, R. (1991): Der Preis der Einheit, Frankfurt/M.

Radermacher, W. (1992): Konzept für eine Umweltökonomische Gesamtrechnung des Statistischen Bundesamtes, in: Wirtschaft und Statistik, Nr. 7/1992.

Raumordnungsbericht 1963, BT-Drucksache VI/1492, Bonn 1963.

Raumordnungsbericht 1968, BT-Drucksache V/3958, Bonn 1968.

Raumordnungsbericht 1970, BT-Drucksache VI/1340, Bonn 1970.

Raumordnungsbericht 1974, BT-Drucksache 7/3582, Bonn 1974.

Raumordnungsbericht 1982, BT-Drucksache 10/210, Bonn 1983.

Raumordnungsbericht 1990, BT-Drucksache 11/7589, Bonn 1990.

Raumordnungsbericht 1991, BT-Drucksache 12/1098, Bonn 1991.

Raumordnungsbericht der DDR (1990), hgg. vom Ministerrat der Deutschen Demokratischen Republik, Beschluß Nr. 32/3/90 v. 26.9.1990.

Raumordnungsgesetz (ROG): v. 8.4. 1965, in: BGBl. I, S. 306; zuletzt geändert am 28.4.1993, in: BGBl. I; S. 630.

Richardson, H. W. (1973): Regional Growth Theory, London and Basingstoke.

Richardson, H. W. (1977): City Size and National Spatial Strategies in Developing Countries, World Bank Staff Working Paper No. 252, Washington D. C.

Riese, H. (1988): Wider den Dezisionisms der Theorie der Wirtschaftspolitik, in: Vogt, W. (Hg.): Politische Ökonomie heute, Regensburg.

Ronge, V./Schmieg, G. (1973): Restriktionen politischer Planung, Frankfurt/M.

Roscher, W. (1865): Studien über die Naturgesetze, welche den zweckmäßigen Standort der Industriezweige bestimmen, in: Roscher, W.: Ansichten der Volkswirtschaft aus dem geschichtlichen Standpunkt, Leipzig Heidelberg.

Roske, N./Stratmann-Mertens, E. (1992): Grüne Perspektiven: Kernpunkte eines Aufbau- und Umbauprogramms Neue Bundesländer, in: Schulz, W./Volmer, L. (Hg.): Entwickeln statt abwickeln, Berlin.

Rueter, G. (1987): Regionalpolitik im Umbruch: ordnungstheoretische und politische Überlegungen zur regionalen Wirtschaftspolitik in der Bundesrepublik Deutschland unter besonderer Berücksichtigung der Situation der Freien Hansestadt Bremen, Bayreuth.

Sächsisches Staatsministerium für Umwelt und Landesentwicklung (Hg.)(1991): Umweltbericht für den Freistaat Sachsen 1991, Dresden.

Sachverständigenausschuss für Raumordnung (1961): Die Raumordnung in der Bundesrepublik Deutschland (Gutachten), Stuttgart.

Sachverständigenrat zur Begutachtung der gesamtwirtschaftlichen Entwicklung (1965): Stabilisierung ohne Stagnation: Jahresgutachten 1965/66, Stuttgart und Mainz.

Sachverständigenrat zur Begutachtung der gesamtwirtschaftlichen Lage (1992): Jahresgutachten 1992/93, Bt-Drucksache 12/3774, Bonn.

Salin, E. (1929): Standortverschiebungen der deutschen Wirtschaft, in: Harms, B. (Hg.): Strukturwandlungen der deutschen Volkswirtschaft, Berlin.

Salin, E. (1960): Unterentwickelte Länder: Begriff und Wirklichkeit, in: Kyklos, Nr. 12.

Schäfer, D. (1978): Industrielle Ausstattung, Unternehmenspolitik und technisch-wissenschaftliche Infrastruktur als Voraussetzung einer innovationsorientierten Regionalpolitik, in: Informationen zur Raumentwicklung, Nr. 7/1978.

Schäffle, A. (1867): Das gesellschaftliche System der menschlichen Wirtschaft, Tübingen.

Scharff, R. (1993): Grundzüge einer entwicklungspotentialorientierten Ausgestaltung der "Gemeinschaftsaufgabe 'Verbesserung der regionalen Wirtschaftsstruktur'", in: Raumforschung und Raumordnung, Nr. 4/1993.

Scharpf, F.W. (1976): Politische Bedingungen der Wirksamkeit Raumordnerischer Steuerungsinstrumente, Preprint Series of the International Institute of Management des Wissenschaftszentrums Berlin, Nr. I/76-74, Berlin.

Scharpf, F.W./Schnabel, F. (1977): Steuerungsprobleme der Raumplanung, in: IIM papers des Wissenschaftszentrum Berlin, Nr. IIM/77 - 12, Berlin.

Schätzl, L. (1981): Wirtschaftsgegraphie 2: Empirie, Paderborn.

Schätzl, L. (1986): Wirtschaftsgeographie 3, Politik, Paderborn.

Schätzl, L. (1988): Wirtschaftsgegraphie 1: Theorie, Paderborn.

Schilling-Kaletsch, J. (1976): Wachstumspole und Wachstumszentren. Untersuchung zu einer Theorie sektoral und regional polarisierter Entwicklung, Hamburg.

Schliebe, K.(1982): Industrieansiedlungen - Das Standortverhalten der Industriebetriebe in den Jahren von 1955 bis 1979, in: Bundesforschungsanstalt für Landeskunde und Raumordnung (Hg.): Forschungen zur Raumentwicklung, Bd. 11, Bonn.

Schliebe, K./Hillesheim, D. (1980): Das Standortwahlverhalten neuerrichteter und verlagerter Industriebetriebe im Zeitraum von 1970 bis 1979, in: Informationen zur Raumentwicklung, Nr. 11/1980.

Schmitz, S./Wiegandt, C.-Ch. (1992): Die Uneinheitlichkeit der ökologischen Lebensverhältnisse in Deutschland, in: Geographische Rundschau, Nr. 3/1992.

Selke, W. (1991): Raumordnungspolitische Aufbaustrategie für den Osten Deutschlands, in: Informationen zur Raumentwicklung, Nr. 11/12/1991.

Senghaas, D. (1978): Wie ist die Unterentwicklung zu überwinden?, in: Bahr, H.-E./Gronemeyer, R. (Hg.): Anders leben - überleben, Frankfurt/M.

Siebert, H. (1970): Regionales Wirtschaftswachstum und interregionale Mobilität, Tübingen.

Siebert, H. (1992): Economics of Environment, Berlin, Heidelberg.

Siebert, H. (1992 b): Einführung in die Volkswirtschaftslehre, Stuttgart Berlin Köln.

Siebert, H. (1993): Das Wagnis der Einheit, Stuttgart.

Sinn, G./Sinn, H.-W. (1991): Kaltstart - Volkswirtschaftliche Aspekte der deutschen Vereinigung, München.

Sinz, M. (1992): Europäische Integration und Raumentwicklung in Deutschland, in: Geographische Rundschau, Nr. 12/1992.

Söllner, F. (1993): Neoklassik und Umweltökonomie, in: Zeitschrift für Umweltforschung, Nr. 4/1993.

Spahn, H.-P. (1993): Das Dilemma der Wirtschaftspolitik in der Bundesrepublik Deutschland, in: Konjunkturpolitik, Nr. 1/2/1993.

Spannowsky, W. (1987): Der Handlungsspielraum und die Grenzen der regionalen Wirtschaftsförderung des Bundes, Berlin.

Spitzer, H. (1991): Raumnutzungslehre, Stuttgart.

Staatsministerium für Umwelt und Landesentwicklung (1993): Landesentwicklungsplan Sachsen - Entwurf, ohne Ort.

Stahl, K. (1985): Die Entwicklung der regionalen Wirtschaftspolitik in der Bundesrepublik Deutschland, in: Eberstein, H.H. (Hg.)(ab 1971): Handbuch der regionalen Wirtschaftsförderung, Köln.

Stahmer, C. (1989): Umweltberichterstattung und Volkswirtschaftliche Gesamtrechnung, in: Leipert, Ch./Zieschank, R. (Hg.): Perspektiven der Wirtschafts- und Umweltberichterstattung, Berlin.

Stamm, P. v. (1993): Strahlende Landschaft, in: Die Woche, v. 16.12.1993.

Statistisches Bundesamt (1991): Ausgewählte Ergebnisse zur Umweltökonomisches Gesamtrechnung 1975 bis 1990), in: Schriftenreihe Ausgewählte Arbeitsunterlagen zur Bundesstatistik, Nr. 18, Wiesbaden.

Statistisches Landesamt des Freistaates Sachsen (1993): Bevölkerungsstand des Freistaates Sachsen nach Alter und Geschlecht, Statistische Berichte A I 3 - j/91, Kamenz.

Statistisches Landesamt des Freistaates Sachsen (1993 b): Der Arbeitsmarkt im Freistaat Sachsen 1992, Statistische Berichte A VI/S - j 92, Kamenz.

Statistisches Landesamt des Freistaates Sachsen (1993 c): Bergbau und Verarbeitendes Gewerbe in Sachsen 1992, Statistische Berichte, Kamenz.

Statistisches Landesamt des Freistaates Sachsen (verschiedene Jahrgänge): Wanderungen im Freistaat Sachsen, Statistische Berichte A III 1, Kamenz.

Stauder, J. (1991): Instrumente der kommunalen Wirtschaftspolitik - ein Überblick, in: Stauder, J. (Hg.): Grundlagen der kommunalen Wirtschaftsförderung, Marburg.

Stephani, R. (1992): Studie zur regionalen Wasserversorgung, Institut für Wärme- und Umwelttechnik der TH Zwickau, Zwickau.

Stiens, G. (1978): Entwicklungsachsen im ländlichen Raum. Aufwertung durch Differenzierung, in: Innere Kolonisation, Nr. 5/1978.

Stiens, G. (1980): Zur Wiederkunft des Regionalismus in den Wissenschaften, in: Informationen zur Raumentwicklung, Nr. 5/1980.

Stiens, G. (1992): Regionale Entwicklungspotentiale und Entwicklungsperspektiven, in: Geographische Rundschau, Nr. 3/1992.

Stöhr, W. (1981): Development from Below - the Bottom-Up and Periphery-Inward Development Paradigma, in: Stöhr, W./Taylor, D. R. (Hg.): Development from Above or Below?, Chichester.

Stöhr, W.B. (1984): Ansätze zu einer neuen Fundierung der Regionalpolitik, in: Jahrbuch für Regionalwissenschaft Nr. 5.

Storbeck, D. (1970): Zur Operationalisierung der Raumordnungsziele, in: Kyklos, Nr. 23.

Storbeck, D. (1982): Allgemeine Probleme der Zielbestimmung für die Raumordnung und Landesplanung, in: Akademie für Raumforschung und Landesplanung (Hg.): Grundriss der Raumordnung, Hannover.

Storbeck, D. (1982 b): Gesellschaft und Raum, in: Akademie für Raumforschung und Landesplanung (Hg.): Grundriss der Raumordnung, Hannover.

Strassert, G. (1984): Regionales Entwicklungspotential, in Raumforschung und Raumordnung, Nr. 1/1984.

Stratmann-Mertens, E./Roske, N. (1992): Neuaufbau ohne Vorbild - Alternativen für den ökonomischen Aufbau und Ecksteine für den ökologischen Umbau in den Neuen Bundesländern, Studie des ÖKOREGIO-Institutes, Essen.

Struff, R. (1975): Regionale Wirtschaftspolitik auf dem Prüfstand, in: struktur, Nr. 5/1975.

Suntum, U. v. (1981): Regionalpolitik in der Marktwirtschaft, Baden-Baden.

Teichmann, U. (1982): Grundriß der Konjunkturpolitik, München.

Teichmann, U. (1993): Wirtschaftspolitik, München.

Tengler, H. (1989): Die Shift-Analyse als Instrument der Regionalforschung, Stuttgart.

Tennagels, P. (1980): Instrumentarium der regionalen Wirtschaftspolitik, Bochum.

Tetsch, F.(1986): Anpassung des Förderinstrumentariums der Gemeinschaftsaufgabe an die veränderten regionalwirtschaftlichen Bedingungen, in: Informationen zur Raumentwicklung, Nr. 9/10/1986.

Thoss, R. (1977): Die Verteilung des Entwicklungspotentials als Problem der Regionalpolitik in der Bundesrepublik Deutschland, in: Buhr, W./Friedrich, P. (Hg.): Konkurrenz zwischen kleinen Regionen. Schriften zur öffentlichen Verwaltung und öffentlichen Wirtschaft, Band 23, Baden-Baden.

Thoss, R. (1983): Qualitatives Wachstum in den Raumordnungsregionen der Bundesrepublik Deutschland, in: Akademie für Raumforschung und Landesplanung (Hg.): Gleichwertige Lebensbedingungen durch eine Raumordnungspolitik des mittleren Weges, Hannover.

Thünen, J. H. v. (1826): Der isolierte Staat in Beziehung auf Landwirtschaft und Nationalökonomie, Berlin.

Tinbergen, J. (1968): Wirtschaftspolitik, Rombach Freiburg.

Tjaden, K.H. (1979): Kapitalprozeß und Territorialstruktur: Politisch-ökonomische Aspekte industrieller Agglomeration in der Bundesrepublik Deutschland, in: URBS ET REGIO, Sonderband Nr. 13/1979, Kassel.

Tjaden, K.-H. (1990): Mensch, Gesellschaftsformation, Biosphäre, Marburg.

Tjaden, K. H. (1992): Stoff- und Energiestromanalysen als transdisziplinäre Aufgabe, in: Arbeitskreis "Kritische Ökologie" des BdWi (Hg.): Umweltsanierung in den neuen Bundesländern, Marburg.

Towara, M. (1986): Regionale Wirtschaftsstruktur und endogen orientierte Regionalpolitik, Gießen.

Treuhandgesetz (1990): Gesetz zur Privatisierung und Reorganisation des volkseigenen Vermögens (Treuhandgesetz) vom 17.Juni 1990, Gesetzblatt der DDR, Teil I Nr.33.

Umweltbundesamt (Hg.)(1986): Kosten der Umweltverschmutzung, in: Berichte des Umweltbundesamtes, Nr. 7/1986, Berlin.

Väth, W. (1980): Raumplanung: Probleme der räumlichen Entwicklung und Raumordnungspolitik in der Bundesrepublik Deutschland, Königstein/Ts.

Verein für eigenständige Regionalentwicklung Hessen (1985): Neue Wege braucht das Land, Melsungen.

Volkswagen AG (1990): Geschäftsbericht Volkswagen AG 1990, Wolfsburg.

Waniek, R.W. (1994): EG-Regionalpolitik für die Jahre 1994 bis 1999, in: Wirtschaftsdienst, Nr. 1/1994.

Weidenfeld, U. (1990): Prima Klima, in: Wirtschaftswoche, Nr. 42/1990.

Weidenfeld, U. (1990 b): Standortfaktoren: Die Lebensqualität ist entscheidend, in: Wirtschaftswoche, Nr. 47/1990.

Westphal, A. (u.a.) (1991): Wirtschaftspolitische Konsequenzen der Deutschen Vereinigung, Frankfurt/M.

Wicke, K. (1993): Umweltökonomie, München.

Winter, G. (1990): Das umweltbewusste Unternehmen, München.

Wolff, H./Roesler, K.(1991): Für ein verstärktes Engagement des Bundes in einer prozeßorientierten Raumordnungspolitik, in: Informationen zur Raumentwicklung, Nr. 11/12/1991.

Woll, A. (1990): Allgemeine Volkswirtschaftslehre, München.

Wulf, J./d'Orville, H. (1975): Entwurf eines Systems der Erfolgskontrolle für die regionale Wirtschaftsförderung: Gutachten, Konstanz.

Ziegler, A. (1993): Regionalwirtschaftliche Anpassungsprozesse in Ostdeutschland, in: Pfeifer, W. (Hg.): Regionen unter Anpassungsdruck, Marburg.

Stichwortverzeichnis

Stefan Frauendorfer
Verbundgeschäfte im Handel mit den RGW-Staaten
Gestaltungsmöglichkeiten und Wirkungen aktiver Verbundgeschäftspolitik
1988, Band 46, 222 Seiten, Manuskriptdruck, Paperback, DM 39,80, ISBN 3 88259 581 7

Stefan Hagemeister
Innovation und innovatorische Kooperation von Unternehmen als Instrumente der regionalen Entwicklung
1988, Band 47, 340 Seiten, Manuskriptdruck, Paperback, DM 49,80, ISBN 3 88259 591 4

Andreas Martin
Vertikale Konzentration als Gegenstand der Wettbewerbspolitik
1989, Band 48, 214 Seiten, Manuskriptdruck, Paperback, DM 38,80, ISBN 3 88259 595 7

Michael Reuter
Gleichgewichtswechselkurs, Zahlungsbilanzgleichgewicht und Budgetdefizite
Theoretische Analyse zentraler Konzepte und postulierter Zusammenhänge der Außenwirtschaftstheorie
1989, Band 49, 237 Seiten, Manuskriptdruck, Paperback, DM 41,80, ISBN 3 88259 641 4

Hubert Temmeyer
Monetäre und realwirtschaftliche Ansätze der Konjunkturanalyse
1990, Band 50, 182 Seiten, Manuskriptdruck, Paperback, DM 29,80, ISBN 3 88259 647 3

Enno Paulsen
Strategische Handelspolitik und hochtechnologische Industrien
1989, Band 51, 183 Seiten, Manuskriptdruck, Paperback, DM 35,80, ISBN 3 88259 692 0

Christian Kosch
Topologische Singularitäten und Elementarkatastrophen in der Ökonomie
1990, Band 52, 117 Seiten, Manuskriptdruck, Paperback, DM 25,80, ISBN 3 88259 696 1

Klaus Uelses
Erwartungen und Wechselkurse
1989, Band 53, 202 Seiten, Manuskriptdruck, Paperback, DM 35,80, ISBN 3 88259 701 1

Dieter Bogai
Normative Grundlagen der Projektbewertung und intergenerative Gerechtigkeit
1989, Band 54, 198 Seiten, Manuskriptdruck, Paperback, DM 35,80, ISBN 3 88259 706 2

Martin Owusu
Geld-, Wechselkurs- und Fiskalpolitik in einem Entwicklungsland mit Devisenbewirtschaftung und parallelen Märkten
1990, Band 55, 300 Seiten, Manuskriptdruck, Paperback, DM 43,80, ISBN 3 88259 735 6

Wilfried Gatzke
Ökonomische Analyse freiwilliger Exportselbstbeschänkungsabkommen
1990, Band 57, 214 Seiten, Manuskriptdruck, Paperback, DM 36,80, ISBN 3 88259 742 9

Sabine Eicke-Scholz
Mikroökonomische Fundierung keynesianischer Makroökonomie: Eine Analyse neuerer Ansätze
1990, Band 58, 196 Seiten, Manuskriptdruck, Paperback, DM 34,80, ISBN 3 88259 745 3

Ulrich Schwalbe
Studien zur mikroökonomischen Theorie der Gewerkschaft
1990, Band 59, 123 Seiten, Manuskriptdruck, Paperback, DM 22,80, ISBN 3 88259 754 2

Bernhard Duijm
Wechselkurspolitik für Entwicklungsländer
1990, Band 60, 309 Seiten, Manuskriptdruck, Paperback, DM 45,80, ISBN 3 88259 768 2

VVF

Jong-Man Han
Inflation in sozialistischen Planwirtschaften
1990, Band 61, 310 Seiten, Manuskriptdruck, Paperback, DM 49,80, ISBN 3 88259 770 4

Mathias Ernst
Neue Informations- und Kommunikationstechnologien und marktwirtschaftliche Allokation
Eine informations- und transaktionskostentheoretische Analyse
1990, Band 62, 298 Seiten, Manuskriptdruck, Paperback, DM 52,80, ISBN 3 88259 779 8

Laurenz Czempiel
Devisenmarkteffizienz und die ökonomische Analyse politischer Risiken
1990, Band 63, 200 Seiten, Manuskriptdruck, Paperback, DM 33,80, ISBN 3 88259 793 3

Wolfgang Eibner
Grenzen internationaler Verschuldung der Dritten Welt
Restriktionen über Protektionismus, Welthandelsregionalisierung, abnehmende Nettofinanzströme und immanente Wachstumsschwäche: Die ökonomische Begründung des 'Debt-relief'
1991, Band 64, 545 Seiten, Manuskriptdruck, Paperback, DM 78,80, ISBN 3 88259 802 6

Marcus Kleiner
Die Förderung des Verarbeitenden Gewerbes im Freistaat Bayern
unter besonderer Berücksichtigung der Zeit von 1970 bis zur Mitte der 80er Jahre
1991, Band 65, 582 Seiten, Manuskriptdruck, Paperback, DM 85,80, ISBN 3 88259 804 2

Eckhard Köhler-Hälbig
Vom Laisser-Faire zum Binnenmarkt
Eine Untersuchung über Vergangenheit und Zukunft der Regulierung von Arbeitsbeziehungen und ihrer sozialpolitischen Implikationen, mit Blick auf die Zeit nach 1993
1991, Band 66, 270 Seiten, Manuskriptdruck, Paperback, DM 41,80, ISBN 3 88259 820 4

Kai Vahrenkamp
Verbraucherschutz bei asymmetrischer Information
Informationsökonomische Analysen verbraucherpolitischer Maßnahmen
1991, Band 67, 176 Seiten, Manuskriptdruck, Paperback, DM 32,80, ISBN 3 88259 830 1

Frank A. Schmid
Zu den Wirkungen von Wechselkursvolatilität auf den Außenhandel und die internationale Produktion
1991, Band 68, 164 Seiten, Manuskriptdruck, Paperback, DM 29,80, ISBN 3 88259 842 6

Fan-Chen Meng
Alternative Rationierungskonstellationen
Ein Beitrag zur Theorie nicht-walrasianischer Gleichgewichte
1991, Band 69, 164 Seiten, Manuskriptdruck, Paperback, DM 32,80, ISBN 3 88259 849 2

Dietmar Knies
Konsequenzen inflexibler Lohnstrukturen in offenen Volkswirtschaften
Eine modelltheoretische Analyse
1991, Band 70, 275 Seiten, Manuskriptdruck, Paperback, DM 47,80, ISBN 3 88259 853 0

Frank Straube
Die Ex- und Importe von sechs EG-Staaten gegenüber den USA und Japan von 1977 bis 1988
Eine ökonomische Analyse bilateraler Handelsströme unter besonderer Berücksichtigung von Wechselkurseffekten
1991, Band 71, 284 Seiten, Manuskriptdruck, Paperback, DM 49,80, ISBN 3 88259 860 3

VVF